源氏物語と貴族社会

増田繁夫著

吉川弘文館

目次

第一章 十世紀後半の貴族社会の婚姻制度……六六

序章　過渡期としての一条朝

はじめに

源氏物語の成立した十世紀末から十一世紀初めの一条朝は、貴族社会についていえば、それまでの古代と呼ばれる時代から一歩、次の新しい時代の方へと動き始めた過渡期であった。一条朝の貴族社会は、藤原道長を頂点にした後期摂関制と呼ばれる政治体制が確立してゆく時期であり、貴族社会もそれにともなって、さまざまな面での新しい秩序を模索していた時期であった。人々の外面や内面の生活にも、顕著な変化が起こりつつあった。たとえば仏教では、それまでの主流が鎮護国家とか一家の息災繁栄という、集団の現世利益を追求する傾向のものから、現世を否定し、個人の救済を求める浄土教的な性格のものへという傾向が顕著になり、人々は自己救済という仏教の新しい教義に強く深く心をひかれ始めた。一般にこの時期は、氏族や社会といった共同体や集団から個人が分離し、個が意識され、個がその存在を主張し始めるようになってきたことが大きな特徴である。源氏物語においても、頼りなくはかなげに見える平凡な女の浮舟が、母や夫や縁者たちを棄てて文字通りに出家し、個の救済を求める孤独な道を歩み始める姿で終わっているところにも、よくその時代性が象徴されている。貴族社会の新しい秩序を求める傾向は、婚姻制度や私的な男女の関係にも、それまでとは異なったあり方をもたらすことになった。

この時期はまた、枕草子や日記文学という新しい文学ジャンルの出現によく象徴されているように、人間の内面性を深く追求した、質の高い女性の文学作品が集中して生まれたことでも知られている。源氏物語と蜻蛉日記以下の日記文学との間には、単なる同時代の貴族生活を描いた作品というレヴェルを超えて、この世に生きてゆく人間のあり方についての深く切実な関心とでもいうべき、顕著な共通性・同時代性が認められる。これらの女性の作品が共通して志向しているものは、強いていえば自己の存在意味の追求、とでもいうべきものである。源氏物語は、それら同時代の女性の文学作品の志向している問題を、明確に意識化し集約して、もっとも深く追求した作品であるということができる。

何故にこの時期において、そうした深い問題意識をもつ女性の作家が出現し、しかも質の高い作品が多く生まれたのか、という問題については、いまだ十分には説得的な説明がなされていないように見える。またそれを説明することはすこぶる難事であるが、この問題の基盤の一つには、例えばこの時期の貴族たちの浄土教信仰の高揚によく認められるように、人々が自己の身をおく現世を否定して、観念的な浄土世界を強く信じ求めるという、現実世界や自己を相対化し否定する視点をもちだしたこと、観念性を豊かにし内面性を大きく深く獲得してきたことがある。わけてもそうした時代性が、特に女性の文学作品として表現されたことについては、平安時代に入って女性の社会的な活動の場が極度に乏しくなってきたこと、その結果として狭い屋内に閉じこもる生活が、より女性の側に観念性や内面性を深化させることになったところがある、と考えられる。十世紀の貴族女性たちにおける物語という文学ジャンルの盛行も、一つにはそれによって説明できる。さらにいま一つの社会的な要因として、この時期に貴族社会の結婚の制度やあり方が変化してきて、それが広く男女関係のあり方にも大きな影響を与えたことが考えられる。女性の全生活に深く関わる結婚や男女関係のあり方の変化は、女性たちに強い緊張感や不安感をもたらしたことであろう。これもまた、質の高い女性の文学を生み出した要因の一つと私は考えるのである。

源氏物語が、その物語世界をさまざまに展開させた末にたどりついたのは、要するに女性にとっての結婚生活とは何かという問題であった。ただし、この物語の追求した女性の結婚生活は、それまでの物語が追求してきた、女性が自己の現実の生活を確保する方途としての結婚というレヴェルを越えて、女性という性のさらに基層をなす、人間としての自己の主体性の確保という、外面から内面にわたる総体としての自己の生活の確立、とでもいうべきものであった。源氏物語の物語としての新しさの第一は、そうした時代性を深く担っていること、つまり作者の時代の人々が漠然とながら意識し始めていた社会や個人の問題に、外面内面ともに深く関わる形に物語世界を設定し、追求していったことにあると考えられる。

最初に、この物語の直接に問題としているものからはやや遠いが、物語の書かれた時代がどういう時代であったか、というところから考えてみたい。

一　花山朝の文人たち

1　藤原惟成・慶滋保胤と具平親王・藤原為時・源為憲

花山朝（九八四〜九八六）が、わずか二年足らずで天皇の出家により突然に終り、新しく一条朝の始まったばかりの永延二年（九八八）のころに、中務卿具平親王は、花山朝を主導していた藤原惟成、および儒官として支えていた菅原資忠や慶滋保胤ら、かつて親王邸の書閣に集って詩酒の宴に侍した文人たちを思いやり、懐旧の念に堪えず、次の詩を作って紫式部の父藤原為時に送った。惟成らと同じく親王邸に出入りしていた為時も、その親王の詩を見て、改めて往時をなつかしんでそれに和した。

去年春、中書大王桃花閣命詩酒、左尚書藤員外中丞惟成、右菅中丞資忠、内史慶大夫保胤、共侍席、内史在大王属文之始、以儒学侍、縦容尚矣、七八年来洛陽才子之論詩人者、謂三人為先鳴、当于其時、或求道一乗、或告別九原、西園雪夜、東平花朝、莫不閣筆廃吟、眷恋惆悵、洒者研精之余、披覧去春之作、其文爛然存、其人忽然去矣、遂製懐旧之瓊篇、忝賜惟新之玉章、蓋以為朝墨之庸奴、藩邸之旧僕而已、因之為時、一読腸断、再詠涙落、
偸抽短毫、敬押高韻

去年ノ春、中書大王桃花閣ニ詩酒ヲ命ズ。左尚書藤員外中丞惟成、右菅中丞資忠、内史慶大夫保胤共ニ席ニ侍ス。内史ハ大王ノ文ヲ属スルノ始ニ在リテ、儒学ヲ以テ侍シ、縦容トシテ尚シ。七八年来洛陽ノ才子ノ詩人ヲ論ズルハ、三人ヲ謂ヒテ先鳴ト為ス。其時ニ当リテ、或ハ道ヲ一乗ニ求メ、或ハ別ヲ九原ニ告グ。西園ノ雪ノ夜、東平ノ花ノ朝、筆ヲ閣キ吟ヲ廃シ、眷恋惆悵セザルハ莫シ。サキゴロ、研精ノ余、去春ノ作ヲ披覧スルニ、其ノ文爛然トシテ存シ、其ノ人忽然トシテ去ル。遂ニ懐旧ノ瓊篇ヲ製シ、忝クモ惟新ノ玉章ヲ賜フ。蓋シ以テ朝墨ノ庸奴、藩邸之旧僕タルノミ。之ニ因リテ為時、一タビ読ミテ腸ヲ断チ、再ビ詠ミテ涙落ツ。偸ニ短毫ヲ抽キテ、敬テ高韻ヲ押ム。

藤為時

梁園今日宴遊筵

梁園、今日、宴遊ノ筵

豈慮三儒滅一年　　豈ニ慮ハムヤ、三儒ノ一年ニ滅バムコトヲ
風月英声揮薤露　　風月ノ英声、薤露ヲ揮ヒ
幽閑遠思趁林泉　　幽閑ノ遠思、林泉ヲ趁フ
新詩切骨歌還湿　　新詩、骨ヲ切メテ、歌ヘバ還タ湿フ
往事傷情覚似眠　　往事、情ヲ傷メテ、覚ムルモ眠ルニ似タリ
繁木昔聞摧折早　　繁木、昔聞ク、摧ケ折ルルコト早シト
不才無益性霊全　　不才、益無クシテ、性霊全シ
(群書類従本本朝麗藻・懐旧部)

この詩序にいうところは、先年具平親王邸での詩酒の宴に集まった三人の文人たち、円融朝の後半から花山朝にかけて、時の詩人の先鳴として華やかに活躍した藤原惟成・菅原資忠・慶滋保胤は、花山朝が終わるとともに、出家したり死去して一時に世間から姿を消した。それ以後に親王邸に集まった人々は、雪につけ花につけ三人を傷み恋うあまり、作文のことも行われなくなった。たまたま当時の詩巻を披いてみると、三人の詩はさながら燦然としてあるのに、その人の姿は既に無い。親王は、往事を懐旧する詩を作り、古くから出入りしていた奴僕のこの為時のもとに賜ることがあった。自分はそれを読んで断腸落涙し、親王の詩の韻をうけてこの詩を作った、というのである。親王が特に為時にその詩を見せたのは、為時が三人と共に親王邸に出入りして、詩酒の席にも侍していた詩友であったからである。

詩序では、具平親王を「中書大王」と呼び、菅原資忠が既に故人であることをいっている。具平親王が中書王(中務卿)になったのは、前中書王と呼ばれた兼明親王が寛和二年正月に中務卿を辞した(公卿補任)その後任と考えられる。菅原資忠は、永延元年五月二十三日に亡くなっているので(小右記)、この詩の作られたのはその直後、永延元年

の冬から翌二年の春ごろであろう。

具平親王の「桃花閣」というのは、左京一条の坊名「桃花坊」（拾芥抄・中）によったものであり、そのころ親王の住んでいた近衛大路の屋敷をいうと考えられる。親王には「近衛里」に「風亭」とも呼ばれた邸宅があった（本朝文粋・十・橘正通詩序）。親王は、長保年間には六条坊門北西洞院東の六条宮（千種殿）に住み（権記・長保元年十二月六日）、ついで染殿に移ってここで薨じている（権記・寛弘六年五月二十九日）。染殿は、京極西土御門北の「北辺坊」の地にあったから(1)、この「桃花閣」はそれとは別の邸宅である。親王のもとには、前記の惟成ら四人の他に、橘正通、源順、紀斉名、藤原公任、藤原行成ら多くの時の文人たちが出入りしたことから、「件親王当時文祖長也」（左経記類聚雑例・長元三年六月十五日）などと称された。藤原為時が親王の「旧僕」であったというのは、家司などをつとめていたのであろうか。為時が親王家に親しかったことは紫式部日記にも見え、為時の兄為頼も親王家に出入りしていたらしい（寂然筆中務親王集切。後拾遺集・八九二）。為頼妻の亡くなった時には、親王の母荘子女王から弔問の歌を賜っている（為頼集）。さらにまた、為頼男の伊祐は親王の落胤頼成を養子にしていた（権記・寛弘七年正月□日）。為時の一家は親王家と関係が深かったのである。

藤原惟成は、村上朝で蔵人・右少弁等を勤めた雅材の男である。三善道統とともに「二代儒胤」と呼ばれた文章生出身者で、花山朝では蔵人、民部大輔、権左中弁を勤め、花山帝の外戚として執政の立場にあった若い藤原義懐を輔佐し、後述のごとくに花山朝政運営の中心になって推進したため、「五位摂政」（勅撰作者部類）などと呼ばれたが、寛和二年（九八六）六月二十三日、天皇が花山に入ったのに従って出家し、永祚元年（九八九）に四十七歳で卒去した。

菅原資忠は道真の曽孫で、応和二年（九六二）六月学問料を申請して文章得業生となり（日本紀略）、花山朝では右中弁を勤め、永観二年（九八四）十二月の花山朝の内御書所衆の定めには、蔵人式部丞藤原為時とともに別当になり、保胤も覆勘で所衆に補せられている（小右記）。そして、永延元年五月二十一日に五十四歳で逝去した（小右記）。資忠は文章生として惟成よりも先輩であったが、在世中の官位により三人のうちでは惟成が筆頭に記されたのである。

慶滋保胤は、天文・暦数を掌った賀茂忠行の次男で、花山朝政をすすめるについて、惟成のもとで大内記として活躍したが、天皇出家に先立って寛和二年四月二十二日に出家した（日本紀略）。保胤は、具平親王の読書始の侍読を勤めて以後親王邸に親しく出入りしていたことは、親王の「贈心公古調詩」（本朝麗藻）などからも知られる。後述する村上朝の勧学会運動の中心になった一人であった。

為時の「三儒滅一年」の詩句は、親王邸での詩酒の集まりの中心であった三儒が、惟成と保胤は出家し資忠は病死して、わずか一年のうちに姿を消したことをさし、「繁木昔聞摧折早」の句も、直接には才能に恵まれたこれら三詩人の早く世を去ったことに感傷したものである。しかし、ここの親王と為時とのやりとりは、単に親しくしていたすぐれた詩友たちがいなくなったことを感傷しているだけではない。この詩の背景には、三儒が一時に姿を消したことに象徴される、花山朝という一つの時代が意外な結末に終わったことについての、当時の多くの人々の共有した悲嘆の情があると考えられる。花山朝で経世の志を果たそうとした、惟成や保胤といった才能ある儒者たちが、あえなく挫折して破局をむかえ世を去ったことを、為時もまた儒者として惟成らの側に心をおきながら、深く惆悵している。単に昔日の詩友を追懐し哀惜するだけではなく、残された為時らのこの時点におけるとまどいや消沈の情が認められるのである。「不才無益性霊全」の句は、前の「幽閑遠思趁林泉」の句に関わって、心には俗世出離を思いながらも、彼らのように遁世できずにいるわが身を自嘲したものである。為時に見せられた親王の詩や手紙にも、同様の心が詠まれていたと考えられる。

具平親王や為時が、惟成・資忠・保胤らと過した花山朝のころを懐旧した詩を詠みあった一条朝のはじめ、同じくその詩友の一人であった源為憲もまた、出家した惟成を偲んで独り次の詩を作っている。

秋夜対月憶入道尚書禅公　秋夜、月ニ対ヒテ入道尚書禅公ヲ憶フ

去年尋君談話夜　去年、君ヲ尋ネテ談話ノ夜
飛香榭東秋月明　飛香榭ノ東、秋月明シ
今夜憶君端居夜　今夜、君ヲ憶ヒテ端居ノ夜
教業坊中秋月清　教業坊ノ中、秋月清シ
一虧一盈月相似　一虧一盈、月相似タリ
時去時来人不同　時去リ時来リテ、人同ジカラズ
当我衰鬢難弁白　我ガ衰鬢ニ当ヒテハ、白キヲ弁ヘ難ク
入君観念応覚空　君ノ観念ニ入リテハ、応ニ空ヲ覚ユベシ
何事閑対得相憶　何事カ閑ニ対ヒテ相憶フコトヲ得ン
員外官冷無所営　員外ノ官、冷クシテ営ム所無シ
定知山月咲遅来　定メテ知ル、山月ノ遅ク来タルヲ咲フト
行年比君二年兄　行年、君比リ二年ノ兄

（本朝麗藻・仏事部）

この詩の成立は、源為憲が「員外官」つまり権官にあった時期であるが、為憲の官歴のうちで権官として知られているのは、永観二年（九八四）十月の三宝絵序に「参河権守源為憲」、寛和二年（九八六）三月の太上法皇御受戒記に「参河権守為憲」とあるものである。為憲の任参河権守を遅くとも永観二年冬として、その任期は永延元年（九八七）までである。したがって、この詩は永延元年ごろまでの作であり、惟成の亡くなる以前、前述の為時の詩とほぼ同じ

ころのものと考えられる。

源為憲は所謂儒胤ではなかったが、早く応和三年の善秀才宅詩合にその名が見え、源順の弟子として文章にすぐれていたといわれ（江談抄・五）、天禄三年には「国子学生」として空也誄を作っている。貞元二年閏七月ごろには内記で（日本紀略）、順や惟成らと藤原為光邸に出入りして、為光男の誠信のために口遊を編纂している。有国の「美州前刺史再三往復、訪以予病、不堪感懐、詩以答謝」（本朝麗藻・贈答）の詩などからすれば、晩年まで後述する藤原有国とも親しかった。

詩題中の「入道尚書禅公」、つまりこのころ弁官で出家した人として可能性のあるのは、寛和二年六月に出家した権左中弁藤原惟成か、あるいは永延元年（九八七）五月に出家した権左少弁源時通（小右記）である。この二人は同世代で、しかも蔵人・民部輔・右少弁と似た官歴を経ていて、共に為憲と親しい間柄であったと考えられるので、どちらであるか確定しにくいところが残る。しかし、この詩の詠まれたのは、為憲の参河権守であり得た永延元年までであり、「尚書」の出家はその前年以前であるから、永延元年五月に出家した時通を当てることは無理なのである。惟成は、為憲の前任者として天元年間には参河権守であり、内記の為憲と共に大納言藤原為光の「家人」として（書陵部三十六集本順集・一二七）、為光の石山詣に従って詩歌を作ったりしている（書陵部歌仙集本順集・二七三）。これらの交友関係からしても、やはりこの「尚書」は惟成と考えられる。

為憲が惟成を訪ねて語りあったという「飛香榭」、つまり宮中の藤壺は、花山朝では帝の姉宗子内親王の曹司であったが（小右記・寛和元年正月五日）、惟成と為憲は何かの事情があって、藤壺の東庇で一晩語り明したのであろう。「教業坊」は為憲の屋敷のあった左京三条の坊名である。結句に「行年比君二年兄」とあることからすれば、為憲は惟成に二歳の長であった。尊卑分脈には、惟成出家の寛和二年「四十一」、三年後の卒時の永祚元年には「四十七」としていて、やや矛盾している。これは後述のごとくに、惟成らの大学寮での同窓生たちの年齢からして、卒時四十七歳とある方がよいと考えられる。(2) とすれば寛和二年は惟成四十四歳、為憲四十六歳であった。

この為憲の詩は、秋月を眺めて惟成を憶い、去秋の藤壺で語りあった時には、花山朝政の中枢で活躍していた惟成が、思いも寄らず出家して俗世を去ってしまい、自分は参河権守という閑職の身で、経綸の志をのばすこともできず、鬱屈した思いをかみしめている、と花山朝とともに姿を消した惟成を哀傷したものである。「定知山月咲遅来」の句には、年少の惟成に先立たれて、いまだ俗世を出離できずにいるわが身への自嘲の心がうかがわれる。表面的には花山朝に活躍した惟成の突然の出家という、人の身の栄枯の不定について感傷しながらも、その奥の方には、去っていった者たちへの深い共感とともに、その反面、世俗の生活を捨て得ずにいる自己への自嘲的な姿勢、挫折感や鬱鬱とした思いを述べていることなど、為時の詩に極めてよく似た傾向の心が認められるであろう。こうした場合に世俗出離の志を述べるのは、いわば当時の人々のきまり文句というべきところもあるが、今の場合その思いはまた、彼らの心から遠いものでは必ずしもなかった。

為時や為憲の詩に共通する、惟成ら出家した才能ある詩友への哀惜の心は、たまたま二人が惟成らと親しく交わった仲間だったからだ、というだけではなかったらしい。また、出家した惟成や保胤らに対して、残った為時や為憲に認められる鬱屈した心も、この二人のみの個人的な事情によるものでも必ずしもなかった。実は、花山朝がわずか二年で潰えさり、惟成ら花山朝政を支えた人々が出家していったでき事は、広く当時の儒者たち、つまり知識人一般にとっても、深い挫折感をもたらすほどの大きな意味をもっていた。為時や為憲の詩では、彼らの個人的な感慨以上のものにはふれず、わずかに「繁木昔聞摧折早」や、「一虧一盈月相似、時去時来人不同」などの句に、屈折した形で暗示されているのみであるが、花山朝の崩壊や惟成たちの出家が、時の知識人たちに与えた影響は大きかったのである。二人の詩には、花山朝が終わって、新しく一条朝が始まったばかりの時期における、知識人たちのおかれていた精神的な状況をよく示すところがある。当時の多くの知識人たちにとって、花山朝は特別な意味をもっていた。

2　藤原有国と藤原惟成・慶滋保胤

花山朝で活躍した惟成や保胤たちが、突然出家して去った後の一条朝初期の知識人たちの心を述べた詩には、さらに次の藤原有国の作がある。(3) これもやはり一条朝の始まったばかりの永祚元年（九八九）の秋ごろのものである。有国もまた、惟成とは文章生のころからの長い交友関係をもっていた人であるが、しかしこの有国の詩には、為時や為憲とはやや異なった立場から、惟成らの出家を見ていた姿勢が認められる。

秋日、会宣風坊亭、与翰林善学士、吏部橘侍郎、御史江中丞、能州前刺史、参州前員外源刺史、藤茂才、連貢士、懐旧命飲　　秋日、宣風坊亭ニ会シ、翰林善学士、吏部橘侍郎、御史江中丞、能州ノ前刺史、参州ノ前ノ員外ノ源刺史、藤茂才、連貢士ト、旧ヲ懐ヒ飲ヲ命ズ

自趁栄利別文賓　　栄利ニ趁リシヨリ文賓ニ別レ
酌酒吟詩亦不親　　酒ヲ酌ミ、詩ヲ吟ズルモ亦親シカラズ
聚雪窓中三益友　　聚雪、窓中、三益友
宣風坊北一尋辰　　宣風坊ノ北、一タビ尋ヌル辰《とき》
心如少日紅顔昔　　心ハ少日ノ如クニシテ、紅顔ハ昔ナリ
歯及残秋白髪新　　歯ハ残秋ニ及ビテ、白髪新ナリ

嘉説交談倶在我　　嘉説、交談、倶ニ我ニ在リ
泣言運命各由人　　泣言、運命、各人ニ由ル
藤尚書恨蔵山月　　藤尚書ハ、恨ミテ山月ニ蔵レ
慶内史悲遁俗塵　　慶内史ハ、悲シミテ俗塵ヲ遁ル
　藤尚書、慶内史、共是旧　　藤尚書、慶内史、共ニ是レ旧日ノ詩友
日詩友、落飾入道、両別　　落飾入道シテ、両リナガラ詩酒ニ別ル
詩酒、余以有恨、故云　　余以テ恨有リ、故ニ云フ
不若聊成懐旧飲　　若カズ、聊カ懐旧ノ飲ヲ成シ
憂腸平忘養精神　　憂腸、平カニ忘レテ、精神ヲ養ハンニ
（本朝麗草・懐旧部）

この有国の詩の成立は、やはり花山朝の終った翌年の永延元年（九八七）秋ごろであろうか。序中の「翰林善学士」は三善道統をさすと考えられ、道統が文章博士になったのは永延元年七月なので（二中歴・儒職歴）、それ以後である。道統は長徳四年（九九八）ごろまで文章博士であった（権記・長徳四年七月十日）。また「参州前員外源刺史」は、前述した源為憲で、永延元年参河権守の任期を終えて以後、正暦二年（九九一）に遠江守となるまでの期間である（本朝文粋・十・為憲申文）。同じく「御史江中丞」とあるのは、永観二年十月から弾正少弼であった大江匡衡で、永祚元年十一月には文章博士になっている（中古歌仙三十六人伝）。さらに、惟成は永祚元年十一月に亡くなったが（尊卑分脈）、この詩では故人のようには記されていない。したがって、これらの条件を考えると、この詩は永延元年または二年の秋ごろの作かと推定されるのである。

宣風坊（五条）にあった藤原有国の屋敷に会し、懐旧の飲をなして秋の一日を過した七人は、三善道統・源為憲・大

江匡衡の他に次の人々であった。「吏部橘侍郎」は式部少輔橘淑信である。(4) 淑信は寛和二年二月には式部少輔で、永延二年ごろまでその官にあった（小右記・永延二年十二月四日）。「能州前刺史」は、保胤の弟の前能登守賀茂（慶滋）保章であろう。保章の能登守であった期間は確定できないが、天元三年（九八〇）源順が能登守に任ぜられ、任期の終わらぬ永観元年（九八三）に卒去したので（書陵部本順集勘物）、その後任が保章であったと考えられる。(5)「藤茂才」「連貢士」の二人については、誰か不明である。

有国の詩は、自分は「栄利」の途をめざすようになってからというもの、詩友たちとも親しく交わることもなくなったが、こうして昔日の学友が訪ねて来てくれて、心は少年の日にかえるが、白髪は増えるばかりである、私はこうして友との談話を楽しんでいるが、その一方には泣き言をいうような運命の人もいる、藤原惟成は世を恨んで山に隠れ、慶滋保胤は悲しんで俗世を捨てた（この旧来の詩友二人が詩酒を捨てたのは、私の残念に思うところだ）、昔をなつかしんで少々酒を飲み、憂いを忘れて元気な心を保つに越したことはない、といったものである。

前述した為時や為憲の詩では、惟成や保胤ら出家した人々の側に心を寄せて共感し、俗世に身を置きつづけている自己を対象化し、やや自嘲的に見ていたのに対して、この有国の詩では、「栄利」追求の現世の生活をなしている現在の自己を、意識的に肯定している姿勢が顕著である。世を恨んで出家した惟成や保胤のあり方を、それも各人のもつ運命なのだと、ややつき離した客観的な立場から見ていて、昔の大学寮以来の詩友が世を背いたのを、自分とは別種の生き方をめざした人々なのだと見なし、それら友のあり方を哀傷しないというわけではないけれども、彼らとはまた異なった途もあるのだ、と自己の現実を是認している。時代が変り新しい時勢の中に身を置いたとき、改めてその現実にうまく適応してゆく人と敗れて去る人、さらに敗れた人々のあり方にいつまでも後ろめたさをおぼえる人というのは、どの時代にもよくあることではあっても、この花山朝から一条朝へと交替した時点における貴族社会の人々にとっては、やはり特別に問題になるところがあったのである。時の知識人たちの多くは、具平親王や為時や為憲らのごとくに、花山朝の消滅とともに世を去っていった惟成らにつよい共感をもち、あとに残ったわが身を深い挫折感をもってかえりみる、という一般的な状況があったらしいのである。

藤原有国は永延元年（九八七）には四十五歳で、惟成とほぼ同年齢である。後述のごとくに有国は、惟成・保胤・為憲らと同じころの大学寮の文章生であり、保胤とは共に菅原文時を師とした同門の学生であった。惟成とは同じく儒家の子弟として似た境遇で、二人は早くから「一双」と称されて、その才能が注目され競いあってきた仲であったという。前記の詩にも認められるように、有国には現実的な性格があり、惟成とはやや肌あいが違っていたから、若くからの二人の関係には複雑なところがあったのであろう。惟成が花山朝の中枢に参与することになった時期の話に、次のようなものがある。

有国、名簿ヲ以テ惟成ニ与フ、人々驚キテ曰ク、藤賢・式大ハ往日ノ一双也、何ゾ敢テ以テ此ノ如クセンヤト、有国答ヘテ曰ク、一人之跨ニ入リテ、万人之首ヲ超エントスト、（群書類従本江談抄・巻三）

「藤賢」は惟成、「式太」は有国の、大学寮学生としての字である。この説話の信憑性の問題は残るが、後世の人々の目に映った有国には、処世のためには競い合った惟成にも名簿を呈出することも辞さない人間、かつて惟成と一双と呼ばれた誇りをも捨て、敢て臣従までする人、と後世の人から考えられていたらしい。よくいえば柔軟で現実的なこの姿勢は、前記の詩とも矛盾しない。有国が惟成に名簿を呈出したとすれば、それは惟成が政権の中枢に入った花山朝の成立当初である。そのころの有国は、東宮（一条帝）の侍臣として（公卿補任）、東宮の外祖父藤原兼家に連なる人脈にあった。兼家は、後の花山帝退位事件を画策したことからもうかがわれるように、花山朝では惟成らと対立する勢力の中心をなしていたのである。有国は惟成や保胤らのめざましい活躍を見て、そちら側に乗り換えようとしたのであろうか。ところが、花山朝はわずか二年ばかりで崩壊し、今度は有国が陽のあたる側に身をおいたころの詩なのである。

一条朝になってからの有国の官位昇進は著しい。まず寛和二年六月、一条天皇即位とともに、有国は東宮時からの侍臣であったことにより昇殿し、七月には石見守の功により正五位下、八月には左少弁、十一月には蔵人、翌永延元年七月には右中弁、十月には摂政兼家第への行幸に際し、兼家の家司であることにより従四位下に昇り、十一月には昇殿、ついで従四位上左中弁となり、永延二年に入ると、正月には信濃権守を兼ね、二月には周防権守に改任、翌永祚元年四月には正四位下右大弁になっていた（公卿補任・正暦元年条）。まさに得意の時期にあったから、有国の詩には、惟成らに対する姿勢において、為時や為憲のそれとは異るところがあるのも当然なのである。しかし、有国もまたこの直後、兼家を継ぐ摂政が問題になった時、年齢順にと兼家長男の道隆を推す平惟仲に対して、どういう事情からか、文雅の道にもすぐれた次男の道兼を兼家に推薦し、ために道隆の代になると、その男ともに除名されるという挫折を経験することになる（江談抄・一）。

前記の三人の詩の意味するものは、花山朝から一条朝への交替に際して、有国などのごとくに、既に始った新しい時代を受入れ、適応していこうとする現実主義的傾向の人たちと、一条朝という新しい現実にとまどいながら、花山朝とともに去った惟成や保胤らとその時代を懐古的に哀傷している人々、という当時の知識人たちの置かれた状況をよく示しているところにある。しかしながら、為時や為憲らと対立する側の立場にある有国の詩にも、惟成や保胤を傷む心の認められる語句があり、それは有国の本心では必ずしもなかったにしても、そうした詩句を交えさせたようなこの時期の詩人たちの文脈のあったことは認められるのである。為時や為憲もまた、一条朝という新しい現実をかたくなにいつまでも受入れなかった、というわけではない。その後の為時や為憲のあり方には、次第にその新しい時代に適応していったと認められるところもある。またそれが人間として自然なあり方でもあろう。ただ注意すべきは、一条朝の初期においては、為時や為憲の詩に見られるように、文章生出身の知識人たちには深い挫折感をおぼえていた人が多くあり、有国のような立場の人たちをもふくめて、一つの時代が終わったという感慨を強くし、花山朝をなつかしみ懐古するような心情を共通して強くもっていた、ということなのである。

3　康保年間の文章生たち

花山朝はわずか二年たらずで崩壊したが、当時の知識人層を形成していた文章生出身者たちにとっては、この短期政権の成立は特別な意味をもっていた。花山朝の実務の運営の中心になっていたのは、藤原惟成を代表とする文章道出身の儒者たちである。彼らが文章生としての生活を送ったのはほぼ村上朝の末期ごろであるが、その時期からの交友関係が花山朝まで持続していて花山朝政を方向づけた、というべきところがあった。

そうした村上朝の文章生たちのあり方をよく伺わせるものの一つに、同じく藤原有国の次の詩がある。

初冬、感李部橘侍郎見過懐旧命飲、并序
予、天元五載、石州秩罷、秋初帰洛、自秋暨冬、閑居宣風坊宅矣、橘李部過于家門、蓋懐旧之義也、時也宅荒主貧、交芳志切、眷恋留連、日将及昏、于嗟、康保年中文友廿有余輩、或昇青雲之上、交談遠隔、或帰黄壌之中、

初冬李部橘侍郎ノ過ギラルルニ感ジ懐旧ノ飲ヲ命ズ、并ニ序
予、天元五載、石州ノ秩罷ミ、秋ノ初メ洛ニ帰リ、秋ヨリ冬ニ暨ビ、宣風坊ノ宅ニ閑居ス。橘李部家門ニ過ギル。蓋シ懐旧ノ義也。時ニ宅荒レ主貧キモ、交芳ノ志切ナリ、眷恋留連シテ日将ニ昏ニ及バントス。于嗟、康保年中ノ文友廿有余輩、或ハ青雲ノ上ニ昇リテ、交談遠ク隔タリ、或ハ黄壌ノ中ニ帰テ

存没共離、其余多執台省之繁務、
亦割刺史之遠符、居止接近、日不暇給、
所謂左少丞菅祭酒、兵部藤侍郎、
太子学士藤尚書、肥州平刺史、美州源別
駕、前藤総州、李部源夕郎、慶内史、高外
史是也、如彼前日州橘大守、柱下菅大夫、
工部橘郎中、三著作、命先朝露、
恨深夜台矣、便知、君我之相逢、
誠是平生之楽事也、推得忘年之友、
偶令閑日之談、云爾

閑居情感被何催
門巷蕭条稀客来
偶遇芝蘭芳契友
宣風坊裏一傾盃

存没共ニ離ル、其ノ余ハ多ク台省ノ繁務ヲ執リ、
亦タ刺史ノ遠符ヲ割ク、居止接近スルモ、日ニ暇給アラズ。
謂フ所、左少丞菅祭酒、兵部藤侍郎、
太子学士藤尚書、肥州平刺史、美州源別駕、
前藤総州、李部源夕郎、慶内史、高外史是ナリ、
彼ノ前ノ日州橘大守、柱下菅大夫、
工部橘郎中、三著作ノ如キハ、命朝露ニ先ダチ、
恨ミ夜台ニ深シ、便チ知リヌ、君ト我トノ相逢フハ、
誠ニ是レ平生ノ楽事ナリ、推テ忘年ノ友ヲ得、
偶マ閑日ノ談ヲ令スト、爾云フ。

閑居、情感何ニカ催サルル
門巷、蕭条トシテ客ノ来ルコト稀ナリ
偶マ芝蘭芳契ノ友ニ遇ヒ
宣風坊裏、一タビ盃ヲ傾ク

（本朝麗藻・懐旧部）

藤原有国は、天元三年（九八〇）八月に卒去した坂上望城（諸家系図）の後任として、同年九月石見守に任ぜられ、天元五年に秩満ちて帰洛し、その秋から冬にかけて五条の屋敷に閑居していた。有国四十歳の時である。たまたま式部少輔橘淑信が旧友を懐かしんで訪れ、日暮れまで懐旧の談にふけり、話は大学寮時代のことに及んだという。恰度花山朝の始まろうとする直前の時期である。ここに「康保年中文友廿有余輩」として名の挙げられている人々は、有

国が大学寮北堂の学生であった康保年間（九六四〜九六八）における同窓の文章生たちをさしていると考えられる。有国の文章生であった時期は不明であるけれども、二十一歳の応和三年（九六三）三月、前文章得業生三善道統宅での詩合に出席していて、そのころには文章生であったらしい。この詩合には、左方に賀茂保胤・藤原季（秀）孝・橘正通・有国・高丘重名・三統篤信、右方に高丘相如・橘倚平・賀茂保章・源為憲・高丘兼弘・文屋如正がいた（善秀才宅詩合）。これは有国とほぼ同期の文章生たちであろう。いま前記の有国の詩序に名の見えるのは、次のような人々である。

「李部橘侍郎」は、前節でもふれた式部大輔橘淑信である。淑信は広相の曽孫で、当時の仏教革新にも力のあった千観僧都の従兄弟である。応和二年（九六二）六月十七日の弓場殿での学問料試には、文章生として学生の菅原資忠らと受験する予定であったから（日本紀略）、資忠よりはやや年長であったらしい。後に淑信は、藤原為信、賀茂保胤らと弓場殿試を受けている（江家次第・十九）。貞元三年（九七八）三月ごろには式部大丞（類聚符宣抄・七）、寛和二年二月には式部少輔で、その下僚の大丞に藤原為時、平祐挙がいた（本朝世紀）。永延二年（九八八）十二月には式部少輔として、藤原道長の家人の甘南備永資の省試のことで道長の怒りを買い、道長の従者に捕搦せられて歩行で道長邸に連れこまれることがあったが（小右記）、詳しい事情は不明である。

序中で筆頭にあげられている「左少丞菅祭酒」は、菅原道真の曽孫の左少弁大学頭資忠で、永延元年五月の逝去時には五十四歳というから（尊卑分脈）、有国よりは九歳の長である。資忠は、応和二年六月の弓場殿の試で学問料を賜って文章得業生となり、康保五年（九六八）七月に正六位文章得業生美濃権少掾として対策した（類聚符宣抄・九）。貞元元年正月三条帝誕生の時には、勘解由次官従五位下として、参河権守従五位下藤原惟成とともに読書博士を勤めた。資忠は惟成の対策の時の問者を勤めている（桂林遺芳抄）。天元四年（九八一）正月には文章博士となり（二中歴・二）、永観元年六月には従五位上左少弁大学頭文章博士近江権介であった（類聚符宣抄・一）。

「兵部藤侍郎」は、式部権大輔藤原国光の次男兵部大輔忠輔である。惟成や有国より一歳少く、康保元年に後述の三統篤信とともに穀倉院の学問料を賜り（類聚符宣抄・九）、安和元年（九六八）十二月菅原資忠の替として文章得業生（類聚符宣抄・九）、貞元元年六月には兵部少輔、天元三年正月には対策して従五位上に叙せられ、永観二年八月には東宮（一条）学士となり（公卿補任・長徳二年）、後に権中納言にまで昇った。

「太子学士藤尚書」は前述した藤原惟成である。惟成は菅原資忠を問者として天禄二年（九七一）に対策し（桂林遺芳抄・省官故障之時用他儒例）、翌天禄三年十月には「蔵人近江権大掾」、翌天延元年には「蔵人式部少丞」と見え（親信卿記）、同三年には参河権守として大納言藤原為光家の歌合に加わっている。貞元元年（九七六）正月の三条帝誕生時には、菅原資忠と共に参河権守従五位下で湯殿読書役を勤め、天元五年には右少弁、ついで太子（花山）学士となった（二中歴）。花山朝になると、惟成の妻が花山帝の外戚藤原義懐の妻の姉であったことなどもあり、執政の座についた義懐の輔佐役となって花山朝政をとりしきった。永観二年八月花山帝即位とともに五位左少弁蔵人、十月には民部大輔、翌寛和元年正月には左衛門権佐となっている。

「肥州平刺史」は平惟仲である。美作介珍材の長男で、母は備中国の人あるいは讃岐国の人という。伯母の寛子は藤原兼通の妻で冷泉帝の乳母であった。康保四年正月に文章生に補せられ、安和元年十月に冷泉帝の践祚により蔵人、天元四年十月に肥後守になっていた。永延元年九月には右少弁で大学頭、正暦二年正月に蔵人頭、同三年八月に参議に昇った（公卿補任）。有国とともに藤原兼家に仕えて一双と称された人である。

「美州源別駕」は未詳。「美」は「参」の誤で、源為憲ではなかろうか。

「前藤総州」は下総前守藤原季孝である。季孝は応和三年の善秀才宅詩合でも左の講師を勤め、扶桑集にも名の見える詩人で、天延二年五月ごろには内記であった（親信卿記）。下総守のことは「しもつふさのかみふちはらのするたたかゝくにゝくだるに」（源順集）とあり、これは順の和泉守のころらしいので、天禄年間であろう。その後「下総守季孝為人刄傷面」（小右記・寛和元年正月二十一日）ともあるが、これは「前下総守藤原季孝」（日本紀略）の誤りであろう。季孝は寛和元年三月には播磨介になっていて（小右記）、このころ播磨国書写山円教寺の法花三昧堂を建立し、ついで薬師堂など諸堂を建てたという（峰相記）。円教寺は寛和二年に講堂供養を行ったが、その願文は惟成が書き、花山院の御願寺となったものである（書写山円教寺旧記）。なお、季孝の女は藤原道綱との間に権少僧都斉祇を産んでいる（尊卑分脈）。

「李部源夕郎」は蔵人源時通であろう。時通は左大臣雅信男で、天元五年正月に五位蔵人となり、永観二年八月に円融帝の譲位とともに去った。そして、花山帝の譲位した寛和二年六月に再び蔵人となったが、翌永延元年五月に出家した（職事補任）。

「慶内史」は内記慶滋保胤である。保胤は賀茂忠行の二男で、陰陽暦数の家に生まれたが、菅原文時の門に入り、天徳のころから高丘相如と並んで名を知られ（本朝麗藻・大江以言詩序）、善秀才宅詩合にも二人は左右の筆頭になっている。康保に入ると、後述する勧学会運動の中心の一人として活躍した。円融朝に入って、二十歳ばかりも年少の菅原為紀が学問料を申請した時には、才に富むと認められていた保胤と相如は、菅家七代の為紀とは争わなかったという（朝野群載・十三・大江匡衡奏状）。既に学問の分野でも家柄が重要な時代になっていたのである。保胤が侍読として橘正通とともに具平親王邸に出入りするようになるのもこのころである（本朝文粋・八・源順詩序）。内御書所の労により近江掾になっていた保胤は、天元年間に対策して内記に補せられた。永観二年十二月には、大内記として内御書所に候している（小右記）。この時期の保胤の生活は天元五年に記した池亭記によくうかがわれるが、公務から帰ると阿弥陀を念ずる仏教者であったという。日本往生極楽記を著したのもこのころである。永観二年八月には円融帝譲位のことがあり、花山朝が成立して、保胤は大内記として大きく朝政に参与することになったが、この新政府はすぐに行き詰まり、保胤は寛和二年四月に出家してしまった。

「高外史」は少外記高丘相如である。相如の父祖は未詳であるが、仁和朝ごろ外記を勤めた五常の末と考えられる。保胤とほぼ同年で、二人はいつもその才学を並び称された。天元三年は少内記になり、同五年少外記になって（外記補任）、一条朝には飛驒守にも任ぜられている。相如は藤原公任の師であった。そのために和漢朗詠集には相如の句が多いという（江談抄・五）。

「前日州橘大守」は前日向守橘倚平である。倚平は飛驒守是輔の男で、康保二年十月省試に及第して文章生となった（村上御記、桂林遺芳抄）。天延二年八月ごろには日向守で、前年保胤からの勧学会のための堂舎建立の資金の求めに応じている（本朝文粋・十三）。天元三年ごろに亡くなったらしい（勅撰作者部類）。

「柱下菅大夫」は大内記菅原輔昭である。式部大輔文時長男で（二中歴・十二）、前記藤原忠輔や後述の三統篤信よりやや年少であった（黄葉記・宝治元年四月二十七日）。康保二年に学問料を賜って文章得業生となり（本朝文粋・六）、安和年間には蔵人（袋草紙）、天延三年には兵部大輔（一条大納言家歌合）、貞元年間には民部大丞で、三条左大臣殿（藤原頼忠）前栽合では、惟成や藤原義懐や保胤、元輔ら梨壺の五人の歌人たちと歌をよんだりしている。ついで、大内記となり、天元五年に出家（勅撰作者部類）、すぐに亡くなったらしい。

「工部橘郎中」は宮内丞橘正通である。正通も、応和三年の善秀才宅詩合には文章生として加わって、保胤の弟保章と詩を番え、天禄三年ごろには加賀掾で、規子内親王の野宮歌合に源順や源為憲と歌をよみ、ついで宮内丞になった（本朝文粋・十・正通詩序）。正通は源順の弟子であったが、順はその家集を第一の弟子である正通には伝えず、源為憲に伝えたという（江談抄・五）。保胤とともに具平親王の侍読として親王邸に出入りしていたが（本朝文粋・八・源順詩序)、親王邸での詩宴に「栄路遙兮頭已斑、生涯暮兮跡将隠、侍大王万歳之風月、向後未必可知」の句を詠んで世間から身を隠し、あるいは高麗に渡ったともいう(江談抄・六)。ただし、この渡韓説は諸書に見えて有名であるが、根拠が認められない。有国の詩では故人とされ、具平親王にも「風骨消為蒿里塵」(本朝麗藻・題故工部橘郎中詩巻詩)の句があることからして、天元五年までには卒去していた。渡韓説は、正通の遺文中には述懐の句が特に多いことなどから、生まれてきた説話ではなかろうか。

「三著作」は内記三統篤信である。文章博士であった元夏の男で、応和二年六月には藤原公方や菅原資忠らとともに学問料試に応じたが、及第しなかった(日本紀略)。同三年の善秀才宅詩合に加わり、康保元年になって藤原忠輔とともに穀倉院学問料を賜った(類聚符宣抄・九)。以後の消息は確認できないが、少内記になり、この天元五年以前に亡くなっていたのである。

つまり、有国が文章生であった康保年間、共に大学寮に学んでいたのは、菅原資忠、藤原忠輔、藤原惟成、平惟仲、源為憲、藤原季孝、源時通、慶滋保胤、高丘相如、橘倚平、菅原輔昭、橘正通、三統篤信らであった。彼らは業を卒え、出世してそれぞれの官途に地位を得た後にも親しく交りをつづけ、このように時には集まって往時を偲んで日を暮らすほどに、深い連帯感をもちつづけていたのである。これには、青春を共に過ごした学友としての一般的な親しさ、ということが勿論あろうけれども、彼らの場合にはさらにその他にも、特別な絆で結ばれた関係にあった。その一つは、彼らが学生のころから始めた勧学会運動であり、いま一つは、この人々の多くが花山朝政に積極的に参集したことであった。

4　勧学会の成立とその時代

勧学会は、村上朝末期の康保元年（九六四）に、文章生二十人と叡山の僧侶二十人が集まって始めた仏教運動、あるいは一種の文学活動とでもいうべきものであった。(6) 初期の勧学会結衆の一人であったと認められる源為憲は、この勧学会結成当時の事情について、次のように述べている。

村上ノ御代、康保ノ初ノ年、大学ノ北ノ堂ノ学生ノ中ニ心ザシヲオナジクシ、マジラヒヲムスベル人アヒカタラヒテ云、人ノ世ニアル事ヒマヲスグル駒ノゴトシ、我等タトヒ窓ノ中ニ雪ヲバ聚トモ、且ハ門ノ外ニ煙ヲ遁レム。願クハ、僧ト契ヲムスビテ、寺ニマウデ会ヲ行ハム。クレノ春、スヱノ秋ノ望ヲソノ日ニ定テ、経ヲ講ジ、仏ヲ念ズル事ヲ其勤トセム。コノ世後ノ世ニナガキ友トシテ、法ノ道文ノ道ヲタガヒニアヒス丶メナラハム、ト云テ始行ヘル事ヲ、勧学会ト名ヅクルナリ。（三宝絵詞・下・比叡坂本勧学会）

会合は、春三月および秋九月の十五日に行い、僧俗の結衆はその前日の夕べに、西坂本にあった親林寺や月林寺などに集まった。学生たちが道すがら白楽天の「百千万劫ノ菩提ノ種、八十三年ノ功徳ノ林」（和漢朗詠集・仏事）の句を誦しながら来るのを、僧側は法華経方便品の「仏道ヲ志求スル者ハ無量千万億ニシテ、咸ク恭敬ノ心ヲ以テ、皆仏ノ所ニ来至ス」の偈を誦しながら迎える。十五日の朝には法華経を講じ、夕には弥陀を念じて、その暁に至るまで讃仏法の詩を作り、白楽天の「願クハ、コノ生ノ世俗文字ノ業、狂言綺語ノアヤマリヲ以テ転ジテ、当来世々讃仏乗ノ因、転法輪ノ縁ト為ム」の句などを誦して夜を明かし、僧俗の唱える偈や詩句を聞いた一座の人々は「心オノヅカラウゴキテ、ナミダ袖ヲウルホス」有様であったという。

この勧学会の結衆については、「台山ノ禅侶二十口、翰林ノ書生二十人、共ニ仏事ヲ作シテ勧学会ト曰フ」とある

（本朝文粋・十・保胤・暮秋勧学会於禅林寺聴講法華経同賦聚沙為仏塔詩序）。「翰林書生二十人」や「大学の北の堂の学生」とあることからも、俗の側は大学寮文章道の学生たちであった。「翰林書生二十人」は、参集した会員の実数か否かは不明であるが、当時の文章生はその定員の二十人近くいたらしいから、他に文章得業生や擬文章生が参加していたとしても、文章生のほとんどが勧学会に加わっていたのである。そして、前述の有国の詩序に記されていた「文友廿有余輩」のうち、名を挙げている十三人は初期の勧学会の主要な結衆であったと考えられる。藤原為時らは、この発足当初の学生たちよりはやや若い世代と考えられるが、後には参加したらしい。その他、源為憲の勧学会記によれば、第一回の会合参加者として、学生側では上記の人々の他に賀茂保章・中臣朝光・文屋如正を加えることができ、叡山の僧侶では、能救・法禅・慶雲・勝算・聖感・尊延・慶円・性高・穆算・清義・明遍の十一人の名が確認できる(7)。

康保の勧学会運動の意味については、十世紀後半の貴族社会において、浄土教が確立してゆく一つのあり方を示すものと考え、主としてこの会の念仏結社としての側面に注意されてきた。古代の令制の理念と実務の中心を担う文章生たちにより、勧学会のような仏教的な活動をする結社が結成されたことについては、例えば井上光貞氏に次のような説明がある。すなわち、この時期は「官界の上層部が藤原氏によって独占されるとともに、中下層の貴族は特定の職能を家業とすることによって自家の保存を図ろうとした」が、当時の中下層貴族の知識人たちが身を立てようとした文章道においても、菅・江二氏の勢力が強くなってきて、他氏が疎外されるような状況が生まれ、「そこに権勢に対する批判と、世俗を厭（穢）土と実感する欣求浄土の情熱がこの人々の間に昂揚する有力な素因をみることができる」というのである(8)。

文章生たちを、こうした仏教活動的な性格を強くもつ勧学会に集まらせることになった要因の第一には、井上氏の指摘のごとくに、この時期の貴族社会の状況が、これから世に出ようとする中下層貴族の若い文章生たちにとっては、強く閉塞感をおぼえるものであったことが挙げられるであろう。文章生たちの主導したと考えられるこの会は、当時の漢詩文に特別な影響を与えた白楽天の関係した、二林社・香火社など中国の僧俗による念仏結社を先例とするものともいわれている。(9) さらにいま一つ注意すべきは、この時期における白詩の影響が、当時の知識人を代表する文章生たちにおいて、単なる作文のための語句の模倣の典拠という段階を超えて、日常の生活感情のレヴェルにおける共感、というべきものにまで深化してきた事情が認められる。仏教もまた、この時期から古代的な現世利益を求める呪術中心のものから、新しく個人の心の救済をめざす浄土教が姿を明確にし始めるが、それらは当時の人々の内面性の深化という共通の基盤に根ざすものと考えられるのである。しかしながら、この時期の仏教は、一般的には個人の内省を通じて教義を理解し実践する、といった性格からはいまだ遠かったし、詩文もまた、もっぱら綺麗の語句を追求する以上には、あまり出ていない段階にあった。この勧学会の仏教運動や白楽天追随の文学運動も、必ずしも深く個人の内面性や思想性に支えられたものであったとも考えにくいのである。勧学会の会合では、一座の会衆たちが経文や白詩を幾度も誦した、という行事内容などによく示されているように、この会が若い学生たちの心をとらえた理由の一つには、そうした集団による誦経や白詩の朗詠行為のもたらす場の陶酔性や官能性、とでもいうべきものにあったことは、三宝絵詞の記述からもよくうかがわれる。同時期に起った空也上人の口称念仏運動にも、同様の性格が認められる。しかしながら、この会の運動が、当時の知識人層を浄土教思想に近づけることになり、さらにそれをより深く内面化してゆく契機となったであろうことは、十分に考えられる。それはまた、詩文は「狂言綺語」であるとする、白氏の文学観を深く内省させる契機にもなった。

藤原有国は、勧学会を始めたかつての大学寮北堂の同窓生たちを「文友」と呼んでいたが、もともと作文は勧学会の主要行事の一つであった。当時は他の諸法会においても、参会の僧俗により賛仏の詩を作ることが多く行われていたらしく、六波羅蜜寺の供花会では「緇素相語曰、世有勧学会、又有極楽会、講経之後、以詩而賛仏」と、勧学会にならって賛仏の詩をつくったという（本朝文粋・十・保胤・於六波羅蜜寺供花会賦一称南無仏詩序）。勧学会もまた当初から、外部の人々には文人の詩酒の雅遊とも見なされるような傾向をもっていた。結衆の中には前述の有国のように、勧学会を一種の詩酒の集まりと回想している人もいたし、保胤自身も「凡知此会者、謂為見仏聞法之張本、軽此会者、恐為風月詩酒之楽遊」（本朝文粋・十・暮春勧学会、於禅林寺聴講法華経、同賦聚沙為仏塔詩序）とも記している。ただし、仏教的性格の強い勧学会の場に、儒学を業とする文章生たちがこうして多く集ったことは、文章生たち知識人にとって、自己の修めた現実主義的な儒学がもはや第一義のものではなくなり、代わって現実否定を説く浄土教的仏教が新しく彼らの心を深くとらえ始めたことを示している。

文章生たちにとって、もはや「文章経国」の理念は遠い昔日のものであり、彼らの学問は志を失って、作文修辞の学に堕ちてしまっていた。彼らの才名を揚げる場は、遊楽の宴などで「唯徒らに綺麗なる句を闘はす」（藤岡作太郎『国文学全史―平安朝篇―』）ことにあり、儒学は既に自己の全てを賭けるものではなくなっていた。令制の才能徳行主義の理念は、大学寮の運営自体も世襲化が顕著になり、機能を失っていた。保胤は、高丘相如とともに穀倉院の学問料を申請しようとした時、菅原清公の七代の儒胤為紀が挙に応じたのであきらめ、大江音人の五代の後裔定基が応じた時には、文才を知られていた田口斉名や弓削以言は競うことを避けたという（本朝文粋・六・大江匡衡奏状）。社会の秩序は固定し、もはや自己の研鑽した経史の学によっては、立身出世は期待できない状況になっていたのである。そうした時代の閉塞感をもった知識人たちにとって、仏教は儒学以外の唯一の高度な知的世界であり、殊にそのころ興り始めていた強く現世否定的傾向をもつ浄土教は、彼らを切実にひきつけるところがあったのだと考えられる。

僧侶たちにとっても、本来は狂言綺語として否定すべきはずの詩文の場に、俗人の文人たちと共に参加するというのは、やはりこの時期の新しい傾向であった。和歌については、恵慶や安法や増基といった俗人と交わって歌を詠む僧侶がいたけれども、彼らは仏教界の周辺に位置する地位の低い僧であり、いわば好き者の僧侶というべき存在であった。それが、勝算・慶円・穆算といった、後の叡山の中枢となる僧たちが、勧学会に加わって詩を詠んだりすることになったのである。源信僧都は、和歌は狂言綺語として否定していたのに、「世の中を何にたとへん朝ぼらけ漕ぎゆく舟の跡の白波」の歌を聞いて、和歌も観念の助縁になると認め、歌を詠み始めたという説話（袋草紙）が伝えられているのも、このころから僧侶たちも詩歌に関心をもち始めたことを示している。そうした僧侶の詩文へ接近は、僧侶たちの属する教団や寺院の仏教にも当然に影響したであろう。詩文のもつ具体性や感覚性官能性は、僧侶たちの仏教の教義の理解をよりヒューマニズムにし、より世俗化することにもなったと考えられるのである。この時期の浄土教の発達をうながした背景の一面には、そうした仏教の詩歌への関心に見られるような感覚的なものへの接近や、それに伴う世俗化の傾向があった。

勧学会の例会では、僧俗の会衆たちが白楽天の「願ハクハ、今生世俗ノ文字ノ業、狂言綺語之誤ヲ以テ、転ジテ、当来世々賛仏乗之因、転法輪之縁ト為ム」（香山寺白氏洛中集記）の句を唱えながら集まったというのは、自己の業とする文章の道が「狂言綺語」に過ぎない、と意識していた文章生たちには切実な共感があったであろう。(10) 白詩など中国の詩文の奥深くに認められる強い経世の志については、既にそれを十分に理解していた菅原道真の詩文の先例もあるから、この時期の文章生たちにもまた理解されていたにちがいない。ところがいまでは、自己の詩文は花鳥風月詠の範囲にとどまらざるを得ない状況にあり、まさに「狂言綺語」以上のものではなかった。「世俗ノ文字ノ業」に従事する知識人にとって、その文章の道にわが身を託せないとすれば、他に彼らを受け入れ得る知的な分野は、世俗社会を否定する仏教だったのである。

もっとも、康保の勧学会運動の中心になったとされる慶滋保胤にしても、必ずしも最初から仏教的な立場からのみこの会を始めたとは考えにくい。後に保胤自身も「少壮之年、一事一物ヲ詠ジテ、強ヒテ名聞ヲ求メ」(本朝文粋・十・七言暮春六波羅蜜寺供花会聴講法華経同賦一称南無仏序)、「往往栄分ノ為ニ、声名ノ為ニ、廟社ニ祈リ仏法ニ祈ル」(本朝文粋・十三・賽菅丞相廟願文)などと、若年のころには強く栄達を求める心があり、詩文は名聞のためであったことを繰り返し反省している。大学寮南曹での恒例行事になっていた仏名懺悔に加わることを勧めた保胤の廻文中には、「一筵ノ先達、羽化ヲ鳳掖之雲ニ得、満堂ノ弘才、鱗飛ヲ龍門之浪ニ致サン」(本朝文粋・十三・勧学院仏名廻文)と、仏事が現世栄達にも利益することを説いた句がある。勧学会の初期にあっては、保胤を始めとする文章生たちも儒学を棄てて仏法を求め、現世の名聞栄達を否定する意識的な仏教志向の立場から集まったのだ、とまではいいにくいところがある。既に大学寮でも仏教行事の仏名懺悔が恒例になっているほどに、仏教は世の風潮になっていた。ただし、一般の文章生たちがそうした地点から勧学会に加わったにせよ、その会を通じて仏教に深くふれることになり、貴族社会の動向もあって、保胤のように仏教に強く傾斜していった人々を生み出した意味は大きいのである。

勧学会にはまた、僧侶と文章生による仏教活動という性格だけではなく、大学寮で共同生活をしている年齢や立場の似た学生たちによる、仏教や詩文を通じて集まったより私的で親密な交友関係、友人・同士の集まりという性格も強く認められる。その親密さは、第一節で述べた藤原有国の詩などに認められるように、晩年に至ってもなお持続しているほどのものであった。こうした詩酒などを通じた親密で私的な集まりとしては、早く伊勢物語で知られる惟喬親王を中心に集った、紀氏の人々や在原行平・業平や藤原敏行らがいたし、醍醐朝には堤中納言藤原兼輔のもとに集まった、紀貫之や凡河内躬恒らの歌人たちの風雅の交わりがあった。(11) しかし、これら貴人を中心にした姻戚縁者たち、高官の周りに集まった卑官の歌人たちの場合には、多分に世俗的な利害関係をひきずった集りという性格をもっていた。ところが、勧学会ではそうした世俗的な利害は表面には認められない。学生という同等の関係にある同志たちの集り、現世的な利益目的とは異なった動機による集まり、という点でも特色のあるものであった。勧学会と同時代には、河原院の安法法師のもとに集った歌人たち、源順、平兼盛、大中臣能宣、源兼澄、恵慶法師らの交遊にも同様の性格が見られるが[12]、直接的な利害を離れた同好の士の交友を求める、というのがこの時期の下級貴族たちの一つの傾向であった。

十世紀後半の貴族社会の特徴の一つは、人々が自己の存在を、宮廷や官司など公の場における自己と、私的な個人としての生活の場におけるあり方との二つを、明確に意識して区別するようになってきたことであり、さらにその私的な場での自己のあり方を、自己のより本質的なあり方として考えるようになってきたことである[13]。つまり、この時期に入って氏族や家から個が分離してきて、「個人」が成立し始めた、ということができる。保胤も「家主、職ハ柱下ニ在リト雖モ、心ハ山中ニ住ムガ如シ……朝ニ在リテハ身暫ク王事ニ随ヒ、家ニ在リテハ心永ク仏那ニ帰ス」（本朝文粋・十二・池亭記）と記している。朝廷とわが家とでは異なる生活原理があり、その二元化した生活では私的な生活がより上位のものとして意識されてきたのである。紫式部日記の冒頭にも、自己の身をおく中宮の女房としてのあり方と、その世俗的な女房生活を否定するより奥の層の自己、という二元的なあり方が記されているのはよく知られている。この時期の人々は心身の私的な生活領域を大きくもつようになり、その私的領域こそが自己の真実の領域だ、と考えるようになってきた。十世紀後半は、それまでの時代と比べて、人々の心が格段に深くこまやかになってきた時期だったのである。

村上朝は、後世の一条朝ごろには所謂「延喜天暦の治」とか「聖代」など、理想の時代と仰ぎ見られることになるが、その「聖代」の具体的な内容は、天皇親政の時代であったとか、作文会などの風流韵事が多かったといった性格のもので、社会的政治的な業績に特別なものは認められない。むしろ村上朝の末期から冷泉朝にかけては、政事が乱れ上級貴族の権力争いが激しくなり、貴族社会は混乱期に入ってゆくように見える。慶滋保胤も「応和以来世人好ミテ豊屋峻宇ヲ起テ」（池亭記）と、村上朝末期以後の世相をそれまでと区別している。大鏡は冷泉朝を「冷泉院の御世になりてこそ、さはいへども世はくれふたがりたる心地せしものかな」（道長伝）といい、藤原道長は「そのみかど（冷泉）の出でおはしましたればこそ、この藤氏のとのばら今に栄えおはしませ」（師輔伝）と、九条家流が摂関家として栄えることになったのは、冷泉天皇即位に由来すると考えていたという。愚管抄巻七にも「冷泉院ノ御後、ヒシト天下ハ執政ノ臣ニツキタリトミユ」と、権力が執政の手に移る時代になったことを指摘している。そうした権力構造の変化と、それにともなう新しい秩序を模索する混乱の時代は、それ以後一条朝まで続くのである。

冷泉天皇は病のため二年あまりで退位したが、その冷泉即位のころの様子を記した関白藤原実頼の清慎公記（源語秘訣所引）康保四年七月二十二日条には、宰相中将源延光が実頼のもとにやって来て、五月に即位した冷泉帝は、やがて日を追って病状が悪化し、毎日高声で催馬楽を唱うのが殿上の辺にいる近衛の官人たちにも聞える有様であり、帝がこんな状態なのに明日除目を行うとはどういうつもりなのだろう、と話したという。実頼はこれについて

往代、武猛暴悪ノ主ヲ聞クモ、未ダ狂乱ノ君ヲ聞カズ、此ノ如キノ間、外戚不善ノ輩、競テ昇進ノ望ヲ成サントス。左衛門督（中納言藤原師氏）云ク、藤納言（権中納言藤原伊尹）大納言ヲ望ムト云々。夜ニ入ルノ後、右少将為光朝臣来リテ云ク、明日ノ除目、一昨右大将（右大臣藤原師尹）ト藤大納言（藤原在衡）ト議定シ畢ルノ由、伝ヘ承ルト云々。揚名ノ関白ハ、早ク之ヲ停止サルベキ者ナリ。

と記している。病弱の帝を擁して外戚の伊尹や師尹などが除目を取り仕切ろうとし、関白実頼や左大臣源高明も与り得なかった、というのである。これによれば師輔弟の師氏と師尹、師輔男の伊尹らとの間にも、既に対立抗争の気配

が見える。この後の藤原氏は、冷泉朝で左大臣源高明を、円融朝で左大臣源兼明を排除して、もはや藤原氏に対抗する他氏がなくなるとともに、ついで藤氏内部での骨肉の争いを続けたことはよく知られている。

冷泉帝は、わずか誕生三ヵ月で第一皇子の広平親王を越えて立坊したが、広平親王の立坊を期待していた外祖父藤原元方は憤死し、その元方の怨霊にとりつかれて狂乱することが多かったという。さらにまた、円融帝も日ごろ元方の霊に苦しめられ、その病状が悪化したため二十六歳で退位することになった。菅原道真が天神として北野に祭られるのも十世紀半ばごろとされるが、そうした政治的な性格の顕著な怨霊や物怪だけではなく、人々の日常的な生活の場においても、この時期からの貴族社会には、怨霊や物怪といった現象が記録類に頻出するようになる。「怨霊」あるいは「霊」は、強い遺恨などにより成仏できずにいる具体的なある人の霊魂をいうことが多いのに対して、「物怪」は、明確にはそれと特定しにくい人の、怨念や執心を残した対象にとりつく霊魂を指す語であったかと考えられる。こうした物怪や霊の現象は、当時の人々の罪障意識の発達によるもの、現世での自己の生活のために、他者を深く傷つけたことについての無意識のうちにおぼえていた人々の心の痛み、とでもいうべきものと考えられ、これもまた、この時期に人々が内面性を深化させてきたことの表れの一つなのである。

5　花山朝の成立と貴族社会

花山朝は、わずか二年足らずで終わった短期政権であったが、しかしその花山朝が出現したこと、そしてはかなく崩壊したことが、当時の貴族社会、特に知識人たちにもたらした意味は、すこぶる大きなものであった。その一面は、前節で述べたごとくに、藤原為時や源為憲や藤原有国などの詩からもうかがうことができる。彼らが藤原惟成や慶滋保胤らを、あれほどまでに深く哀惜した理由は何であろうか。

花山朝およびそれを主導した惟成らの政治についての評価には、かなり後世のものながら、たとえば大江匡房には次のような見解がある。

円融院ノ末、朝政甚ダ乱ル、寛和二年之間、天下ノ政忽ニ淳素ニ反ル、多ク是レ惟成ノ弁之力ナリト云々、天下今ニ其ノ賚ヲ受クト云々（群書類従本江談抄・巻二）

相伝ヘテ曰ク、冷泉院ノ後、政執柄ニ在リ、花山天皇ノ二箇年ノ間、天下大キニ治ル、其ノ後、権マタ相門ニ帰リテ、皇威廃ルルガ如シ（続本朝往生伝・後三条院）

円融朝の末期、公卿たちの対立などにより停滞混乱していた朝政は、花山朝に入って一変して淳素に返ったが、その功績はひとえに惟成にある、というのである。大江匡房の時代には、藤原氏による摂関体制も衰退期にさしかかった時期であったから、朝政が摂関や大臣たちの手から一時離れて儒者たちに移った花山朝に、匡房は特に親近感をおぼえていたのだとも考えられる。

円融朝末の政治の乱れていたことは、時の蔵人頭藤原実資の日記の小右記などからもよくうかがうことができる。たとえば天元二年正月六日の叙位には、藤原道隆が冷泉院御給により正四位下になったが、これは一世源氏以外に前例がなかった。翌七日の白馬の節会では公卿たちは遅参し、左近陣に伺候すべき次将がいなかったなどの失が多くて、儀式が終わり天皇が還御したのは丑二点になってからであった。正月十八日の賭弓には、左右の大将が病と称して不参のため延引し、四月二十一日の斎院選子内親王の御禊には、上卿参議の誰もが参上せず、ために左中弁藤原懐忠が上卿を務めるような「希有」の事があり、二十四日の賀茂祭には納言がすべて不参で、斎院に参入した二人の参議が上卿を代行した。六月二十九日の大祓には公卿がすべて参入せず、右少弁の惟成が上卿代理を務めたが、内侍らもまた参入せず、女史が内侍代を務める、という有様であった。

また、この年の二月二十日には女御藤原遵子立后の内意が、天皇から少将の乳母を通じて父の関白太政大臣藤原頼忠のもとに知らされたが、この話は他には秘して準備だけはしておくように、というものであったという。栄花物語には、第一皇子の母女御梅壺（藤原詮子）を気にして娘の立后をためらう頼忠に対して、天皇は「梅壺は、今はとありともかかりとも必ずの后なり」といったとあるが、天皇は第一皇子の母詮子や、その父の右大臣兼家らの勢力を憚っていたのである。立后のことは三月五日に日時の勘申、十一日に立后というあわただしい中で行われた。

こうした宮廷行事がうまく運営できなかったことだけをさして、匡房は円融朝末期の朝政が乱れていたとしたわけではないにしても、当時の貴族社会においては、宮廷儀式や年中行事は政事の最重要事であったから、それが円滑に行われなかった点も朝政の大きな混乱と映ったにちがいない。冷泉朝の安和の変以後、藤原氏内部の権力争いが激しくなり、師尹、実頼、伊尹、兼通、頼忠と続いた執政者の短期の交替や、それにともなう勢力関係の緊張が政事を停滞させ、貴族社会に大きな混乱と不安をもたらしていた。円融朝の末期には、遵子立后の経過にも現れているように、執政の座をめぐって小野宮家の関白頼忠と九条家の右大臣兼家との間の対立も顕在化していた。実資の小右記によれば、政事はもっぱら関白頼忠と左大臣源雅信とを中心に処理され、兼家は傍観していたかのごとくに見える。栄花物語には、遵子立后のことなどに立腹した兼家は出仕せず、息子たちにも参内させなかったとある。頼忠と兼家の対立だけではなく、さらにその他に、東宮を擁する故一条摂政伊尹の五男義懐らの勢力もあり、中下級貴族たちはどの勢力につくか、その背向を決めかねていたのである。

こうした権力者たちの対立は、当然に広く貴族社会の人々の心にも強い緊張をもたらすことになった。天元五年（九八二）に記された慶滋保胤の池亭記には、当時の社会について「近代人世ノ事、一モ恋フベキ無シ、人ノ師タルハ、貴ヲ先ニシ富ヲ先ニシテ、文ヲ以テ次トセズ、師無キニ如ズ、人ノ友タルハ、勢ヲ以テシ利ヲ以テシテ、淡交ヲ以テセズ、友無キニ如ズ」とも記されている。勿論これには文飾があり、この時期にのみ特にこうした傾向が顕著であったともいえないが、やはり円融朝末期の一面を示すものと考えられるのである。

こうした状況の中で、円融天皇はかねて物怪に苦しんでいたことなどもあって、永観二年（九八四）八月に退位し、十七歳の花山帝が即位した。

円融院の譲位の宣命により、花山朝では藤原頼忠がひき続いて関白の地位にあったが、外戚ではなかったので、受禅の日にも「不従公事」（公卿補任）という姿勢をとっていたし、その後も「不知万機」（大鏡裏書）という立場に置かれていた。小右記永観二年十月七日条には、即位の雑事等を行うために出仕せよ、との命を長男公任を通じて受けた頼忠が「日者無指仰事、所恐申也、今有此仰、可参入之由」と、皮肉な返事を奏したことが見える。また同九日条には、頼忠から「座（公卿ノ座ノコトカ）」のことを奏したのに対して、天皇は「頗有不許之色」とも見える。関白といっても、敬遠されてその職責をはたせず、また頼忠自身も新政府に冷淡な態度であったらしい。

右大臣藤原兼家もまた、外孫一条帝が践祚した寛和二年十月に、延暦寺恵心院を官寺にすることを請うた奏状には「花山法皇宝暦新開、臣只備具瞻之員、専非近習之列、閑退之心日夜相催」（大日本史料二ノ一所引、延暦寺護国縁起）とあり、同じく敬遠されて政事には与からなかったという。ただし、兼家は花山朝にまったく関わらなかったというわけでもなく、当時の記録類などによれば時々は出仕していて、新朝には距離をおいて静観しながら、外孫の東宮の代がくるのを待っていたのである。

したがって、十七歳の天皇を支える新政府の中心になったのは、帝の外戚で二十八歳の藤原義懐であった。義懐は故摂政伊尹の五男で、新帝の母懐子の弟である。兄たちが早逝したために、執政の座につくべき立場に巡り合せたが、ようやく践祚の日に従四位上侍従から蔵人頭になったばかりであり、ついで十月に従三位さらに正三位と昇り、翌寛和元年九月参議になったけれども、上卿として政務を処理し得る権中納言になったのは同年十二月である。関白頼忠、左大臣源雅信、右大臣兼家ら上席の公卿が多く、権力をふるう地位にはなかった。しかしこの時期になると、朝政は外戚を中心に運営されるという慣習がほぼ成立していたし、最初は関白頼忠以下の人々が非協力ながら傍観する立場をとったために、かろうじて義懐は外戚としての体面を維持していた。要するに、義懐は一往執政の立場にはあったけれども、まだ若くて政務の経験も乏しく、その立つ基盤も弱く不安定であった。そうした情勢の中で、実際に新政府を運営し実務を処理したのは、円融朝において式部丞、右少弁、蔵人を務めて政務に深く通じ、新帝践祚とともに従五位上左少弁蔵人となった藤原惟成であった。惟成は新帝の春宮時代から侍読を勤めていたし、惟成母は花山帝の乳母であったらしい(14)。また、早くから一条摂政家に出入りして義懐にも親しく仕えていたことなどから、花山朝で重用されることになったのであろう。惟成は「五位の摂政」と呼ばれたという。

花山朝で実権を握ることになった惟成の周辺には、前述したごとくに、勧学会活動などを通じて長く交わってきたかつての大学寮の文章生たち、大内記慶滋保胤や外記高丘相如などが諸官司の要所にいて、新政府を支えることになった。惟成・保胤ら勧学会の結衆たちも既に若くはなかったが、思いがけずこの時期になって、卑官の自分たちにも新政府のもとに活躍する場が期待できるように思われた。文章生として研鑽した儒学による治世の理想を行う機会がきた、と大きく期待や抱負をもたせることになった。花山朝の成立は、広く当時の下級貴族の知識人たちの心を高揚させたのである。貴族社会の秩序が固定し、家格によって身分が定まったそれまでの閉塞の時代から、才用徳行主義の儒学の理想を実施し得る時代に入る可能性が大きく見えてきたのである。義懐や惟成らの新政権のかかげた理念は、それまでから繰り返されてきた一種の令制復古主義であったが、この時点ではそれが特に新鮮な姿に見え、大きな開放感をもたらしたのである。

花山朝の始まったころ、この新しい政権に当時の人々の期待していた様子は、次のような例からも判る。

花山院位につかせ給ひし年、□そははかぐしう人にも知られぬ大学の助にて侍りしを、あはれなるものなり、いかでとく出だしたてん、と仰せごと侍りしころ、秋の月いとをかしきに、その心を人々よみ侍りしに

人しれぬ宿世もいまは頼まれぬ月のさやけきよにしあへれば　（藤原輔尹集）

この藤原輔尹には、種姓および一条朝以前の経歴に不明な部分もあるが、陽明文庫本後拾遺集の勘物には「従五位上興方男、民部卿懐忠卿養子」とある。後には花山帝の退位に関わった藤原道兼の家人になっているから（権記・正暦四年閏十月二十六日）、必ずしも花山朝を強く支持していた人というわけではなかったかもしれないが、それでもやはりこの歌には、新政府が始まった当初における人々の期待感が認められる。

花山朝の始ったころ、惟成ら新政権担当者たちの意気込みがどれほどのものであったか、その新鮮な政府の出発を見た人々が、どれほど大きな期待感をもってこの新政府を迎えたかは、新帝の即位とともにつぎつぎにうち出された諸政策からしても、その一端をうかがい知ることができる。(15)

まず、永観二年十月十日に新帝即位のことのあった直後の十四日、「五節ヲ献ズル人々、式ヲ守リテ過差アル可カラザル由」の勅語が出された。過差の禁制自体は前例も多く必ずしもめずらしくはないが、同二十八日に大納言藤原為光女の忯子が入内した時には、前例となっていた輦車は聴されず、徒歩で参入するということがあった。為光は義懐の姉の夫であり、新政府を支える側のただ一人の公卿であったと考えられる人であったが、それでも輦車は聴されないという姿勢を明確にした。この女御の徒歩参入のことは、十二月十五日の関白頼忠女の諟子が入内した時にも同様であった（小右記）。単に後宮や宮廷行事の過差を禁ずるというだけではなく、関白などの高級貴族にもそれを適用するという姿勢に、この政権の意欲を見ることができる。ついで十月三十日の除目では、円融院および東宮の当年給

のことが議せられたが、受領の兼官はことごとく停止されて、他の人を任ずるか、あるいは停任と定められた。以後この他にも新政府と円融院の間には、院の武者所の者の弓箭を帯びることを厳禁するなど（小右記・寛和二年二月十日）、多くの摩擦を生んでいる。十一月十一日には諸司諸衛の官人の饗宴の禄を禁制し（新抄格勅符抄）、十一月二十八日には破銭法を定め、また格後の荘園を停止した（日本紀略）。破銭法は、そのころ米価が高騰していたために、銭貨を流通させることで物価を安定させようとしたもので（本朝世紀・寛和二年六月十六日）、格後の荘園停止とともに、延喜二年三月の太政官符の方針を受けるものであった。ついで十二月五日には、諸国に命じて大帳を整備させ、調庸を備進せしむべき宣旨を下し（政事要略・五七）、同月二十八日には、時の水旱の災害に対処するために、公卿以下五位以上の諸官司の長、および儒者に意見を上らしむる詔を公布した。この詔は大内記慶滋保胤が起草したもので、その中には「夫レ国ノ将ニ興ラントスルヤ、上下唇ヲ聚メ、国ノ将ニ廃レントスルヤ、道路目ヲ以テス、家ヲ破リテ国ノ為ニシ、面折尸諫スル者ノ如キニ至リテハ、是レ朕ノ願也」（本朝文粋・二）などと、格調高い語句が多く見えている。

また、花山朝は文化政策に関しても、勅撰和歌集の計画もすすめていた（西本願寺本能宣集序）。勅撰和歌集は円融朝においても計画されていたらしいが、完成しないままに終わったものである。新政権がそのそのあわただしい出発当初から、勅撰集までを考えていたことは、惟成が家集をもつ歌人でもあったことなどもあろうが、新政府は「延喜の聖代」と呼ばれた醍醐朝を目標にしていたからだと考えられる。

矢継ぎ早に発布されたこれらの新政策が、どれほどの実効をあげ得たかは疑問であるにしても、少なくともこの義懐・惟成ら新政府を推進する人々の、理想主義的な若々しい情熱や、一種憑かれたような熱気をさえうかがうことができる。しかしながら、これらの革新政策は、時の貴族社会の実力者たちの関わらないところで、というよりも関白頼忠や右大臣兼家らを排除し、それらの勢力と対立する立場からうち出されたものであり、やがてそれらの実力者たちと正面から衝突せずにはすまないところがあった。例えば、円融院や東宮の年官に関して、受領の兼官を禁止するというような強い姿勢は、円融院に連なる勢力や東宮を擁する右大臣兼家らの、新政府に批判的な人々の反感を買わずにはいなかったであろう。大納言為光女が徒歩で入内したことは、為光が義懐の姻戚という関係の政府側の人であったことから、敢て新政府の方針を推進する先鞭として行われたのかもしれないが、関白太政大臣頼忠女の入内の場合には、里第から金作の車に乗り人給の車十両を従えて参内したのに、それが朔平門で車から降ろされ、曹司まで徒歩で入ることになったというのは（小右記）、やはり関白家にとっては大きな屈辱であり、一家に対する挑戦と感ずるところがあったにちがいない。

したがって、この新政府の革新的な数々の諸政策も、早くも翌寛和元年に入ったころから行き詰まりの様相を顕著に見せ始めた。新立の荘園停止といった大きな政策が、権力基盤の弱い新政府に容易に推進できるはずもなかったのである。まず意見封事の詔中の語句につき、関白頼忠の不快とするところがあり、頼忠から義懐のもとにその旨が通告され、天皇に奏上された。封事の詔書はまだ中務省に下されていなかったので、義懐らは天皇が文面をよく知らなかったことにして、その部分の語句を除くことで事をおさめる、という妥協をせざるを得ないでき事があった（小右記・永観二年十二月二十九日、寛和元年正月三日、同五日）。いま本朝文粋に収めるこの時の詔は訂正後のものであろうが、草稿では頼忠らに強く反発させる文面だったのである。そして寛和元年に入るとともに、もはや新しい政策をうち出した様子が見えなくなる。新政権成立直後の一連の多方面の革新政策が、めぼしい実効をあげる以前のところで、関白や大臣たちの側の勢力の抵抗が強くて、具体的な実施段階にまで至らなかったのであろう。義懐・惟成らが事を急ぎ過ぎたこともあろうけれども、やはり下級貴族の儒者たちを中心にしたこの政権は、革新の理念を高く掲げて意欲だけは旺盛であったものの、政治的には何ら実効的な成果をあげることができないままに、わずか半年ばかりでまったく行き詰ってしまった。そして、花山朝の政治理念や体制には、こうして儒者たちの勧学会運動の延長のような観念的で未熟なところがあり、あえなく崩壊してしまうことになる。しかしながら、時代に閉塞感を強くおぼえていた貴族社会の人々の心にあっては、短期間であったにせよ、この花山朝がもたらした期待感高揚感の意味は大きく、またそれが瞬時にして潰えたことの影響は、さらに大きなものがあったと考えられる。

出発してわずか半年ばかりで行き詰まった花山朝には、寛和元年に入ったころから、もはや状況を打開してゆく力が残されていなかった。翌寛和二年四月に、花山朝の大内記として活躍し、惟成を支えていた慶滋保胤が出家する。保胤は、勧学会の主導者として早くから仏教に傾倒していて、このころには僧源信らの浄土教活動にも加わっていたらしいから、以前から出家志向はあったにせよ、やはり出家決意の直接の契機となったものは、思いがけず自己の活躍の場を得て、大きく期待した花山朝が行き詰まったことに、強く挫折感をおぼえたことによるのであろう。

寛和二年六月になり、突然に天皇が出家するでき事があり、義懐や惟成も天皇に従って出家して、花山朝は終わった。この天皇出家は、右大臣藤原兼家が外孫の東宮を早く即位させるための陰謀であったにしても、発足時から花山朝はその力に余る急激な改革政策をかかげて、関白頼忠や右大臣兼家を始めとする旧勢力と対立して、やがては混乱し自滅する途を歩んできていたのである。

花山朝は、惟成ら文章生出身の下級貴族たちが主導するという、当時としては希有な政権であったが、観念的な理念が先走って、政治の運営経験の乏しい人々のめざした改革政策は、実効をあげるまでには至らないままに終った。その発足時の新鮮で理想主義的な諸政策には、新しい時代を拓くものとして人々に大きく期待させるところがあったから、それがすぐに行き詰まり思いがけない結末になったことには、ひとしお失望感も深かったにちがいない。しかしながら、短い期間であったにせよ、時の知識人たちが花山朝初期におぼえた政治的な高揚感の記憶は、一条朝に入っても人々の心に沈潜していて、時として深い挫折感とともに思い出されることになった。わけても、前述の藤原為時や源為憲の詩に見えるように、惟成や保胤らとともに花山朝の改革政策を支持し、その崩壊後の一条朝の新しい体制を迎えた人々にとっては、深い自己の挫折感をともなって、去っていった惟成や保胤らの姿が痛ましく回顧され続けることになった。花山朝では惟成らには批判的で距離をおいて過し、むしろ一条朝になってから得意の時代をもった藤原有国のような立場の人にも、いまの自己のあり方についての弁解めいた語句や、韜晦的な姿勢を見せ、惟成や保胤を傷む心を述べるほどに、影響を残していたのである。

6　一条朝の新秩序と閉塞の時代

一条朝に入った貴族社会は、冷泉朝ごろから激化した上級貴族たちの権力争いがやっと一段落し、摂政藤原兼家を頂点とする新しい秩序がほぼ確立してきて、安定期に入りかけた時代と考えられる。それまでの執政者たちの抗争や短期の交替の繰返しは、政事を停滞させたのみならず、貴族社会に大きな混乱や不安や強い緊張感をもたらしていたから、この時期の人々は、漠然とながら秩序の回復と安定を求めていたのである。一条帝の外戚として摂政となった兼家は、その経歴からしても時の一の実力者であったから、兼家を中心とする新体制は安定したものに思われ、ようやく新しい秩序の確立した時代になったことを、人々は感じはじめていたらしい。一条朝初期において知識人たちのおぼえた深い挫折感は、花山朝での高揚感を経験した文章生出身の勧学会結衆たちのみにとどまらず、広く貴族社会一般にもおよぶものであった。花山朝が終るとともに、貴族社会は摂政藤原兼家を中心にした新しい権力秩序が成立した。小野宮家も没落して、兼家一家に対立する有力な家もなくなるとともに、世は閉塞の時代に入ったのである。

しかしながら、秩序の安定し固定した社会は、その体制の陽のあたる場にいる人々にとっては好ましくとも、それ以外の人々にとっては息ぐるしく、閉塞感を強くおぼえることになる。特に花山朝の義懐や惟成らの新政に共感して結集したかつての勧学会の結衆たち、文章生出身の中下級貴族層の知識人たちの多くにとって、花山朝を倒して摂政となった兼家は、新政に対立した旧勢力の代表者であったから、一条朝は強固な反動的性格の政権と見えたであろう。前述の藤原為時や源為憲の詩に見える消沈した姿勢や深い挫折感は、この時期の多くの文章生出身者たちの心情をよく表すものと認められる。花山朝を支えようとした知識人たちにとって、期待を寄せた花山朝の理想主義があえなく霧散したことだけではなく、それにとって替わった兼家の代表するいまの体制が、自分たちの否定しようとした性格のものであったことにおいても、これら知識人たちにとっての一条朝の初期は、挫折の季節とでもいうべき性格を強くもっていたのである。この時期は人々が観念的世界を発達させ、自己の内面性を深化させてきた時期であったから、人々の挫折感もそれまでとは格段に深く、屈折したものになったと考えられる。

十世紀後半ごろから、人々が内面性を深化させていったことはさまざまな面から認められるが、この時期において特に注意される現象の一つは、若い人々の出家、特に公卿など身分ある家柄の子弟の出家者の多いことである。後世のものながら宝物集には、応和元年（九六一）に出家した藤原高光以後「家の貧しく身に病あり、年老い衰えて家をいづるにあらず、ただ菩提心を起して、仏道を求めんがため」（九冊本）の出家者の現れてくることに注意している。高光は兄の伊尹などの権力をめぐる行動を見て発心した、と後世には考えられていたが（発心集）、やはりこれは当時の貴族社会の政争による混乱などにより、厭世観をもつ人が多くなってきたこともあるのであろう。単に厭世観を強くしてきたというだけではなくて、それを実際に出家の形で実行するほどまでに、その厭世観を深く内面化し得ていたのである。

いま記録類に確認できるもので、円融朝末期から一条朝前半までにおいて、老齢者を除き若年中年の貴族の出家例は次のごとくである。

天元四年五月十一日　致平親王（四品兵部卿、二十九歳。日本紀略）
　五年四月六日　貞公（参議源惟正男遠節カ。本朝文粋十、大江以言詩序）
　五年六月二日　源惟章（左近少将、参議惟正男。小右記）
　　〃　源遠理（右近将監、参議惟正男。小右記）
寛和元年十一月六日　藤原用光（従四位下右兵衛佐、関白兼通七男。小記目録）
　二年三月二十一日　藤原邦明（従五位下左馬権助、父佐理ノ若年ノ出家ニヨリ祖父中納言文範養子。本朝世紀）
　二年三月二十五日　藤原相中（従四位下侍従、権大納言朝光長男。本朝世紀）
　二年十月　源時叙（少将、左大臣雅信男。大日本史料所引大嘗会御禊事）
　二年　藤原相任（従五位下侍従。権大納言済時男。尊卑分脈）
永延元年四月　源時通（従五位下権左少弁、左大臣雅信男。職事補任）
　二年四月　大江定基（三河守、参議斉光三男、二十七歳欺。一代要記）
長徳四年六月六日　藤原相経（左近少将、大納言朝光二男。小記目録）
長保元年三月二十九日　藤原統理（従五位下少納言、御堂関白記）
　元年閏三月二十七日　藤原登朝（登任カ、右馬頭、大納言朝光男、小記目録）
　二年十二月十九日　藤原成房（従四位上右中将、入道中納言義懐三男、二十一歳。権記）
　三年二月四日　源成信（従四位上右中将、致平親王二男、左大臣藤原道長猶子、二十二歳。権記）
　　〃　藤原重家（従四位下左少将、右大臣顕光男、二十五歳。権記）

三年二月十六日　源敦定（従四位下侍従、為平親王男。権記）
三年四月二十七日　源兼宣（蔵人、式部丞、参議惟正男。権記）
三年閏十月十五日　藤原長信（左兵衛佐、故太政大臣為光七男。権記）
四年三月十二日　源尊光（従四位下宮内卿、章明親王二男。権記）
四年七月十六日　源親雅（冷泉院判官代、前甲斐守高雅男、二十歳。権記）

これら若年の出家者の中には、藤原成房の場合のように、父義懐が花山帝に従って出家したことにより、俗世での立身が期待できないと考えたことが第一の理由であったらしい場合もあり（権記）、必ずしもすべてが菩提心による出家とはいい得ないものもあるであろう。しかしながら、公卿の子弟で三十歳以下の人も多くて、単純に官位昇進の不如意が主要な動機とは考えにくい例もかなり知られる。また、たとい立身の不如意が理由であったにせよ、それがすぐに出家という行動へつながってゆくところに、やはりこの時期の人々にとって、仏教というものが大きな意味をもつようになってきた様子を見ることができる。源成信は藤原道長室源倫子の甥で、道長に可愛がられてその猶子となったが、重病の道長の側にいて「栄華有余、門胤無止之人、受病臨危之時、曽無一分之益」と悟り、また、道長のもとに出入りする人々の心の改変のさまを具に見たことで、発心することになったという（権記・長保三年二月四日）。源成信は、友人の藤原重家とともに三井寺へ出家したが、この二人は日ごろ破壊の著しい豊楽院に赴き、その荒廃の様子を見ることで無常観を催す便りとしていたという（権記・長保三年三月五日）。これらの話は、当時の高級貴族層の若者たちの心にも、仏教思想が深く根づいてきたことを示すものである。

この時期に入って、人々は仏教を思想として理解し得るようになり、仏教に導かれて、よく現世に対置し得る観念的な世界をもつようになってきた。というよりも、当時の人々がまず内面性を深めてきた結果として、仏教の教義の観念的な側面を十分に理解できるまでになったのだ、というべきであろう。

こうした内面性の深化は、人々が花山朝を経験したことによってもたらされた、とまでは勿論いえないけれども、貴族社会は花山朝を経たことで大きく変り、花山朝の崩壊したことによる人々の挫折感は、以後の人々のあり方に深く影響するところがあって、前述の仏教への傾斜の契機の一つにもなっていると認められる。

注1　染殿については、二中歴に「正親町南、富小路東、清和皇后、清和院北、或云京極西」とあり、拾芥抄には「正親町北、京極西二町、忠仁公家、或本染殿清和院同所」とあって、位置に明確でないところがある。また、具平親王邸は土御門北富小路西の一町にあったともされる（大徳寺文書・二七）。しかし、これらはいずれも北辺坊の地であり、この「桃華坊」ではなかった。

2　源為憲の生没年・経歴については、早く岡田希雄「源順及同為憲年譜」（『立命館大学論叢』四、一九四三年）は、為憲の生年を承平五年（九三五）ごろと考えていて、以後これが通説であったが、この詩句により天慶五年（九四二）と推定される。

3　藤原有国の経歴等については、今井源衛「勘解由相公藤原有国伝」（『文学研究』第七一輯、一九七六年）参照。なお、この人の実名は、最初は「有国」であったのを、のちに「在国」に改めたが、いま「有国」で統一した。

4　橘淑信は、宇多朝で藤原基経と「阿衡」問題を起した参議広相の曽孫、中納言公頼の孫で、貞元元年三月ごろには式部大丞であったが（類聚符宣抄）、やがて式部少輔に昇任した。その後任の式部大丞には藤原為時がなったかと考えられる（本朝世紀・寛和二年二月十六日）。

5　賀茂保章は、応和三年三月の善秀才宅詩合に「茂興」の字で参加しているから、そのころには文章生であり、やがて少外記・大外記を経て天延三年には従五位下に叙せられ、天元二年（九七九）には和泉守に任ぜられた（外記補任）。保章の能登守の経歴については、能登守保章の後任は源致節であったが、致節は補任の年に卒去したので、さらにその後任に源致時が任ぜられ、前司致節の任期と合わせて五年間勤めたという（北山抄・十・古今定功過例）。そして源致時は、長保三年（一〇〇一）三月に紀伊守に任ぜられたが（権記）、任期中に卒去した（北山抄・十）。ところが、長徳二年（九九六）には源方国が能登守に任ぜられているから（長徳二年大間書）、致時の任能登守はそれ以前である。したがって、保章の能登守の任期は、保章の和泉守の任期の終った永観元年（九八三）以後、源致時の任ぜられた正暦二年（九九一）以前と限定できる。また後述するように、有国その他の人々との交友関係から、この「能州前刺史」は慶滋保章であり、この永延元年ごろには能登守の任期を終えていた、と推定する。

6　勧学会の活動については、早く桃裕行『上代学制の研究』（目黒書店、一九四七年）に詳しい。桃氏は初期の結衆について、慶滋保胤・橘倚平・藤原有国・高階積善を推定されている。

7　勧学会記については、後藤昭雄「『勧学会記』について」（『国語と国文学』昭和六十一年六月）、および平林盛得『慶滋保胤と浄土思想』（吉川弘文館、二〇〇一年）第二章参照。

8　井上光貞『日本古代の国家と仏教』一五一頁、岩波書店、一九七一年）。

9　勧学会が中国の詩人たち、特に白楽天などの仏教結社への志向を承けるものであることについては、川口久雄『平安朝日本漢文学史の研究』（明治書院、一九五九～六一年）第七章などにも指摘がある。

10　詩文は「狂言綺語」であるとする説は、白詩によりわが国に定着したが、特に勧学会の人々がこの語を多くもちいたこともあって、十世紀中ごろには一般化したと考えられる。

11　藤岡忠美「藤原兼輔の周辺」（『平安和歌史論』桜楓社、一九六六年）参照。

12　犬飼廉「河原院の歌人達」（『国語と国文学』昭和四十二年十月）参照。

13　池田源太「藤原文化における私人的生活」（古代学協会編『摂関時代史の研究』吉川弘文館、一九六五年）は、十世紀中ごろから、人のあり方を公と私の二つの世界に区別し、その二元的な生活のうち、自己にとって私的な生活の方を優位に位置づけ、公的な生活を仮のものとする態度が顕著になることに注意している。安和の変以後の藤原氏内部の兼通・兼家や、道隆・道兼らの兄弟間の対立、道長・伊周の権力争いなどもそうした「個人」の成立が背景になっている、とするのである。これをうけて速水侑氏は、十世紀はまた浄土信仰のみならず呪術的な現世利益の宗教においても、それまでの古代的な社会全体の繁栄を祈る護国的な修法から、個人の福寿を願う私的な修法へと変ってきて、個人の救済が重要な意味をもつように変化してくることを指摘されている。『平安貴族社会と仏教』（吉川弘文館、一九七五年）第一章、『浄土信仰論』（雄山閣出版、一九七九年）第二章。

14　帝王編年記寛和二年六月二十三日条には、天皇が花山に入ったとき、「権中納言義懐一条摂政三男外戚蔵人権左中弁兼左衛門権佐惟成御乳母等尋参花山寺」とある。この「御乳母」とある注記は「御乳母子」の脱落と考えられる。もっとも小記目録第十六には「主上御遁世事中納言義懐、左中弁惟成等出家事、惟成妻到華山出家」とあって、惟成の妻が跡を追って花山寺に行き出家した、とするが、これは小記目録に何か誤りがあるのではなかろうか。

15　花山朝の出発当初における政権担当者たちのうち出した新政策と、それに対する藤原頼忠や兼家らの旧勢力との葛藤については、今井源衛『花山院の生涯』（桜楓社、一九六八年）に詳述されている。

二　藤原伊周の生涯

1　両親、生い立ち

藤原伊周は天延二年（九七四）に生まれた。時に父道隆は蔵人右衛門佐従五位上で二十二歳、母の高階貴子は円融帝に仕える掌侍であった。祖父の兼家は右大将大納言で四十七歳である。母の貴子は「女なれど、真名などいとよく書きければ、内侍になさせ給ひて高内侍とぞいひける」（栄花物語・様々悦）、「掌侍高階貴子、従二位成忠女也」（中右記・大治五年二月二十一日）と円融朝の掌侍であった。貴子は典侍になり、円融帝が好意をもっていたが近づく隙を与えなかったという話（続古事談・二）もあるが、典侍のことは他に見えず信憑性がない。貴子の父成忠は、道隆の通うのを最初は許さなかったが、後に道隆の姿を見て、必ず大位に至るべき人だと相して許したという話（古今著聞集・八）は、やはり後世に生まれた説話であろうが、若輩のころの道隆は、後に関白にまで昇る人とは考えにくかったのである。したがって、この結婚は特に身分違いというわけでもなかった。

伊周の生まれたころ、祖父大納言兼家の上座にはその兄の関白兼通、左大臣源兼明、右大臣藤原頼忠、大納言源雅信がいた。源氏もまだ勢力をもち、藤原氏の本流を自負する小野宮家の頼忠がいたし、兼家は兄兼通と仲がわるく、道隆の一家は必ずしも将来を期待できる情勢ではなかった。十世紀に入ると、藤原北家の本流を継ぐ可能性のある家の長男には、内親王や女王など高貴な血統の嫡妻をもつことに配慮する顕著な傾向があった。時平室の源昇女や本康親王女、忠平室の源頎子や源能有女、実頼室の源氏某や時平女、伊尹室の恵子女王、兼通室の盛子内親王などである。伊周の曽祖父師輔の最初の妻は武蔵守藤原経邦女であったが、師輔は地位が高くなると雅子内親王や康子内親王などを妻にしている。祖父の兼家も、最初は摂津守藤原中正女や伊勢守藤原倫寧女などの有能な受領層の女を妻にしたが、後に高位に昇るとそれにふさわしい妻を、と村上皇女の保子内親王を妻にしたが、すぐに足が絶えたという（大鏡・兼家伝）。道隆が高階成忠女を妻にしたのは、将来の執政の座を期待するには遠い位置にいたことや、この家がもともと妻の家格にあまりこだわらず、身分よりはむしろ実務的な才能能力をもつ家を求める家風だったことによる、と考えられる。

道隆の妻としては既に貴子以前に藤原守仁女がいたらしい。道隆の長男道頼は天禄二年（九七一）生まれで、伊周の三歳長である。父には疎ぜられたが、容姿は伊周よりもすぐれていたというから（枕草子・淑景舎東宮に参り給ふほど、大鏡・道隆伝）、守仁女も容姿のよい人だったに違いない。道頼の幼名は「大千代君」、伊周は「小千代君」と呼ばれたという（栄花物語・様々悦）。守仁は兼家妻の藤原時姫と同じく山蔭流であり、村上朝に蔵人を務めているから、学才もあり事務にも有能だったのであろう。守仁やその男の有親・尚賢らは小野宮家の家司であった（小右記・正暦元年十月二十二日）。伊周の生まれた後にも、道隆は守仁女との間に幾人も子女をなしているから、貴子を妻にしてからも同時に通っていたのである。守仁女腹の道頼と、貴子腹の伊周の官位昇進の様子を比較すると、一条朝に入って伊周の同母妹の定子が入内立后するまでは、長男の道頼が一歩先んじている。道頼の官位昇進が順調なことには、祖父の兼家がかわいがって養子にしていたという事情もあるが（公卿補任、栄花物語・様々悦）、永祚元年九月四日の道頼母一周忌には、兼家の要請で中納言藤原顕光以下の多くの公卿が法性寺に参会したということからしても（小右記）、守仁の家は兼家から重んじられていたのである。兼家が守仁を重視していたことにもよるが、兼家薨後の正暦元年十月に定子が立后した時にも、慣例の后の同胞の伊周、后の乳母の高階光子が叙位されるとともに、さらに守仁も従五位上に叙せられている（小右記・正暦元年十月二十二日）。一般には、貴子腹の定子の立后に際して定子と血縁関係にない守仁が叙位される理由は考えにくく、これは道隆自身にも、定子立后の機会にかこつけて舅の守仁にも叙位すべき事情があったからである。つまり道隆自身も、妻が亡くなってからもなお守仁を重視し配慮すべき理由があった。これらからしても、円融朝ごろにあっては守仁女が貴子に比べて、特に低い地位の妻であったとは考えられないのである。

栄花物語では貴子を「北方」、伊周を「むかひ腹」、道頼を「ほか腹」と呼んで、貴子と守仁女の妻としての地位を明確に区別しているが、これは貴子が後に中宮の母になった経過を知っている筆者の、北方とその他の妻を峻別するようになった後世の立場からするものであろう。一般に妻たちの序列格差が明確になるのは道長の時代になってからである。貴子は、結婚当初から道隆の北方という地位にあったわけではなく、守仁女との間に差がつくのは、一条朝になり、貴子腹の定子が后の予定者になってからであろう。祖父兼家の妻の場合も、道隆らの母藤原時姫と道綱の母の藤原倫寧女との間に妻としての立場に差がつくのは、時姫腹の長女超子が冷泉帝の女御となって以後と考えられる。(1)伊周や隆家らの官位昇進が道頼らよりも格段に速くなるのは、父道隆が摂政となってからであり、定子を立后させ同腹の嫡子伊周らの官位を進めて、自己の政権体制確立をめざした結果である。

伊周は寛和元年（九八五）十二歳で元服して、東宮御給により従五位下に叙せられた。同二年には昇殿して侍従、ついで左兵衛門佐となり、翌永延元年には左少将、正五位下に叙せられ蔵人になった。これらは良家の子息のたどる普通の経歴である。このころの伊周の生活については官位以外は不明であるが、祖父摂政兼家の永延元年三月の春日社詣でには兄道頼とともに舞人を勤め、永祚元年二月の賀茂社詣にも舞人を勤めたのは、あるいは舞楽の才能があったためかもしれない。ついで永延二年正月には父の譲りにより従四位下、三月には祖父兼家の六十賀の賞で従四位上、四月には右中弁と、この時期にはめざましい昇進を重ねている。これには帝の外祖父として兼家の勢力が確立し、父道隆が次の執政と認められてきたことが背景にあるのであろう。さらに、翌正暦元年二月には同母妹の定子が十四歳で女御として入内し、十月には立后した。伊周は同母兄として正四位下に叙せられ、ついで九月には十七歳で蔵人頭になっていた。異母兄道頼は永祚元年十九歳で蔵人頭になっていたが、同年五月に参議に昇った。その後には藤原有国が補せられていたのが、有国も八月に従三位に昇って退いたので、伊周が補せられたのである。いま一人の頭は、前年から勤めていた二十五歳の正四位下左中将の藤原公任である。ついで伊周は翌正暦二年正月には十八歳で参議になった。後任の蔵人頭は平惟仲である。

このころ伊周は中納言源重光女と結婚して、一条大路北大宮大路東にあった重光邸（日本紀略・永観元年三月二日、小右記・正暦四年正月二十五日）に通っていたらしい。重光女との間には正暦三年に長男道雅が生まれているから、少なくともそれ以前に重光の婿になっていたのである。後に藤原頼宗の妻になった長女は、道雅よりも年長と考えられる。

伊周のその他の妻としては、尊卑分脈によれば、まず次男顕長を産んだ和泉守源致明女がある。源致明は検非違使左衛門尉になり（親信卿記・天延元年二月十日）、「大夫の尉」の始めとされる人である（二中歴）。この顕長母は晩年には尼になっていたらしい（日本紀略・万寿元年三月十日）。さらに長保元年に忠親を産んだ大中臣輔親女（前田本尊卑分脈付載。系図纂要には「伊勢大輔」）がいた。輔親の弟の宣理は「中関白家勾当」（中臣氏系図）とあり、この兄弟は伊周の家に出入りしていたのである。

2　長徳の政変前後

正暦二年、十八歳になってからの伊周の官位昇進はめざましい。まずこの年の七月には従三位に昇り、九月には参議から権中納言になり、翌三年八月には道頼を越えて権大納言となった。これは、権大納言源重光が七十歳になったので、婿の伊周にその官を譲ったものである（権記）。ついで十二月七日には正三位に叙せられた。これは、十一月二十七日から中宮定子が新造の二条宮に遷御していて、十二月七日に入内したが、その中宮御在所の家主としての賞であった。正暦四年四月父道隆が摂政を辞し関白になり、七月には左大臣源雅信が薨じたことにともない、翌五年八月には右大臣源重信が左大臣に、内大臣藤原道兼が右大臣になったあとをうけて、伊周は二十一歳という異例の若さで内大臣になった。道頼も五人を超えて権大納言になり、弟の四男隆家も八月に従三位に昇った。この時期が伊周の最盛期であり、この時期の一家の得意の様子は枕草子に多く描かれている。

翌長徳元年正月、道隆は二女の原子を東宮に入れた。この人は「内の御匣殿」（小右記）と呼ばれたというが、東宮妃という立場は正式な官職制の中には位置づけられていなかったから、宮中での地位は天皇の御匣殿ということにしたのである。こうして、道隆は次代の体制をも固めようとしたが、病のため二月には関白の辞表を上ることになった。これを契機にして、次の執政をめぐる動きが表面化してきた。この年世間では疫病蔓延のきざしが見えはじめ、夏の流行期を前にして人心の不安が募っていたのである。

この時期の情勢は小右記に詳しい。まず三月八日、蔵人頭藤原斉信は陣に出て、官奏を奉仕していた内大臣伊周に、関白道隆の病の間、「雑文書・宣旨等」はまず関白に見せ、次いで内大臣に見せてから奏聞せよ、との勅を伝えた。伊周は、その話はかねて聞いていた内容と違う、関白の病中「専委内大臣之由」であったと主張した。改めて帝の意向を聞いたところ、事情を関白道隆に説明せよ、道隆の意見に随うとの仰せがあり、斉信は道隆邸に聞きにいった。翌日頭弁源俊賢が実資に語った話では、権大納言道頼は大外記らに「関白病間、官外記文書可令見内大臣」と書くよう伝えたが、左少弁高階信順らがそれよりも「関白病替、以内大臣可令見官外記文書」とすべきだと主張し、大外記らは奉勅の頭弁の意向に従うといった。この経過にも、道頼や信順ら一家の人々の、道隆以後の政権の維持を図って、さまざまに策動している様子がうかがわれる。帝は、関白の病で文書の決裁ができないので、伊周にもその間の内覧を認めたのだが、伊周は自分を関白にする詔を求め、天皇は許さなかったのだという。だが藤原顕光・源伊陟・藤原誠信の公卿や殿上人たちは、この動きを伊周が関白になったのだと考え、その宿所へ慶賀に集まってきたという。伊周・道隆はその後も伊周の関白および随身のことを奏し、帝は関白は許さなかったが、事態収拾のために、四月五日伊周に随身八人を賜ることにした。この日伊周は帝母の東三条院に随身の慶を啓しに参上したが、これは女院の嘲弄をかうものであったという。実はその前の二月二十八日、東三条院の石山御幸があり、中宮大夫道長以下が供奉したが、伊周は車で粟田口まで従って、女院の車の轅に寄りここで帰洛する由を申そうとした時に、騎馬の道長が女院の牛の角のもとにまで近づいたので、人々は何事かと事態を注目した、というでき事があった。既に道長や東三条院と伊周の対立が激しくなっていたのである。

長徳元年四月六日関白道隆が四十三歳で薨じ、同二十七日に三十五歳の道兼が関白となり、伊周の内覧は五月五日に止められた。ところが、八日には関白になったばかりの道兼と、七十四歳の左大臣源重信が薨じた。四月にも大納言の藤原済時・朝光が薨ずることがあったが、六月十一日には権大納言道頼が二十五歳で薨じた。この年の疫病は急速に政界の世代交替をうながすことになったのである。五月十一日、円融朝での兼通の例に准じて、宮中の雑事は権大納言道長に触れて奉行すべし、との宣旨が下り、道長は翌六月十九日に右大臣・氏の長者になった。道長三十歳、内大臣伊周二十二歳であった。伊周はこの時にも関白にと画策し、道長らを讒言したという。帝は道長を執政にすることをしぶったが、母の東三条院が伊周に好意をもたず、順序からすれば道長にすべきだ、と夜御殿にまで入り込んで口説いたので、ついに帝も承知したのだという（大鏡・道長伝）。これ以後、伊周と道長の対立は激しくなり、この二人は、七月二十四日の仗座では「宛如闘乱」と見えるほどの口論をし、二十七日には中納言隆家と道長の従者が七条大路で闘乱、八月二日には道長の随身が隆家の従者に殺害されるという事件があった（小右記）。また、伊周の外祖父の出家していた高階成忠の家で、陰陽師に道長を呪詛せしめていたのが発覚する事件があった（百錬抄）。

長徳二年正月十六日、伊周と隆家が故太政大臣藤原為光の一条殿で、花山法皇に弓を射かけるでき事があった。為光女たちは美女で知られていて、伊周はその三女に通い、花山院は四女に通っていたのが、伊周は院が三女に通じたと誤解して、院を脅すために隆家に弓を射させたのだという（栄花物語・見果ぬ夢）。この為光の三女四女は一条殿に住んでいたことからすれば、一条摂政藤原伊尹女の腹であろう。花山院は事件を恥じて隠していたが、おのずと世間に知られていた。二月十一日に蔵人頭藤原斉信が、伊周・隆家の罪名を勘ずべし、との帝の仰せを陣座に伝えたところ、「満座傾嗟」（小右記）というさまであったという。四月一日には、山科の法琳寺から伊周が私に太元帥法を修していると密告があり（日本紀略）、二十四日になって、花山院を射たこと、東三条院を呪詛したこと、私に太元帥法を修したことの三箇条により、伊周を大宰権帥に、隆家を出雲権守に、また縁坐した右中弁高階信順を伊豆権守に、右兵衛佐高階道順を淡路権守に左降する除目が行われた。これ以後の経過については小右記によって略述する。この事件については栄花物語にも詳しい記事があるが、細部には相違もある。

四月二十四日、使者が配流の勅語を伝えに、伊周の住んでいた中宮定子の御所の二条北宮に行くと、伊周は重病のため配所には移れないと帝に伝えるように頼み、その由を奏聞したが許容されなかった。二十五日、伊周は中宮御所に籠もったまま、再び帝に嘆願したが許容なく、上下の人々は伊周配流のさまを見ようと、邸前の二条大路に市を成し、二十八日には中宮御所内にまで乱入する有様であった。中宮は伊周と手をとりあったまま離れず、伊周を追い出すことはできなかったという。ようやく五月一日になって、宣旨により伊周・隆家らの籠もる中宮御所の夜御殿の塗籠の戸をうち破り、中宮や母貴子や女房たちの悲泣連声の中で隆家や信順らは捕らえたが、伊周の姿はなかった。二日に伊周の近習の藤原頼行に問うと、伊周は道順と共に愛宕山に逃げたというので、検非違使が西山を捜索すると馬と鞍が見つかった。愛宕山は安和の変の時にも源高明が逃げた地である（蜻蛉日記・中）。伊周の場合には、母の貴子が早くから帰依していた叡山の僧光日が、晩年には愛宕山に籠もっていたので（本朝法華験記・上・廿二）、これを頼っていったのかと考えられる。四日、伊周は二条殿に帰ったというので検非違使が赴くと、既に車で山崎の離宮へ向かったといい、その車を追って捕らえて見ると、網代車の中には出家姿の伊周と尼姿の母貴子がいた。伊周らは長岡の石作寺に宿り、五日に離宮に移されたが、母貴子は副って下らるべからずと宣旨があった。伊周は十一日に離宮から近くの寺に移されて、そこで母貴子は別れて京へ帰った（栄花物語・浦々別）。伊周はやはり病と称して下るのを拒否していたらしい。十五日、伊周は病の間は播磨国の便所に、隆家は途中の但馬国の便所に留め置くことになった。やがて伊周は播磨に移されたらしいが、十月八日ごろ、平孝義や平生昌らから、中宮のもとに俗人姿の伊周が帰っているとの密告があり、検非違使が中宮へ行って捕らえ、十一日に大宰府へ下す官符が出た。伊周は大宰府へ護送されることになり、十二月八日に大宰府に着いた（扶桑略記）。母貴子は悲嘆のあまり、十月二十日あまりに亡くなったという（栄花物語・浦々別）。以上がこの事件の経過である。政権がやがて道長に移ることは、ほぼ予想されていたことであろうが、こうした形で伊周一家が排除されることになるとは思いがけない急速な変化であった。これにより、道長に対抗する勢力は影をひそめ、はっきりと道長を中心とする体制が確立することになった。

なお、伊周が止め置かれた播磨の便所については未詳だが、「播磨国司所」（古事談・二）ともいう。一説に枕草子の「むまやは……山のむまやは、あはれなることを聞きおきたりしに、またもあはれなることのありしかば、なほとり集めてあはれなり」の記事は、伊周の配所のことを念頭に置いたものであり、播磨国赤穂郡野磨駅かとする説がある（萩谷朴『枕草子解環』）。

3　帰京後の伊周

長徳三年三月二十五日、東三条院の御悩による大赦があり、四月五日道長は陣座で伊周隆家らも恩赦すべきか否かを諮り、諸卿も赦免に同意した（百錬抄）。東三条院は数年来病悩や、物怪に苦しんでいたのである。道長もその春には病や物怪に悩まされ、辞表を出すほどの重体であった（日本紀略・三月四日）。権帥左降事件により、貴族社会における伊周と道長の差は決定的になっていたから、帰京しても伊周隆家の存在が脅威になる可能性はほぼなかった。隆家は五月十三日に帰京して十月に兵部卿に任ぜられた。しかし伊周の方は十二月に帰京して、舅の源重光邸に身を寄せていたが（栄花物語・浦々別）、官位の復帰の沙汰はないままであった。

帰京後の伊周の消息はしばらく不明であるが、長保三年閏十二月東三条院御悩の大赦によりもとの正三位に復し、同五年九月従二位に昇った。このころ伊周は、時々に道長邸を訪れて宮廷への復帰を頼んでいたらしい。寛弘元年六月九日には、頭痛で臥せっている道長の見舞いに訪れ、道長は閏九月二十三日に、伊周の「秋日到入宋寂照上人旧房」の詩に和した作を、左京大夫源明理を呼び寄せて託している。明理は伊周の妻の兄である。伊周は自分の詩を道長にとどけていたのである。この道長の和詩は一条天皇も見て、二十六日には御制を賜り、二十九日にはその帝の詩に奉和している（御堂関白記）。寂昭は俗名を大江定基といい、永延二年に出家して寂心（慶滋保胤）を師とし、東山如意輪寺に住んでいた(2)。長保五年八月に五台山巡礼のために入宋したが、その旧房は如意輪寺にあったのであろう。本朝麗藻には伊周の詩、および道長の贈った詩に対する次韻が収められている(3)。

寛弘二年二月、宣旨により伊周の宮中における座次が大臣の下、大納言の上に定められた。実際に伊周が着陣したのは七月二十一日であったが、同月二十九日に左大臣以下が着陣した時、伊周の下座に着くのを嫌った大納言藤原道綱は参内しなかったという(小右記)。また、翌三年正月の踏歌の節会では内大臣藤原公季が内弁を勤めたので、伊周はその次の地位は自分だと外弁を勤めようとしたけれども、大納言以下は、席次の上の従二位権中納言藤原斉信が外弁を勤めるべきだ、というので伊周に従わなかった(小右記)。伊周の宮廷復帰には抵抗が大きかったのである。

この時期の伊周の様子をよく示すのは次のでき事である。寛弘二年三月二十七日に清涼殿で脩子内親王著裳のことがあり、伊周隆家も参内した。この日まず中宮彰子の藤壺に住んでいた七歳の敦康親王が殿上で天皇と対面した。敦康親王は長保元年十一月に生まれたが、翌二年十二月に母の皇后定子が亡くなり、同三年秋ごろ彰子のもとに猶子のような形でひき取られていた。彰子は長保元年十一月に十二歳で入内し、翌年二月に中宮となったが、すぐには皇子誕生が期待できなかったので、万一敦康親王が立坊する場合のことを考えた父道長が、彰子の猶子のような形にしておくことで将来に備えたのであろう(権記・長保三年十一月十三日)。ついで夜に入って脩子内親王の著裳の儀があり、道長は裳の腰を結う役を勤めた。しかし儀式の後の御遊は、降雨のためもあって形ばかりで中止されたし、前例では行われるはずの宜陽殿の諸卿の饗も無かった。参列していた藤原実資はこれにつき「若従時儀歟」(小右記)と記している。やはり饗などの晴の場で、第一親王の外戚伊周らが注目されることになるのを嫌った道長の意向によるのであろう。翌々二十九日に道長邸では「花落春帰路」の題の作文が行われ、伊周は一昨日の返礼もかねてそこへ参上した。本朝麗藻にはこの日の伊周の詩が収められている。

春帰不駐惜難禁　春帰リテ駐ラズ、惜シムコト禁ジ難シ
花落紛々雲路深　花落ツルコト紛々トシテ、雲路深シ
委地正応随景去　地ニ委セテハ正応《まさ》ニ景ニ随ヒテ去ルベシ
任風便是趁蹤尋　風ニ任セテハ便チ是レ蹤ヲ趁ヒテ尋ヌ
枝空嶺徼霞消色　枝ハ空シク嶺ヲ徼リ、霞色ヲ消シ
粧脆渓閑鳥入音　粧ハ脆ク、渓閑カニシテ、鳥音ヲ入ル
年月推遷齡漸老　年月推遷シテ、齡漸ク老ユ
余生只有憶恩心　余生、只ダ恩心ヲ憶フノミナリ

この作文会に列席していた源俊賢は、翌日藤原実資のもとに手紙を送り「昨日作文、外帥詩毎句有感、満座拭涙」と知らせた。さらに翌二日には、伊周の舅の守仁男で、小野宮家に出入りしていた藤原尚賢が実資のもとに来て「一昨日左府作文、外帥詩有述懐、上下涕泣、主人感歎」と語ったという（小右記）。伊周がこうして貴族社会に復帰しはじめたことに、人々は大きな感慨をおぼえたのであろう。俊賢は伊周の詩について「毎句有感」といっているから、満座の人々に涙させたのは、述懐の心の特にあらわな末尾の二句だけではなかった。人々は、この詩の花の散った逝く春の山野の風景の句などにも、やはり伊周の隠微な述懐の心を認めたのである。当時の和歌でも、述懐の心を風物などに託して、かすかに詠んだりすることが行われていた。この詩での伊周は、いまの自己の生活を「余生」といい、主として道長に対して「憶恩心」といったりしている。伊周もそうした挨拶の句をよむようになったのである。ついで、九月一日の内裏の作文にも道長とともに参列し、十月十九日の道長の木幡寺供養にも出かけている。道長に追従することで宮廷復帰をはかろうとしたのである。

同年十一月十三日、第一皇子敦康親王の読書始が中宮彰子の藤壺で行われ、外戚の伊周隆家も参列し、その夜伊周を朝議に参与せしむる由の宣旨があった。読書始の席では作文が献上されたが、道長の詩に「君命ヲ蒙リシヨリ孫ニ殊ナラズ」の句があり、また伊周の詩には「老臣座ニ在リ私ニ相語ル、我ガ后少キ年ニ此ノ文（孝経）ヲ学ブ」（本朝麗藻・勧学部）の句があった。天皇の命により中宮彰子の猶子となっているこの敦康親王は、わが孫も同然だ、との道長の句には、やがて起ってくるはずの親王の立坊問題などについて、一座の人々にその意味するところを熟考させる意図があったにちがいない。また、伊周の詩中の「我后」の語は、表面的には一条帝をさすが、やはり「后」には皇后定子をかすかに暗示するところがあり、母后定子のことをお忘れになるな、という親王や一条帝に対するメッセージをこめたものではなかろうか。帰京後の伊周にはもう昔日の勢力は望めなかったが、しかし中宮彰子にも皇子がなく、第一皇子の外戚伊周には、「一宮のおはしますを頼もしきものにおぼし、世の人もさはいへど下には追従しをぢ申たり」（大鏡）という情勢も潜在していたのであり、伊周も敦康親王の立坊に最後の望みを託していた。この道長と伊周の詩のやりとりにも、当時の政情をうかがわせるところがある。

三十二歳の伊周は、このころ「余生」「老臣」の語を用いている。「余生」の語にはあたるところもあるが、しかしやはり反語的な屈折した心も認められるのである。

4　伊周の邸宅

伊周は永祚元年十一月父道隆の本邸の東三条殿南院で元服したが（日本紀略）、前述のごとく結婚後はしばらく一条大路北大宮大路東にあった舅の源重光邸に住んでいた。この北郊の地には、貞純親王の桃園邸など古くから皇族や源氏の邸宅が多くあった。

正暦四年正月源重光邸が焼けて、伊周は「摂政新造二条第」に移った（小右記）。長徳元年正月九日にその二条第あたりで火事があった。その記録に「摂政内大臣二条第并鴨院等焼亡」（日本紀略）とあるのは、道隆と伊周の二条第とその南町の鴨院が焼けたということであり、また「内府住家之南家関白家、新造所及鴨院冷泉院御在所」（小右記）とあるのは、この二条第は南北に二区画されていて、北の区画に内大臣伊周が住んでいたが、焼けたのは新造の道隆の「南家」とその南町の鴨院である、というのである。道隆は東三条南院を本邸としていて、正暦四年三月に全焼したが、すぐに再建して翌年十一月には移住し（百錬抄）、その翌長徳元年四月にはこの南院で薨じている。したがって長徳元年正月の二条第南家の焼亡時には、道隆はそこに住んでいなかった。

　この中関白家新造の二条第は、二条大路南町尻小路東の一町を占めていた。この二条第が南北に二区画されて二つの屋敷が設けられていたことは、「二条の北南と作りつづけさせ給ひしは、殿のおはしまいし折かたへは焼けにしかば、いまは一つに住ませ給ひしを、この帥殿の御下りの後ほどなく焼けにしかば」（栄花物語・浦々別）とあることなどから知られる。正暦三年十一月二十七日、中宮定子は内裏から「新宮二条」（小右記逸文）「新造二条第」（百錬抄）に退出しているが、この二条宮はそのころに中宮の里第として造られたものであろう。「東三条院東町、世号二条宮」（日本紀略・長徳二年六月八日）とも呼ばれていた。定子の御所は「二条北宮」とも呼ばれて、この二条第内の北の区画にあり、そこの寝殿が中宮の御在所で、西対に伊周が居住していた（小右記・長徳二年四月二十四日）。正暦五年二月ごろの二条北宮の様子については、「小家などいふもの多かりける所を、いま造らせ給へば、木立など見どころあることもなし……南の院の北面にさしのぞきたれば……西の対に殿住ませ給へば」（枕草子・積善寺供養）と見える。ここに「南の院」とあるのは、二条第の南の区画の「南家」とも呼ばれた屋敷で、前年に東三条南院が焼亡したために、道隆はしばらくその西対に住んでいたのである。この「南の院」の地には、以前から道隆の屋敷があったのだが、入内立后した定子の里第を新築するために、小家のあった北側の地を買収して、二条大路以南の一町を占めるまでにひろげ、その北部に中宮のための御所を、南側に自分の屋敷を新造したのである。この当時においては、一条院・土御門殿・小野宮・東三条殿などの例に見られるように、高位に昇った人が、本邸に隣接した四周の町の地を買収して、厩を設けたり、屋敷を拡大していった例は多い。中宮定子や伊周のいた二条北宮は、伊周の左降の事のあった直後の長徳二年六月九日に焼亡した。その後の二条第のことはよく判らない。

寛弘六年十月五日に内裏が焼け、敦康親王と脩子内親王は一時伊周の「室町第」に移ったが（権記）、この屋敷は後に伊周の長女が伝領して、藤原頼宗を婿に迎えて住んでいた（小右記・長和二年二月二十七日）。この「室町第」は伊周の帰京後に、もとの二条第の地に建てられたものといわれる。(4) ただしこの説には、何故もとの「二条第」などの名が用いられないのか、という不審が残る。「室町第」の呼称は室町小路に面する屋敷の意であろうが、もとの二条第は町尻小路側が晴れの屋敷であった。西側には唐庇があり、中宮の御輿は西側から出ている（枕草子・積善寺供養）。したがって、道路名で呼ぶとすれば「町尻第」とでもあるべきものである。また、二条第は伊周の左降事件直後に焼亡していて、左降後の伊周は封戸の収入も国守が遅滞させる有様であったから（栄花物語・初花）、屋敷を再建するようなことができたとは考えにくい。この「室町第」は大炊御門大路北室町小路東にあった屋敷で、後に弟の隆家が住んだ家とも考えられる。隆家の屋敷は堀河辺にもあったが（小右記・万寿四年三月七日）、長和のころから小野宮の北隣に住んでいた（小右記・長和二年八月十三日、治安元年二月七日）。あるいは、この室町第のある町には、隆家邸の他に伊周の屋敷もあったのかもしれない。源重光は正暦四年正月二十五日、伊周も同宿していた一条大路北の屋敷が焼けた当日に、藤原実資のもとに「室町家事」につき消息を送っている（小右記）。これは重光邸が焼けたので、「室町」に一時住むことを打診したのではなかろうか。この屋敷の位置は不明である。重光の消息には「尼君」が返事をした。重光は二月十二日にも「室町事」につき使者をよこし、同日伊周も大江正言を使者に遣わしている。ここの「尼君」は実資の同母姉で「室町」に住み、そこへ実資の妻や小児も方違などで出かけていたが、この人は寛弘二年四月十四日に新しく建てられた小野宮の西町の屋敷に移っている。(5) この「室町殿」は重光や伊周にも関係のあった屋敷らしいから、これが帰京後の伊周の住居であった可能性が高い。

二条第の南町の鴨院は、この地に鴨が集まってくる古井戸があったことから、もと「鴨井」「鴨居」と呼ばれていたという（拾芥抄、二中歴）。ただし、一条朝ごろの記録類の表記は「鴨院」であり、「鴨井殿」などの表記が現れるのは院政期に入ってからである。一条朝ごろの鴨院は、押小路南室町小路西の一町であった。もとここは、道隆母の藤原時姫宅であったと考えられる。(6) 記録上の鴨院の初見は、前記の長徳元年正月の焼亡記事である。鴨院の名がこのころから見え始めるのは、それまでこの地が摂関家に関係がなかったからであり、兼家道隆の代になって整備されて、重要な屋敷になったからだと考えられる。この時期には既に冷泉院の御在所となるほどに整備された屋敷だったのである。冷泉上皇の退位後の御所は冷泉院であったが、天禄元年四月六日に焼亡した後、冷泉院は鴨院を本邸としていた時期があったらしい。この鴨院焼亡の後、冷泉院は東三条殿に移ったが、そのころ院の後見は道隆がしていたからである。

その後の鴨院は為尊親王邸となった（権記・寛弘三年九月二十七日、小記目録・十七）。長保四年に為尊親王が薨じた後は、その室家の藤原伊尹九女が移り住んでいるが（権記・寛弘二年八月十三日）、それは伊尹女が伝領していたからだと考えられる。藤原行成はそのころ叔母の親王室の後見をしていたので、鴨院の修理などもしていた（権記・長保六年三月十日）。為尊室は寛弘八年ごろまで鴨院にいたことが確認できる。寛弘八年八月、行成は二男の良経が元服するとこの鴨院に住ませ、そこには行成の従兄弟で早く出家して飯室に入っていた成房も訪れていた（権記・八月二十四日、同九月十日)。このころには行成が叔母の伊尹九女から鴨院を伝領していたのであろう。ついで寛仁三年ごろ鴨院は、行成の母方の従兄弟の藤原経通邸になり(小右記)、長元元年十月に経通男の経仲の手により焼亡した。

院政期になって、大治五年正月二十九日藤原忠実の「鴨井殿」が焼けたが、それについて「故敦憲入道談云、鴨井者是故帥大臣長徳年中有事時之居処也、不可作事也者、大殿令作給天後、全無吉事、遂以焼亡、可謂凶所歟」(中右記・三十日)といわれていた。伊周の屋敷はもとの鴨院の北町の二条第であったが、この院政期には北町もとり入れて、二条大路南室町西の南北二町に拡張されていた。ただし一筆ではなく、もとの鴨院は「鴨院南町」(中右記・大治五年十一月十三日)と呼ばれている。

5 晩年の伊周

寛弘五年正月十六日、伊周は大臣に准じて封千戸を賜った。これは帝が幾度か道長に交渉した結果で(権記)、帝は第一皇子の外戚の伊周の待遇に絶えず配慮し、伊周もそれに頼りにしていたが、「式部卿の宮の御事を、さりともさりともとまちたまふに、一条院の御悩重らせたまふきはに、御前に参りて、御きそくたまはり給ければ、あのことこそつひにえせずなりぬれ、と仰せられける」(大鏡・道隆)と、帝にも無理だったのである。

三月になって中宮彰子の妊娠が判明し、九月十一日に第二皇子敦成親王を出産した。これによって、敦康親王の立坊はほぼ可能性がなくなったのである。伊周はその前日の十日、道長邸に様子を見に行ったが、道長は会わなかったという(小右記)。

その後彰子所生の若宮の五夜や五十日の儀、十月十六日の土御門殿行幸などには、隆家は参加していたが伊周は顔を見せなかった。ところが、十二月二十日に行われた百日の儀には、伊周は招かれざる身を知りながら出かけていった。その上さらに祝の和歌の場で、道長の命で藤原行成が序題を書こうとした時、「帥乞取硯筆書序題、満座頗有傾奇、帥擬丞相、何輙執筆、身亦有忌諱、似不思知、大底無心歟、源中納言俊賢卿同談斯論旨」（小右記）ということがあった。伊周が行成から紙筆をもらいうけて序題を書いたので、皆はいささか不審顔であった、伊周は大臣に準ずる地位であり、そんな人がなぜ和歌序の執筆をするのか、祝賀の場には不吉な左降された身なのに、それを考えていないようで、どうも無心の行為かもしれぬ、俊賢卿も同じような判断を述べた、というのである。これが全くの無心の行為とも考えにくいが、伊周には若くから奇矯な行動が多かった。伊周の二十歳大納言であった正暦四年の小右記を見ても、白馬の節会では諸卿は拝舞して退場する例なのに、再拝だけだといいはり（正月七日）、灌仏に扇や懐紙を座の前に置いたまま座を立ち（四月八日）、相撲の召合でも故実について根拠のない私見を主張したりしている。実資は特に故実にうるさい人であったが、儀式の場での故実を極度に重視する当時の宮廷では、こうした伊周の無知な主張や言動は誰からも顰蹙をかうものであったにちがいない。寛弘四年九月九日の節会の作文でも、天皇以下の皆が四韻の律詩を作ったのに、伊周一人が絶句を作ったという（御堂関白記）。したがって百日の儀のでき事も、そうした伊周の軽率な性格による部分もあるかもしれないが、本朝文粋に収めるこの時の序を見ると、もっぱら天皇を讃えることに終始して、中宮や若宮のことを述べていないのは、やはり意識的な行為とすべきであろう。百字余りの序でも、当座で書くのは容易ではないから、あらかじめ準備していたのではなかろうか。

寛弘六年正月七日の叙位に伊周は正二位に、伊周長男の道雅も脩子内親王御給で従四位下に叙せられた。ただし、伊周の名は長徳二年以降公卿補任には載せられていない。

ところが、正月三十日、中宮彰子と第二皇子敦成親王および道長とを呪詛した厭符が発見された。そこで陰陽師を拷問したところ、中関白家宣旨の高階光子と民部大輔源方理夫妻の共謀によるもので、方理の舅の源為文も関わっていると自白した。光子は成忠三女で佐伯公行妻である。この事件には公行三女も関与していた（朝野群載・二二）。方理の伊周との関係は不明だが、方理は長徳二年の伊周左降事件でも源重光の男明理とともに殿上の簡を削られているし、その名からしてもこの二人は兄弟らしい。方理の舅為文は、婿の将来のために伊周の執政が実現すれば、と考えたのであろう。伊周が左降された時にも高階成忠は道長を呪詛したというが、これも身分の高い婿を中心に家を発展させようとする、当時の女系家族のあり方を示す例である。陰陽師円能の尋問調書によれば、為文は方理夫妻に語られて「中宮・若宮并に左大臣御座し給ふ間、帥殿無徳に御座し給ふ、世間に此の三か所御座す可からざるの由、厭魅し奉るの趣」（政事要略・七十）ということであった。この事件は、二十日に方理と光子は官位を解かれ、伊周は「事之根源は藤原朝臣に在り」ということで、召しのある時以外参内停止の処分になったが、六月五日には伊周は朝参をゆるされた。もういまでは伊周を厳罰にする必要はなかったのである。

寛弘七年正月二十八日伊周は三十七歳で薨じ、二月八日に葬送された。かねて第二皇子誕生で意気消沈していたのである。直接の死因は「御しはぶきやまひにや」（大鏡）ともいうが、「日ごろ水がちに、御台などもいかなる事にかとまできこしめせど、あやしうありし人にもあらず細り給ひにけり」（栄花物語・初花）とあり、やはり父の道隆と同じく飲水病（糖尿病）であったらしい。伊周は臨終の場に北方と二人の女を呼び、自分の亡きあと母も十分な後見はできないであろうから、親に先立つよう神仏に祈ればよかった、世の物笑いになることはするな、といい、隆家や長男道雅には、「世に従ひ、物おぼえぬ追従をなし、（道長ナドニ）名簿うちしなどせば、世にかた時ありめぐらせじとす。その定ならばただ出家して山はやしに入りぬべきぞ」（栄花物語・初花）と遺言したという。

伊周は政治家としての才能や運はなかったが、母方の高階家の血をうけて漢詩の才があった。愚管抄巻三には「内大臣伊周、人ガラヤマト心バヘハワロカリケル人ナリ。唐才ハヨクテ、詩ナドハイミジクツクラレケレド」といっている。現存する伊周の詩には、帰京後に作られたらしいものが多い。恐らくは、参内できずに蟄居していたころ、詩作により徒然を慰めていたのではなかろうか。

伊周の長徳の事件は、伊周の個人的なでき事ではあったが、しかし伊周の没落したことを契機として、貴族社会は道長を頂点とする所謂摂関体制を確立していった。それとともに貴族社会の秩序や身分も固定した閉塞の時代に向うことになる。花山朝ごろには、伊周と同じく時の関白の嫡子として宮廷で時めき、伊周と共に蔵人頭を勤めた藤原公任が、一条朝の初期には道長と対抗していたのが、次第に情勢が変わったのを感じて、道長に頭を屈するようになったのも、長徳の事件以後である。寛弘二年四月一日、伊周が「花落春帰路」の詩を作った翌日に、道長は公任に歌を送り、公任から返歌があった（小右記）。公任集によれば、

世すさましうて籠もりゐ給へるころ、大殿より

谷の戸を閉ぢやはてたる鶯の待つに声せで春も過ぎぬる

御返し

行きかはる春をもしらず花さかぬみ山隠れの鶯の声

というものである。円融花山朝ごろには、藤原氏の本流として得意の時代を過した藤原公任が権力争いからは下りたような態度をとり、もっぱら和歌の世界に入り込むのは、寛弘年間に入ったころからである。こうして伊周や公任らの高級貴族たちも、挫折感をおぼえて、文芸など趣味の世界に向かう時代に入った。

注1　拙著『右大将道綱母』（新典社、一九八三年）。
2　定基の法名は一般に「寂照」に作るが、当時の文献類に多く「寂昭」とする。
3　伊周の詩については、五島和代「伊周と文芸」（『香椎潟』昭和四十九年九月）。

4　角田文衛「皇后定子の二条の宮」（『古代学』一五巻四号）。

5　吉田早苗「藤原実資の家族」（『日本歴史』三三〇号、一九七五年）参照。実資の姉の住んでいた室町第は、あるいは実資らの父斉敏の屋敷であったかと思われる（小右記・天元五年六月十日）。

6　注1拙著書二〇〇頁参照。鴨院の地は、藤原時姫、藤原兼家、冷泉院、為尊親王、為尊北方（藤原伊尹九女）、藤原行成と伝ったと考えられる。

7　藤本一恵「高階成忠女考」（『女子大国文』昭和三十四年十月）。

第一章　十世紀後半の貴族社会の婚姻制度

一　摂関家の子弟の結婚

はじめに

貴族社会は一条朝に入ったころから、それまでとは異なる新しい状況に入ったと考えられる。その新しい社会に向けて、権力体制や人間関係などさまざまな面で新しい秩序が整備されてゆくことになるが、結婚制度や男女関係の側面においても、この時期には大きな変化があった、と認められる。

一条朝は、女性の手になる質の高い新しい文学作品、源氏物語や枕草子などが書かれたことでもよく知られている。この時期において、なぜそうした高質の女性の文学が生まれたのか、それを説明することは容易ではない。勿論、それにはさまざま多くの要因があったに違いないが、その重要な理由の一つに、この時期の貴族社会の婚姻制度や男女関係に、顕著な変化が現れてきたことがあると私は考える。婚姻制度や男女関係のあり方の社会的な変化が、より大きな影響をうける女性たちの側に強い不安や緊張感をもたらし、改めて自己の結婚生活や男性との関係を反省させることになり、それが日記文学などの新しい文学を生み出す動機になり、物語や和歌のジャンルにおいても、より自己の現実生活に接近した世界を追求することになったのではないか、と考えるのである。蜻蛉日記や和泉式部日記など、新しく生まれたジャンルの日記文学で取上げられているのは、主として夫婦や男性との関係における自己のあり方、という問題であるし、それまでの物語を一新した源氏物語が、作品全体として問題にし追求している事柄もまた、女性にとってこの世をいかに生きるかを、夫婦や男女関係とは何かを通じて正面から追求した、ということができる。それは、当時の貴族女性一般の切実な問題であったからであり、改めてこの問題が強く意識されるような状況があったからだと考えられる。

本章では、十世紀後半における結婚の制度や慣習について考え、一条朝ごろにおいてどういう変化が現れてきたかをたどってみたい。もっとも、当時の貴族社会の結婚や男女関係の実態については、史料的な制約もあって不明なところが多い。いまは、比較的多く実態にせまる手がかりの残されている摂関家の場合をとりあげたが、これがどの程度に当時の貴族社会一般の状況を示しているか、という点では不明なところが多いけれども、摂関家における動向は、一般の貴族たちにも大きく影響したと考えられる。

早く高群逸枝氏は、十世紀後半ごろの貴族社会の婚姻形式を「純婿取婚」と名づけて、その特徴の一つを、若い男が妻をもち始めた段階では、一人または数人の妻のもとに通う形の結婚生活が行われていたのが、つぎの段階になると、結婚後間もなくに妻たちの中の出自や、その家の社会的勢力などの面で有力な一人と、妻方の屋敷で同居して独立した世帯をもつ、という点に認めている。そして、男がまだ特定の妻と同居せず、同時的に幾人かの妻に通っている段階においては、それら各妻たちの間には妻としての身分地位に大きな格差はなく、ほぼ対等の立場にあったのであり、正妻というべき他の妻たちに大きく優越した立場の妻は、原則として事後的にきまった、と考えている。(1)

この高群説についてはさまざまな反論がある。高群説の基本部分に関わる反論のうちで特に問題として大きなものは、まだ若い男が同時的に通っている幾人かの妻のいる場合、それらの各妻の地位には原則として差別がなかった、とする点であろう。例えば梅村恵子氏は、摂関家の藤原基経・忠平・師輔・兼家らの男子の官位昇進の年齢を詳細に調査すると、そこには所生の母により昇進に遅速の差が認められることに注意して、その産んだ子が他の妻の子に比べて優遇されるただ一人の優越した立場の妻と、そうでない他の妻という差別、いわゆる「正妻」あるいは「嫡妻」と、「妾」とでもいうべきその他の妻、という区別が明確に認められるとしている。(2)これは、高群説への反論としてはもっとも実証的で説得的な論である。しかしながら、これら摂関家男子たちの官位昇進の遅速には、複雑な諸要因が関係していると考えられ、その生母が嫡妻か妾かという、生母の妻としての地位だけによりもたらされた差であるのか、さらに内親王や女王といった高貴の女性の産んだ子という、その母の出自や身分が関わるところはないのか、またその他の個別的な事情は関係してはいないか、といった種々の要素を考慮したより詳細な検討が必要であり、すぐには梅村説に賛同できないところが残されているように思う。

また、平安時代の婚姻制度も、養老律令の規定下にある「一夫一妻制」であり、「多妻制」と呼ばれている古代の婚姻の実態は、社会制度としては、一人の「正妻」の他に「妾」の存在が黙認されていたにすぎない、とする説もある。(3)中国の制度を移入した養老律令の家族法や婚姻法などの実定法では、一人の「嫡妻」とその他の「妾」を明確に差別した体系になっている。ただし、それらの規定は、わが国古来の多妻制の慣習法とはなじみにくいものであったから、それらの規定がどれほどの実効性をもっていたかは疑問であり、律令の実施されていた奈良時代においても既に、妻たちの間に「嫡妻」と「妾」という実質的に明確な区別は認めにくい、ともいわれている。(4)平安時代の貴族社会において、妻としての地位を示す用語に「北方」という和語があり、これは「嫡妻（正妻）」の概念に重なるところの多い用語と考えられるが、「嫡妻」とは重ならない部分も多い。(5)しかし、この「きたのかた」なる語も十世紀ごろから見え始める語である。本来この語は、屋敷の主殿の北面にいる人の意であり、夫と同居する妻についていったものであろう。和語にはもともと嫡妻の概念を直接に表す語はなかったらしいのである。また、「むかひめ」なる和語があって、「正妃《むかひめ》」（神武前紀、北野本訓）、「嫡ムカヒメ」（観智院本名義抄、天治本新撰字鏡）などと嫡妻の意の漢語にあてられることもあるが、やはりこの語が本来意味したのは要するに「現在の妻」ということであり、「嫡妻」をいう語ではなかった。このように、「嫡妻」を意味する和語が存在しないということは、古代のわが国には「嫡妻」という概念が明確には存在しなかった、ということなのである。律令に「嫡妻」と「妾」という地位のちがう妻が区別されていて、当時の社会にもそうした妻の区別がなされているような実態があったとすれば、その二種の妻を呼びわける和語が存在しないということはあり得ないのである。用語のないことはその概念のないことなのである。それが、やがて貴族社会に身分秩序が確立してくるとともに、妻にも嫡妻的な地位の妻が現れてきて、それを「北方」の語でいうようになってきたのだと考えられる。

九世紀末から十世紀にかけて藤原氏本流の地位を確立していった、北家流の基経・時平・忠平・実頼・師輔らの妻には、内親王あるいは女王といった皇族が多い。これは、藤原氏の側からすればその家格を高める一つの手段して、内親王・女王など高貴な出自の女性を妻としたのだと考えられる。皇族の側からしても、降嫁する相手としては、これら所謂摂関家の相続候補者程度の家格の男でなくては、他にその身分につりあう結婚相手がいない、という事情もあったにちがいない。そして、それら内親王・女王らの妻は、当然に夫やその家において重く待遇されたであろうから、そこにも他の妻たちとの間に格差が明確になってくる契機の一つがあったと考えられる。

以下では、比較的史料の残されている十世紀後半の摂関家の妻たちをとりあげて、この時期の婚姻や男女関係のあり方を考えたい。それがそのままに貴族社会一般のあり方とはいえないであろうが、やはりそこに時代の傾向をうかがい見ることはできるであろう。

1　小野宮家流の妻たち

藤原忠平が右大臣となって執政の座についた翌年の延喜十五年（九一六）、その長男実頼は十六歳で元服した。この実頼の妻として記録類に見えるのは、藤原時平女、源氏某、および藤原定方女でもと醍醐女御であった能子（「仁善子」とも表記される）である。時平女は、実頼の長男敦敏・二男頼忠・三男斉敏および村上女御となった三女述子を産んだ。日本紀略承平三年（九三三）正月某日条に「参議藤原朝臣実頼室家（傍注「時平女」）逝去」とあるのはこの人であろう。長男敦敏は、天暦元年（九四七）三十歳で卒去しているから（河海抄・十五）、延喜十八年生である。したがって、実頼が元服して最初に結婚した妻は時平女であり、その出自からしても、この人が実頼の「嫡妻」というべき地位にあったと考えられる。

実頼にはまた、日本紀略承平六年四月某日条に「中納言左衛門督藤原実頼室源氏卒」と見える、宇多源氏かともいわれる妻があった。さて、書陵部本清慎公集に見える次の贈答は、実頼とこの妻源氏某とのものと考えられる。

　なかきたのかた、内にのみものしたまへば、おとど

いまやはや深山をいでてほとときすけぢかき声を我にきかせよ（四三）

　返し

人はいさみ山がくれの時鳥ならはぬ里はすみうかるべし（四四）

　また、おとど

郭公み山を出ぬものものならばわれも里にはなにか住むべき（四五）

　返し

人しれぬ思ひしなくは時鳥なにか深山をいでがてにする（四六）

ここでは、妻源氏某のことが「なかきたのかた（中北方）」と呼ばれている。この中北方は、内裏（深山）にばかり住んでいて里に出ない、とあることからすればあるいは醍醐皇女であろうか。歌は二人の関係が始まったばかりのころの贈答であろう。「北方」の語は、「嫡妻」に近い意の語であることについては前述したが、(6) この「中北方」の用例は、他に探せない。「なか」の語からすれば第二番目の北方の意であろう。もしこれが、最初の北方の時平女の逝去後に、次に北方になった人の意であるとすれば、時平女が承平三年に逝去してから、この妻源氏の卒去する承平六年までの三年間の短期間のこととなる。勿論それも十分にあり得るが、やはり三年間はやや短いように思われ、後述の師輔の例からしても、時平女の在世中から始まっていた同時的関係の可能性も大きいのである。その場合には、第一の北方の時平女に対して、第二の北方とでもいうべき立場をいった語になる。つまり、当時における「北方」の語が「嫡妻」を意味するものであったか否かはべつとして、実頼には「北方」と呼ぶべき妻が同時に二人いたことになる。もっとも、この「なかきたのかた」の語は、妻源氏某の逝去後における後人の呼称であろうから、前者であろうか。

実頼のいま一人の妻藤原能子は右大臣定方女で、「善子」（一代要記）または「仁善子」（尊卑分脈）とも表記される人である。能子は延喜十四年に醍醐帝の女御となったが（一代要記）、帝の崩後に実頼室となり、康保元年（九六四）四月に亡くなった（日本紀略）。実頼と能子の関係がいつ始まったかは不明ながら、清慎公集の次の歌により、承平四年ごろかと考えられる。

三条右大臣殿定方うせ給ひて後、御むすめ十人おはしけるが、母上の御賀し給ひけるに、かざしまゐり給ふべき人はたれか、とおぼしけるを、小野宮のおほいまうち君は御こ（「むこ」ノ誤カ）にておはしければ、女御殿消息きこえたまてぞ、かざしまゐらせ給ひける。娘たちの御さうずく、さまざまの錦織物えもいはぬさまに、裳唐衣みな着給へれば、いせは女御殿し給ひ、とりつぎなどは御つぎつぎの娘たちなどぞし給ひける。そのかざし奉り給ふついでによみかけ給ひける

于時右衛門督云々

契りけむ花の今まで匂ひせば今日のかざしに先ぞ折らまし（九六）

定方の薨じたのは承平二年八月であり、実頼が右衛門督であったのは、承平三年五月から同四年十二月に任中納言兼左衛門督となるまでのことである。この詞書には難解なところが多いが、次のようなことであろう。定方には女子が十人いて母親（藤原山蔭女カ）の算賀をした時、実頼は女御能子を妻にしていて婿という関係にあったことから、能子からの依頼の手紙により挿頭の花を奉る役をつとめたが、その時の歌だ、というのである。つまり、これが承平四年ごろのでき事であるとすれば、実頼はその時点で源氏某の他にも、この藤原能子を妻にしていたことになる。この詞書からすれば、実頼は能子とは同居していなかったらしいけれども、同時期に身分の高い二人の妻がいたことになる。能子との間には子がなかったらしいが、小野宮家ではずっと後世まで、この能子を「故殿女御」と呼んで尊重し、毎年その命日には勧修寺で法事を行っている（小右記・正暦四年四月十日）。いま一人の妻源氏某の生存中における能子の立場は判らないが、少なくとも妻源氏某の卒後には「正妻」として待遇されていたことは明らかである。

実頼の妻の中にはその他、蜻蛉日記中にその「召人」であったと記されている大弐藤原国章女のような人もいたが、出自の高い妻は上記の三人である。そして、比較的短期間ではあったにしても、同時期に共に身分が高くて待遇に差のつけにくい妻が二人いた、と認められることは注意すべきである。

次いで、実頼の子息たちの妻では、まず長男敦敏の妻には、敦敏二十七歳の天慶七年（九四四）に、その長男佐理を産んだ参議藤原元名女（国章の妹）がある。だが、敦敏は若死したこともあって(7)、他の妻のことは不明である。

実頼二男の頼忠の妻では、長男公任を産んだ代明親王女の厳子女王、頼任母の大安寺別当明祐女の二人が知られている。代明親王には、延長三年（九二五）生の長女で藤原伊尹妻となった恵子女王、同八年生の次女で村上帝の女御となった荘子女王（権記・寛弘五年七月十六日）、そのやや年少の三女厳子女王（公卿補任正暦三年。中右記・大治五年二月二一日）の三人の娘がいた。厳子の第一子遵子は天徳元年（九五七）生で、頼忠はこの時三十四歳であるから、厳子が頼忠の最初の妻であったともしにくい。遵子は大鏡裏書には頼忠「一女」とするが、日本紀略天元元年四月十日条には「二女」とある。天元五年（九八二）に遵子が二十六歳で立后した時、その宣旨の職についたのは、遵子の姉で時に六十一歳の大納言源重信の妻（尊卑分脈に「北方」）諟子であった（小右記・天元五年三月十一日）。この諟子の生年は不明ながら、遵子よりもかなり年長と考えられる。したがって、諟子の母は厳子女王ではあり得ず、この諟子の母が頼忠の最初の妻と考えられるが、その家系は不明である。いま一人の妻の頼任母の明祐女は、「めゆきみ（「めいゆきみ」イ）といひて、色好み法師のむすめどもみたりありて、みなきよげにありあへりて、承香殿の女御の御方にさぶらひて、人々にいどまれしほどに」（高遠集）とあるように女房の身分の人であったから、この人は妻とまではいえないような関係であったのかもしれない。つまり、頼忠の「妻」としてふさわしい出自の妻は厳子女王のみであるが、厳子が頼忠の最初の妻でなかったとすれば、頼忠は元服時にははかばかしい家柄の妻をもたなかったが、長兄敦敏が天暦元年（九四七）に亡くなって、小野宮家の嗣子となったことにより、その後に家格に適わしい厳子女王と結婚することになったのではなかろうか。それにしても、頼忠が厳子と結婚したのは三十歳ごろと考えられるから、当然それ以前に、それが諟子の母であったか否かは別として、社会的にも妻と認められるような人がいたはずであるが、どんな人かは不明である。

実頼の三男斉敏の妻には、長男高遠、三男懐平、四男実資を産んだ播磨守藤原尹文女が知られているのみである。

実頼の孫の世代では、まず敦敏の長男佐理の妻は中納言藤原為輔女（中宮藤原遵子の御匣殿淑子ヵ）であった。頼忠の長男公任の妻は、四品昭平親王女で藤原道兼の養女となっていた人である。公任は小野宮家の嫡子であったから、やはり女王という貴種と結婚したのだと考えられる。実頼孫たちの妻で注意すべき例は、実頼三男斉敏の長男高遠の妻と、四男実資の妻たちである。

高遠の妻にはまず、天延二年（九八八）閏十月二十七日に亡くなった中納言藤原朝成三女があった（親信卿記）。ついで長保元年（九九九）ごろに資高を産んだ妻があった（小右記・長和二年正月二十六日）。この妻は、寛弘二年（一〇〇五）四月二十三日に大弐として下向する高遠と同行しようとしたが、その出発の日に、やはりそのころ高遠の妻であった「前典侍」との間に「両妻車論、前典侍大怒留」（小右記）というでき事があり、夕方になってやっと山崎に向かったという。「両妻車論」の具体的な内容は判らないが、実資はその前の二十一日に高遠の依頼により、高遠のもとに「室家料䡿」とする檳榔毛車を送っているから、その車をめぐっての二人の妻の争いであったらしい。資高母も「前典侍」も家系は不明であるが、「両妻」や「前典侍大怒」の語などからすれば、この二人の妻の間には、正妻と妾といったような明白な地位の差があったとは考えにくいのである。夫の高遠とともに大宰府に下ったことから、資高母が北方であったともきめられないことは、更級日記に菅原孝標が北方を京において次妻をつれて上総国に下ったことが見えることからも知られる。

斉敏三男の実資は、いつの時点かは不明ながら、祖父実頼の養子になり四男としてあつかわれていた。そして、十八歳の天延二年（九七四）ごろに参議源惟正女と結婚した。これが実資の最初の妻ともきめられないが、少くとも最初の北方と考えられる。天元三年（九八〇）に惟正が薨ずると、惟正の息子たちをおいて、実資が惟正の二条第を譲られ、以後実資は長くここに住んでいる。しかし、この惟正女は寛和二年（九八六）に亡くなり、さらその妻の産んだ娘も正暦元年（九九〇）に亡くなると、実資はこの一条第を自分の乳母の夫源清延に売り、その代価で自分の本邸小野宮の整備を始めている。(8) 次いで、永祚元年（九八九）に頼忠が薨じて小野宮家の長となった実資は、三十七歳の正暦四年（九九三）ごろ、為平親王女で花山帝女御であった二十二歳の婉子女王と結婚して、主として婉子の染殿第に住んでいたが、この婉子も長徳四年（九九八）に亡くなった。実資の婉子との結婚は、参議になり小野宮家の長としての地位に適わしい高貴な妻をもつ必要があったからだ、と考えられる。

これら実資の地位の高い妻以外の妻としては、まず永観元年（九八三）に実資の第一子と考えられる権少都良円を産んだ人がある。この人は「宮仕人をおぼしける腹にいでおはたる男子は、内供良円君とておはす」（大鏡・実頼）といい、後に実資邸に同居して良円以外にも子を産んでいる（小右記・正暦四年二月九日）。その没後に遠忌が仏性院で行われていることから（小右記・寛弘二年五月十六日）、中納言藤原朝成の子孫かとされる。(9) 実資はこの妻を「内方」「女房」などと記しているが、これらの語は当時において一般に「妻」を意味する語であり、特に差別された語感は認められない。しかしながら、この人は「宮仕人」であったこと、また自分の屋敷をもたず実資邸にひきとられて生活したことなどにより、「妻」よりは格の低い「召人」とでもいうべき待遇であったらしい。この妻の産んだ良円は、七歳のころから比叡山に上って僧になっていたが、当時出自の低い妻の産んだ子が僧籍に入れられる例は多い。

実資の晩年のいま一人の妻に、愛娘千古を産んだ人がある。この人については「さぶらひける女房を召し使ひ給ひけるほどに、おのづから生まれ給へりける女君、かくや姫とぞ申しける。この母は頼忠（「定」ノ誤カ）の宰相の乳母子」（大鏡・実頼伝）とも、あるいは「式部卿宮の女御のをり（実資の婉子女王との結婚時）、この殿に仕まつりつきてありけるほどに、おのづからこの姫君の生まれ給ひければ、今は北方にてあるなり」（栄花物語・本の雫）ともあって、婉子女王の弟頼定の乳母子であったのが、婉子に従って実資の家の女房になったのだという。この人は貞元二年（九七七）

生で、実資より二十歳若かった。栄花物語では「小野宮のいま北方」「北方」と呼ばれ、「世の中のいにしへより今まで、世の幸ひにこれはこよなくすぐれたり」とも記されているが、これはずっと後の院政期の立場からする記述であり、栄花物語や大鏡など後世の文献の用語や記述は参考にし得ても、すぐには当時に遡らせて適用できないところがある。実資自身は、後に藤原道兼女との縁談がおこった時、「染殿女御亡没後、深訓念不可儲室之事」と返事したという（小右記・寛仁元年七月十一日）。つまり、ここでは良円母もこの千古母も、世間や実資自身からは「室」とは認められていない。この人の立場も「召人」などと呼ばれる、妻と女房との中間的な存在だったとすべきであろう。

このようにして一条朝ごろになると、実質的には妻であり、後世からは「北方」と呼ばれ、「幸ひ人」と認められた人であっても、最初の夫との関係が主人と女房といった形から始まったり、夫との間にかなりの身分差があったり、自分の屋敷をもたず有力な親兄弟などの後見者がなくて、夫を自己の屋敷に通わせる形をとり得ない妻などの場合には、社会的に認められた妻、つまり「室」とは見なされないような状況があったらしい。こうしたあり方は、後述する源氏物語にも認められるものである。

2　藤原師輔の妻たち

藤原忠平の次男師輔（母は右大臣源能有女）の最初の妻は、出羽守藤原経邦女の盛子である。盛子は四男五女を産み、天慶六年（九四三）九月十二日に亡くなっている（願文集・七・大江朝綱文）。師輔十七歳の延長二年（九二四）に長男伊尹を産んでいるので、恐らくはこれが最初の妻であろう。盛子の他に、四男遠量を産んだ富小路右大臣藤原顕忠女（一説に藤原公葛女）、七男遠度や遠基を産んだ常陸介藤原公葛女が知られている（尊卑分脈）。ただし、遠量・遠度・遠基の三人は、その名からして同腹かと考えられるが、多武峰少将物語によると、出家して横河に登った高光のもとに、

「四郎」「六郎」「七郎」の「富小路の君たち」が尋ねてきた話が見える。この三人が「富小路の君たち」と呼ばれているのは、富小路右大臣顕忠女に生まれたからではなかろうか。あるいは、遠度・遠基の実母は公葛女であったが、何らかの事情で顕忠女の養子になっていたのかもしれない。師輔の妻たちのうちでは、特に社会的地位の高い妻として注意されるのは、醍醐帝皇女の勤子・雅子・康子の三人の内親王たちの場合である。

師輔は三十一歳の天慶元年（九三八）に、三十四歳の第四皇女四品勤子内親王と結婚したが（一代要記）、勤子は同年十二月に薨じた。勤子内親王の母は、右大弁源唱女で醍醐更衣の周子であり、後の左大臣源高明は同母弟である。師輔には十五年以上も連添った最初の妻盛子がいたが、この時点で自分よりも年長の三十四歳の勤子内親王と結婚した理由の一つは、高貴な身分の妻が必要な立場にあったことが考えられる。師輔はこの天慶元年正月には従三位、六月には上臈七人を越えて権中納言に任ぜられるという昇進を重ね、対立していた異母兄の実頼とともに、大臣を目前にしていた時期である。さらに、師輔は十四歳になった長女安子を皇太弟妃にして、やがては皇后にと考えていたころなのである。安子が皇太弟妃になったのは天慶三年四月である。大臣執政になったときに備えて、内親王を妻にすることで自己の家格を高めようとした、という事情は十分に考えられる。

さて問題は、師輔は勤子内親王との関係が始まる以前から、既に勤子の同母妹の雅子内親王に通っていたらしいことである。後撰集には次の歌がある。

西四条のみこの家の山にて、女四のみこのもとに　　右大臣

なみたてる松のみどりの枝わかず折りつつ千代を誰とかは見む　（後撰集・一三八四）

詞書の「女四のみこ」は勤子である。「西四条のみこ」は雅子内親王と考えられる。後撰集では、雅子は「西四条の斎宮」（九二七番、一三三八番の詞書）と呼ばれているので、その点ではいささかの疑問が残るけれども、歌からすれ

ばやはり姉妹の雅子とすべきである。詞書によれば、師輔は雅子の西四条の家にいて庭の松の枝を折り、その姉の勤子にこの歌をやったというのであるから、勤子は他所にいたのであろうか。歌は、姉妹ともに手折ることになったが、千代をと契る相手はやはりあなたなのだ、といったものであり、既に雅子との関係があったにもかかわらず、さらに勤子との関係をももっていたのである。当時においては、姉妹をともに妻にした例は幾つかあるが、これが天慶元年のこととすれば師輔は三十一歳、雅子は二十八歳である。その雅子内親王と関係をもちながら、その上に姉で三十四歳の勤子内親王にも手をのばしたというのは、単なる男の好色ということだけでは説明しにくい。勤子は、父醍醐帝鍾愛の皇女で、「淑姿如花」とされる容姿にすぐれた人であったというが（倭名抄序）、やはり今上の姉を妻にしようとすることのもつ、師輔側の功利的な意味を考えざるをえないのである。同母の内親王二人を同時に妻にすることには、当時においても世間の非難はあったにちがいないが、しかし、皇女二人を妻にしたことのもつ重さもまた、世間は無視できなかったであろう。

雅子内親王は、承平元年（九三一）から六年まで斎宮だったので、師輔との結婚以前は「西四条の斎宮」（後撰集・九二七、一三三八）と呼ばれ、西四条にあった「西宮」（九暦・天慶五年十二月二十一日）に住んでいた。雅子はこの西四条第に終生住んでいたらしい。この「西宮」は、後に兄の源高明が本邸としたものである。雅子が師輔と結婚するに至る事情は不明だが、雅子はまず八男高光を産み、ついで天慶五年に九男為光を、翌六年には尋禅を産んでいる。高光の生年は未詳ながら、為光より二歳長とすれば天慶三年生となる。このことから、梅村恵子氏は師輔の雅子との結婚は勤子の亡くなった直後のこととされているが、前記の歌からしても明らかなように、勤子と雅子の姉妹を同時に妻にしていたのである。師輔は、天暦二年八月十九日「高光」をつれて参内し、高光は帝の御前で文選三都賦序を暗誦して帝を感心させたという（九暦）。師輔が「高光」を記して、その童名の「まちをさ」用いなかったのは、この時点で高光が元服していたからではなかろうか。もしこれが元服したばかりの十二歳だったとすれば、高光は承平七年生となり、雅子との関係はすでにそのころからということになる。さらに梅村氏はまた、これら二人の内親王も、「正妻」の地位にあった盛子が天慶六年に亡くなるまでは、「正妻」の地位にはなれなかったかったはずであり、勤子や雅子は師輔の正妻ではなく、師輔の正妻は盛子と康子内親王の二人であったとされている。(10)

しかしながら、醍醐帝の内親王であり今上の姉妹でもある二人の妻が、受領程度の出自の盛子よりも、下位の妻として待遇されるようなことがあり得たであろうか。当時において「正妻」というべき明確な地位があったとすれば、高貴な内親王がその地位につくのが当然であろう。もしも雅子内親王が、盛子の下位の妻の地位に甘んじなければならない社会的慣習があったとすれば、師輔と雅子内親王の結婚は、当時の貴族社会では許容されなかったのではなかろうか。さらにまた、師輔は、勤子と雅子という内親王の身分の姉妹を同時に妻にしていたのである。その場合に、盛子という「正妻」がいなかったとしても、「正妻」と次位の妻との間に厳然たる地位上の大きな差があったとすれば、内親王姉妹がその「正妻」の地位を争うことになり、師輔に対する社会的な非難以前に、そもそも内親王姉妹の側が、そうした関係を受入れるとは考えられない。

雅子内親王は結婚後も師輔とは同居せず、自邸の西宮に夫を通わせる関係であったらしいが、少なくとも天暦に入ったころには、師輔の正妻の地位にあったと考えられる。九暦によれば、いま一人の妻盛子の生存中の天慶五年一二月二一日に荷前のことがあり、師輔は山階使になったが、まず宮中での儀式が終って後「事畢還西四条、勧盃酒於次官中務大輔氏瞻王以下」ということがあった。こうした儀式を雅子の西宮邸で行ったことは、雅子が正妻として待遇されていたことを暗示するように思われる。ついで、師輔は天暦二年正月五日に大饗を行ったが、その前日に「奉向(「迎」カ)西宮内親王等、依明日饗也」と記している。この大饗はどの屋敷で行われたかは不明ながら、雅子が師輔のもとに迎えられたのは、大饗には主人側の正妻としての役目があったからではなかろうか。この記事からしても、雅子は西宮に住んでいて、師輔とは別居しているとも見えるけれども、当時の貴族の生活は、後世のように本邸に常時住むという形態とはかなり異なっていたようであるから、これだけでは「別居」とまでは断定できないところが残る。さらに、天暦四年七月十日には、師輔女の女御安子が憲平親王（冷泉院）を出産して、産所の藤原遠規宅から「中御門家」に移ったときには、雅子は「未移着之前、々斎宮内親王（雅子）設女房男方等饗」と、饗を設けている。(11)これも正妻の立場にあったことからする対応ではなかろうか。雅子は、既に盛子の生存中から、師輔の正妻として待遇されていた可能性が認められるのである。

梅村氏は、雅子所生の男子の高光・為光が従五位下から出身しているのに、康子所生の公季が正五位下から出身するという差があるのは、雅子が正妻でなかったのに対して、康子が正妻であったことを理由の一つにされている。(12)しかし、この公季の出身時の位階の差は、母が正妻であったか否かとは関係がないとすべきであろう。

要するに、師輔と最初の妻盛子および勤子雅子内親王姉妹との関係の示すところは、当時における妻たちの地位が、仮にその結婚時において「正妻」と位置づけられた妻であっても、後にその妻よりも格段に出自の高い新しい妻が現れると、正妻の地位を交替せざるを得ないような曖昧な性格のものであったこと、また、仮に正妻と次位の妻との間に格差があったとしても、それはさして大きなものではなく、むしろ妻としての社会的地位はその妻の出自に大きくよるものであったこと、などを思わせるのである。

天暦八年（九五四）八月、雅子内親王は四十五歳で薨じた（一代要記）。時に師輔は四十七歳であったが、その雅子の薨じた年のころから、今度は三十六歳の准三宮康子内親王との関係を始めている。康子は醍醐帝鍾愛の第十四皇女で、朱雀・村上両帝の同母妹として厚遇され、天慶九年に叙一品、天暦八年三月には三十六歳で准后になっていた。師輔が、そのころ内裏住みしていた康子の女房を語らって密通したのを、村上帝をはじめ兄実頼などの人々が不快に思ったという話はよく知られている（小右記・長和五年十一月十五日。大鏡・公季伝）。もっとも、大鏡裏書には同九年七月に師輔に配したとあり、一代要記には、康子は准后になった天暦八年の十二月四日に内裏承香殿に入ったとあって、これらからするならば、師輔との関係は天暦八年十二月以後、つまり雅子内親王の薨後のことのようにも見える。しかし、一代要記の十二月入内の記事は、准后になって最初の入内をいったものと考えられ、雅子との関係と重なっていた可能性は残るのである。康子の第一子深覚は天暦九年生と考えられることも（東大寺別当次第、大鏡裏書）、師輔と康子の関係は少なくとも天暦八年には始っていて、同年に薨じた雅子との関係と重なっていた可能性を思わせるのである。もし、雅子の亡くなった天暦八年八月以後に、新しく康子との関係を始めたとすれば、嫡妻の雅子の一周忌も過ぎずに康子に近づいたことになるが、やはりそれよりも、同時に進行していた関係であったから、雅子の薨後に康子がそのまま正妻の地位についた、とする方が考えやすいのである。

師輔が康子内親王を求めた第一の動機は、勤子・雅子との場合と同じく、一品准后で今上の同母妹という康子の高貴さにあったことは明らかであろう。天暦三年に父忠平の薨じた後、異母兄の左大臣実頼と執政の座を争っていた師輔は、その方途の一つとして、康子内親王の高貴さを求めて妻にしようとしたと考えられる。

内裏住みしていた康子内親王は「北宮」と呼ばれたが、この通称の由来については、北方である宮、准三后である宮、あるいは「北宮」は皇后の異称、などの諸説があるけれども[13]、いずれにも根拠が認められず説得性がない。康子は承平三年内裏の常寧殿で裳着を行ったが（日本紀略）、その後は麗景殿に住んでいたらしい（九暦・承平四年正月十一日、李部王記・天慶五年正月十四日）。そして康子の母中宮穏子は、この朱雀朝のころには綾綺殿を御所としていて（本朝世紀・天慶元年十一月三日、即位部類記・天慶九年四月二十二日）、天皇もたびたびそこに移っている。康子のいた麗景殿は、この母后の綾綺殿の北にあったことにより、「北殿」と呼ばれていた（貞信公記・天慶元年十一月五日）。したがって、康子の「北宮」の呼称は、母の中宮穏子方の人々からこの北殿に住む宮の意で用いられ、やがてそれが広く一般にも行われるようになったものではなかろうか。

師輔は、雅子の薨じた直後に康子を自邸の「坊城殿」に迎えて同居したらしい。天暦十年八月十一日には「坊城殿にきたの宮おはしますに、月いとおもしろきに」（十巻本歌合）ということで、坊城殿で康子主催の歌合を行ったりしている。しかし間もなく、康子は天徳元年（九五七）出産のことによりこの坊城殿で薨じた（日本紀略）。師輔は、この坊城殿には既に天慶年間から住んでいるから（九暦・天慶八年十二月十一日、同九年十二月二十六日）、これは自邸であった。雅子は自邸の西四条殿に師輔を通わせていたらしいが、康子の場合には、自邸ではなく夫の坊城殿に移り住んでいたのである。

師輔は、本邸としていた「九条殿」とは別に、晩年にはこの「坊城殿」と呼ばれる屋敷（書陵部本中務集・八五）にも住んでいた。坊城殿も九条にあったが、両者は九暦などでも区別されていて、異なる屋敷である。師輔は天徳四年（九六〇）に「九条殿」で薨じたが、この「九条殿」は、基経―忠平―師輔と伝領されてきたものではなかろうか。祖父の基経にも九条に屋敷があって（伊勢物語・九七段）、基経は「九条大臣」（九暦・承平六年正月三日）とも呼ばれた。父忠平にも「九条殿」（貞信公記・延喜十年四月二日）があり、これらは同一の屋敷で、師輔に伝領されたのであろう。二中歴などによれば、師輔の「九条殿」は「九条坊門南、町尻東」にあったというが、中昔京師内外地図にはその地を「九条花厩殿」とする。「花厩」というのは何なのか不明だが、院政期になると、中原広俊の詩句「相門昔日称花厩」（本朝無題詩六・秋日陶化坊亭即事）の自注には、「故老伝云、九条右相府之属也、其時人称九条御厩、故有此句」とあり、「九条御厨」とも呼ばれて、師輔の厩や御厨のあった地と伝えられていたらしい。ただし、院政期になると九条のこの辺りには、高貴の人々が「九条殿」と呼ばれた多くの邸宅を営んだので、師輔の九条殿との位置関係が不明になってしまったところがある。

「坊城殿」は、坊城小路に面していたことによる名であろうが、この屋敷もまた九条にあり、師輔の屋敷であった（李部王記・天暦二年十一月二十二日）。院政期に入って嘉承元年（一一〇六）六月二十五日、白河院女御の藤原道子は九条に一堂を建立して供養を行ったが、そこは「件地者、本是九条殿御所跡、相伝為故三条内大臣（藤原能長）領也」（中右記）という所であった。その正確な位置は不明であるが、江都督願文集巻二に収める「前女（「御」脱、藤原道子）九条堂願文」には「羅城門東、陶化坊裏、建立一間四面檜皮葺堂一宇、安置一丈六尺皆金色阿弥陀如来像一体」とあって、羅城門の東とあることからすれば、九条一坊の坊城小路に面していたらしい。九条三坊にあったという「九条殿」では、「羅城門東」とはいいにくいであろう。院政期には、この地は三条内大臣藤原能長からその娘の道子に伝領されていたのである。

師輔にはまた桃園にも屋敷があり、そこの寝殿を坊城第に移したりしている（九暦・天徳三年二月十三日）。これは雅子内親王邸であったらしい。蜻蛉日記には、安和二年（九六九）に源高明が左遷され、高明の本邸の西宮が焼けたので、「北方、わが御殿の桃園なるにわたりてながめたまふ」と見える。「西宮」は雅子の薨じた後、高明が伝領していたのであろう。この源高明の北方は、師輔女で雅子腹の五女「愛宮」であった。高明は妻愛宮の屋敷に住んでいたのである。桃園の屋敷が愛宮のものであったとすれば、それは母雅子の屋敷と考えられるのである。

師輔の早くからの妻であった盛子は、勤子や雅子といった内親王と同時に師輔の妻であった期間がかなりあった。同時に幾人かの妻がある場合の妻たちの関係については、「他の妻たちに優越する正妻が唯一人存在し……正妻は社会的に公認されうる唯一人の妻であり……正妻たる女性を無視して新たな婚姻関係を結ぶことは当時の婚姻慣行には反したようであり、あくまで正妻との離婚—同居の解消を前提にしなければ、いかに出自が高い女性であろうとも、正妻の地位を自動的に獲得することは不可能であった」とする梅村恵子氏の説がある。梅村氏は、師輔の正妻は藤原盛子で、師輔と九条殿に同居していて、勤子や雅子らの内親王は、盛子の在世中は「妾」の立場にあったとされる。しかしながら、当時の内親王の身分の重さを考えれば、勤子や雅子ら時の天皇の姉である内親王が、盛子の下位の妻の地位に置かれていたとは考えにくい。物語の例であるけれども、宇津保物語の嵯峨院は、その女一宮をすでに太政大臣女の妻をもつ源正頼に降嫁している（藤原君）。これらは当時の社会において、さきに「正妻」の座についていた妻ではあっても、後からより身分の高い妻が現れれば、その地位を交替することがあり得た、あるいは、「正妻」の地位は他の妻とさほど隔絶した絶対的なものではなくて、妻の出自や勢力関係により定まるような相対的な関係の地位であったことを示すものであろう。宇津保物語の内親王を妻とした男たちは、あたかも主人に仕えるように対しているのである。

師輔の三人の内親王の妻たちのあり方は、もしそのうちに「正妻」があったにせよ、その地位が相対的なものであり、他の妻とあまり差のない場合もあったことを思わせる。後述するごとく、十一世紀に入って道長の時代になると、妻たちの地位にも序列が明確になってゆくように見える。

3　藤原師輔の子息たちの妻

師輔の長男伊尹の妻には、「北方」の恵子女王、大弐小野好古女の「野内侍」、歌人中務の娘の「ゐどの」などが知られている（一条摂政御集）。恵子女王は醍醐皇子代明親王の長女で、天延二年（九七四）に五十賀が行われているから（親信卿記、十二月二十七日）、延長三年生で、伊尹より一歳若い。恵子腹の長女懐子は天延三年（九七五）三十一歳で薨じたので（日本紀略）、遅くとも伊尹二十二歳の天慶八年以前には結婚している。したがって恵子は、その身分からしても、結婚した時期からしても、終始伊尹の北方の地位にあったと考えられる。野内侍は、宮中での女房生活の中で伊尹との関係が始まったものらしい。その妻であった時期は不明だが、父の好古も二人の仲を期待していたのに、子もなさぬまま天暦九年以前に亡くなっている（一条摂政御集）。中務女の「ゐどの」もまた、村上帝女三宮保子内親王に仕えて「大納言」と呼ばれていた女房らしい（書陵部蔵三十六人集本中務集、相如集・五二）。この人は伊尹四男の光昭を産み（小右記・天元五年四月二日）、光昭の成人するまで長く関係が続いているが、恵子女王とは身分が違うから、伊尹の妻たちの秩序を複雑にした様子は認められない。

師輔次男の兼通の妻には、長男顕光を天慶七年（九四四）に産んだ式部卿元平親王女、天暦元年に長女媓子を産み、天暦五年に四男（公卿補任）朝光を産んだ兵部卿有明親王二女の昭子女王[14]、次男時光を天暦二年（九四八）に産んだ権中納言大江維時女の典侍皎子、遠光母の中納言平時望女の典侍寛子、天徳元年（九五七）に六男正光を産んだ左馬頭藤原有年女などがいた。長女で中宮になった媓子の母は、大鏡や尊卑分脈には元平親王女とするが、朝光と同じく有明親王女の昭子女王であろう（権記・長保二年四月七日、中右記・大治五年二月二十一日）。大江皎子は村上朝に掌侍や典侍として仕えた女房であり、平寛子もまた後述のごとく東宮憲平親王（冷泉院）の宣旨を勤めた女房である。元平親王女は、顕光を産んだ直後に亡くなったのかも知れないが、その他の昭子女王・大江皎子・平寛子・藤原有年女らは、かなりの期間にわたって同時期に妻としてあったと考えられる。天延二年（九七四）十一月に選子内親王の著袴のことがあり、昭子が腰を結い、皎子が理髪の役を奉仕したが（親信卿記）、これにより昭子は正二位、皎子は従四位上に叙せられた（日本紀略）。この裳着の役および叙位のことは、昭子が時の関白兼通の正妻であり、皎子は典侍でもあったが、また兼通の妻であったことによるものであろう。兼通の正妻をいうならば、その出自からして最初は元平親王女、その没後は昭子女王と考えられる。

梅村氏は、兼通の男子のうち顕光・朝光ら正妻腹の子と、時光・正光ら劣腹の子との間に出身・昇進に差があるが、それは所生の母の「正妻」か否かの妻としての地位の差によるものとされている。しかし、四位に昇るまでの年齢を比較して見ると、次表に見るように、正妻の女王を母とする顕光・朝光と劣腹の時光・正光らの間に、さしたる差があるとは考えにくい。

	従五下	従五上	正五下	正五上	従四下	従四上	正四下	正四上	従三
顕光	一八	三〇	三一		三二				三四
時光	二三		二七		二八	三〇			四二
朝光	一三	二二	二三		二四				二五
正光	一四	一九			二一	三〇	三三		四八

これによれば、まず次男で中納言大江維持女の典侍皎子腹の時光のみは、六位から出身して他腹の子と差があったらしいが、その後の位階昇進にはさほどに差が認められない。また、朝光は従五位上以後の位階昇進が速い。天禄三年（九七二）には同母姉媓子の立后により、七歳上の長男顕光を超えて従五位上になり（権記・長保二年四月七日）、天延三年には従四位下から従三位に昇っている（顕光は従四位下）。だがこれは、朝光母の正妻としての地位によるものというよりも、関白になった父兼通が、朝光と同腹の長女媓子を入内立后させようと意図していて、朝光をその後見者としようとしたため、という理由が大きいように思われる。この点については後述する。梅村氏もいわれているように、出身時の位階はともかく、四位ぐらいになってから以後の昇進には、さまざまな事情が関係して、すぐにはその母の妻としての地位に関係づけることはやはり無理であると思われる。

ところで、兼通の妻たちの地位に関して注意すべきは平寛子の場合である。寛子は、天暦四年五月二十四日の憲平親王誕生時に御乳付を奉仕したが、九暦にはそのときの寛子を「兼通旧室、先日豫□仰此由来」と記している。この「室」の語が「正妻」を意味するか、という問題は残るが、寛子は舅の師輔から兼通の「室」、つまり少なくとも妻と認められた存在であった。[15] 寛子の産んだ遠光は、尊卑分脈などには四男朝光（公卿補任）の次に記されているから、五男とすれば朝光の生れた天暦五年以後の生れということになる。[16] もし遠光が五男であれば、寛子はこの「旧室」と記された後にも、兼通との関係は絶えなかったのである。三男とすれば天暦二年から五年までの生れである。当時の乳付の役は、必ずしも出産したばかりの女性とは限らないようであるが、寛子が乳付を命ぜられたのは、遠光を出産したころであったからとも考えられる。寛子は、元平親王女の死後に兼通の正妻というべき地位にあったのが、天暦四年ごろには兼通と昭子女王の関係が始まったために、身分の高い昭子が「室」と認められ、寛子は「旧室」と呼ばれたという可能性は残るのである。師輔は、そういう事情をも考慮して、寛子を皇太子がねの憲平親王の宣旨という重要な地位につけたのだ、とも考えられる。もし兼通が寛子を離別していたのであれば、重職の東宮宣旨にしたりするであろうか。

兼通の息子たちのうち、長男顕光は村上皇女の盛子内親王を妻にしている。やはり摂関家の嫡子の妻には、高貴の人をえらぶという意識があったのであろう。四男朝光の妻は重明親王女であるが、これには朝光母がやはり女王という高貴の人であり、家格とともに、高貴な血統を維持しようとする意志もあったのであろう。

4　藤原兼家の妻たち

藤原師輔の三男兼家の妻には、天暦七年（九五三）に長男道隆を産んだ摂津守藤原中正女の時姫、天暦八年に結婚して翌九年に三男道綱を産んだ陸奥守藤原倫寧女、康保二年（九六五）ごろに四男道義を産んだ勘解由長官藤原忠幹女、天延二年（九七四）に三女綏子を産んだ大弐藤原国章女、短期間ながら通っただけで絶えた村上皇女の保子内親王、など数多い。

このうち兼家と時姫・倫寧女・国章女との仲は長く続いたが、忠幹女との関係は一時的なものであったらしい。国章女は、もと関白藤原実頼の召人で近江といい、実頼の薨じた天禄元年（九七〇）ごろに兼家との関係が始まり（蜻蛉日記）、後には兼家邸に同居して「対の御方」と呼ばれたという（大鏡・兼家伝）。またそのころ、兼家の長女超子の女房であった典侍の大輔が寵を得て、「権の北方」と呼ばれ、除目には人々がその局におし寄せるほどに時めいたという（栄華物語・様々悦）。さらに、兼家は寛和二年（九八六）五十八歳ごろ、「一所おはしますはあしきことなり」というので、村上皇女で三十八歳の保子内親王に通うことになったが、すぐに仲が絶えてしまい、保子も翌永延元年に亡くなった。この保子内親王との結婚は、摂政など高貴な身分の人には、それにふさわしい身分の妻があるべきだ、との通念のあったことをよく示すものである。兼家の妻たちについての当面の問題は、若いころからの妻の時姫と倫寧女の二人は、どういう立場の妻であったのか、および、兼家晩年の妻になった保子内親王はどういう立場にあったのか、という点である。

時姫は天元三年（九八〇）正月に亡くなったが（小記目録）、「北方」（小右記・永延元年五月十日）、「大北方」（御堂関白記・寛弘八年六月二十八日）などと呼ばれていて、亡くなった時点では、当時の人々から兼家の正妻と認められていたと考えられる。(17) しかし、時姫は結婚当初から正妻の地位にあったのであろうか。時姫は天暦七年に長男道隆を産んでいるが、このとき兼家は二十五歳であるから、時姫以前にも妻のいた可能性は高い。勿論、早くから時姫と結婚していたのに長らく子がなかった、ということもあり得るが、時姫は道隆の後にも次々と子を産んでいるから、時姫と兼家の結婚は道隆出産の二、三年前とするのが妥当であろう。兼家の最初の妻は、子のないままに亡くなるか仲が絶えた、と考えられる。兼家は時姫と結婚して間もなく、さらに倫寧女と結婚した。その時点で、時姫は社会的に認められた正妻であり、倫寧女は、自分が次位の妻の立場におかれることを承知で結婚したのだとする説もあるが(18)、これには根拠が乏しいし、倫寧女の記した蜻蛉日記を読むかぎり、結婚当初のこの二人の妻の間にそうした大きな差があったとは私には認めにくいのである。倫寧女の産んだ道綱は、十六歳で元服して従五位下に叙せられていて、これは時姫腹の長男道隆の十五歳元服叙従五位下と違いはない。

兼家と妻たちとの関係、特にその中で時姫が「北方」の地位に確定してゆく事情は、蜻蛉日記に詳しい。時姫と倫寧女はほぼ同程度の家格の出自であり、結婚の時期も三、四年程度の差と考えられるので、妻としての二人の地位には当初はさほど大きな差はなかったと考えられる。当時の結婚については、婚姻儀礼をもって行われたものであるか否かを重要視する説が行われているが、儀式婚であることは、必ずしも正妻であることの指標にはならないのではないか。蜻蛉日記によれば、倫寧女の場合も儀式婚であるし、町小路の女も儀式婚といい得るものであったらしい。宮仕えの女房以外の家庭にいる女性の場合には、その儀式がどの程度厳重に行われたかの違いはあるにしても、すべて儀式婚と呼ぶべきものであったかと考えられる。

さて、倫寧女が結婚した時点では、時姫の方がより早くからの妻であり、既に長男道隆を産んでいたから、兼家の北方の地位へやや先行している、というべき状況であった。兼家は当初この二人の妻とは別居していたが、公卿になり執政の座を意識しはじめた天禄元年(九七〇)ごろ、本邸としていた東三条殿を改築して、時姫を迎えて結婚後二十年ばかりして同居することになった。これにより時姫の北方としての地位は確定する。それ以前から時姫は、所生の長女超子が冷泉帝の女御となったことで、兼家北方として公認されていたであろうが、同居により決定したのである。それ以前から兼家は、村上帝の寵愛していた妹の貞観殿登子に親近していて、帝の崩御により内裏から退出した登子を自邸に迎えたりしていた。登子は「東宮の御おやのごとして候ひ給へば（蜻蛉日記）」と、東宮（円融）の母儀の立場にあったので、自邸東三条殿を登子の里第とすることで、自分はその後見者の立場を確保していて、円融帝の即位とともに時姫腹の二女詮子の入内をめざしていたのである。東三条殿の新築もその準備の一つであった。

蜻蛉日記には、その時期の自己のおかれていた状況を次のように記している。新邸の完成間近の安和二年の夏ごろ、作者は重い病気中であったが、工事を見に行った帰りの兼家が作者のもとにたち寄り、新邸のものだといって蓮一枝をさし入れた時、作者は、

げにいとをかしかなる所を、命も知らず、人（兼家）の心も知らねば、「いつか見せむ」とありしも、さもあらばも（このまま死んでしまったら）やみなむかし、と思ふもあはれなり

花に咲き実になりかはる世をすてて浮き葉の露と我ぞ消ぬべき

と思ったという。兼家は、そのうちに新邸を見せよう（新邸に住ませる）、といっていたのである。作者はその兼家の言葉を、やがて「花に咲き実になりかはる世」になると、強く期待していた。しかしながら、その年の冬になると次の記事がある。

十一月に、雪いと深くつもりて、いかなるにかありけむ、わりなく、身心憂く、人つらく、悲しくおぼゆる日あり。つくづくとながむるに思ふやう

降る雪につもる年をばよそへつつ消えむ期《ご》もなき身をぞうらむる

など思ふほどに、つごもりの日、春のなかばにもなりにけり。人は、めでたく造りかがやかしつる所に、明日なむ、今宵なむ、とののしるなれど、我は、思ひしもしるく、かくてもあれかしになりにたるなめり

新邸が成れば同居しようとの兼家の話は、十一月に入ったころ実現しないことが確認されて、作者はこんなにも深く悲しんでいる。すこぶる漠然とした言い方をしているけれども、この「わりなく、身心憂く、人つらく、悲しくおぼゆる日」というはげしい悲嘆の語は、同居できないことが確定したのをいったものであることは、これに続く時姫方の移転に心をはずませている様子を記す文脈からしても明らかである。時姫は、結婚後二十年ばかり経たこの時点で兼家と同居することになり、北方の地位を完成した。客観的には、これ以前に時姫の長女超子が冷泉帝女御に決ったときから、時姫の北方としての地位は確定していて、倫寧女もほぼそれを認めていたのだが、この時姫の東三条殿移転により、自己が第二の妻であることを決定的に認めざるを得なくなった、ということなのである。勿論、新邸に同居しようとの兼家の言葉は、単に作者の機嫌をとる口先だけのものであったにもせよ、作者がこれほどに固く信じて本気にしていたのは、少なくとも主観的には実現の可能性があると信じたからである。もし時姫が結婚時から正妻の地位にあり、倫寧女が次位の妻として結婚したのであれば、その正妻の座を占め、さらに娘を女御にしている時姫を措いて、新邸での夫との同居をこれほどに強く期待できるはずがなく、また時姫が新邸に移転して自分が同居できないことになった時、こんなにも大きく落胆するはずがない。

こうして時姫が東三条殿に同居することになった後、倫寧女は夫に対して激しく不満を募らせ、夫婦仲もしだいにうまくゆかなくなり、ついには出家するといって、西山の寺に長く籠ったりするような行動を繰返すことになる事情は、蜻蛉日記に記されているごとくである。蜻蛉日記を読むと、客観的にはともかくとして倫寧女自身は、後から妻になった自分にも、兼家の北方になり得る可能性を固く信じていたことが認められる。さもなくば、この日記に記された作者の夫兼家に対する一連の反応や行動、激しい夫に対する不満の感情は理解できないであろう。私は、この蜻蛉日記の存在こそが、正妻が事後的に確定してゆく場合の一つの有力な確証である、と考える。(19) 勿論、これは時姫と倫寧女のごとくに、家格や結婚時期も比較的近接した妻たちの場合であり、さらに兼家の結婚時においてその父が大臣であっても、兼家当人がその三男であったという場合であって、当時の摂関家の子弟一般の結婚のあり方を示すものではない。兼家の二人の妻の出自に大きな差があった場合には、また事情は違ったにちがいない。兼家の時代は、結婚制度についても次の新しいあり方に向おうとしていた過渡期であり、安易に一般化できないところを多くもっていると考えられる。

兼家の結婚でいま一つ注意すべきものは、村上第三皇女の保子内親王との場合である。兼家は、前述したように時姫の没後に「世の御はじめごろ、かうて一所おはしますはあしきことなり」というので、保子内親王に通うことになったが、すぐに絶えたという。これによれば、兼家の摂政になった寛和二年（九八六）ごろのことになる。時に保子は三十八歳、兼家は五十八歳で、円融院更衣であった中将御息所その他数多くの召人がいた時期である（栄花物語・様々悦）。したがって、この結婚もまた父師輔の例のごとくに、摂政大臣といった高貴な人にはその身分にふさわしい出自の妻があるべきだ、という社会的な配偶者観によったものと考えられる。この結婚観は、栄花物語成立時の後世のものという性格もあろうが、源氏物語においても、晩年の光源氏には高貴な妻がいないのは好ましくない、と世間が考え源氏自身も思っていたということで、女三宮と結婚することになるように、一条朝には一般的に定着していた見解であった。やがてそれは、次の時期には大臣公卿の家に限らず一般貴族にもおよび、妻の出自身分を問題にする傾向を顕著にしてゆく。

5　藤原道隆の妻たち

藤原兼家長男の道隆の妻には、まず道隆十九歳の天禄二年（九七一）に長男道頼を産んだ山城守藤原守仁女がある。

この人が道隆の最初の妻であろう。道頼以外に子がないことは、道隆との仲が早く絶えていた可能性もあるが、永延二年（九八八）に亡くなっている。道頼は祖父兼家が寵愛して養子としていた。守仁女の一周忌には、摂政兼家の意向もあって多くの人々が集まったという（小右記・永祚元年九月四日）。あるいはこの人も死去時まで妻として待遇されていたのかもしれない。

高階貴子は、円融朝に掌侍として仕えていた女房で（中右記・大治五年二月二十一日）、宮仕え生活を通じて道隆と知りあい、天延二年（九七四）に次男伊周を産んだ。道隆との関係は守仁女の方が貴子よりも早く始まったらしいが、二人は同時期に道隆の妻であったと考えられる。道隆は他にも多くの女房たちに「たはれ給ひけるなかに、人よりことに心ざしありておぼされければ、これをやがて北方にておはしける」（栄花物語・様々の悦）ということで、貴子を北方として待遇することになったという。道隆の貴子に対する「心ざし」の厚かったこと、つまり「愛情」の深さが北方の地位につけたのだ、というのである。この栄花物語の記述がそのままに実態であったともできないが、少なくとも栄花物語の時代には、出自や婚姻による社会的な利益とともに、「愛情」という個人的要素を重視するところがあった。守仁女と貴子とはほぼ同程度の出自である。道隆が二人と結婚した時期は、父兼家は中納言から大納言のころであったが、兄の関白兼通と仲違いして日蔭にあった時期であり、長男道隆も将来摂関になるとは予想できない状況にあったので、必ずしも妻の出自にはこだわらなかったことが考えられる。父兼家の場合も同様であったが、道隆の妻たちにも高貴な出自の人は見えず、この一家は高貴な妻よりも、実務に有能な家の娘を妻に求める傾向が認められるのである。

この道隆妻の高階貴子の場合も、正妻（北方）の地位が事後的に定ってゆく一つの例とすることができる。妻たちの中に特に高貴な出自の妻がいる場合は別として、みな同程度の家柄の出自である場合には、その結婚時に多少の先後があったとしても、その中で正妻の地位につくのは、やはり当然ながら、所生の子女が高官についたり女御中宮になったりして、家の繁栄に貢献した妻なのである。時姫の場合と同じく、貴子の正妻としての地位は、道隆が長女定子の入内立后を具体的に考えるようになったころから、しだいに確定していったと考えられる。

道隆と守仁女との結婚の事情は判らないが、この人も女房として出仕しているうちに道隆との関係が生まれたのであろう。守仁女と貴子と間には、妻としての地位に最初から大きな差があったとは考えられない。守仁女腹の長男道頼と貴子腹の伊周との官位昇進を見ると、寛和元年（九八五）十一月二十日に十五歳の道頼と十二歳の伊周は共に従五位下に叙せられた。これは同時に元服したことによるものであろう。兄弟で元服の年齢が二、三歳違うことはかなり例もあり、すぐには母の地位による差とはなしにくいであろう。その後、道頼は十六歳の十月に従五位上、十七歳の正月に正五位下、十八歳で従四位下、十九歳の三月には二階進んで正四位下、十月には蔵人頭、二十歳で参議に昇進している。これに対して伊周は、十四歳の正月に従五位上、同じく十月に正五位下、十五歳で従四位下、十六歳で従四位上、十七歳の九月に蔵人頭、十月に正四位下、十八歳で参議になっている。道頼は伊周に三歳の長ではあるが、参議までの昇進の速度はほぼ違わない。もっともこれには、祖父兼家が道頼を寵愛して、自分の養子にしたことによるところが大きいと考えられる。しかし、兼家の薨後の正暦二年（九九一）には、道頼は上席四人を超えて二十一歳で権中納言になり、伊周も十八歳で同じく権中納言になっている。これ以後二人の官位に差がつくことになるが、それは一つには、正暦元年に貴子腹の長女定子が入内して中宮になり、兄の伊周を定子の後見役として、安定した地位に引立てる必要もあったからだと考えられる。師輔が長男伊尹を中宮安子の後見にし、兼通が長女の中宮媓子の後見として、同腹の朝光を引立てたのと同様である。伊周は中宮定子の里第とした二条北宮に同居して、後見役を勤めていた。これは、中宮安子が兄伊尹の住む東一条殿を里第にし、円融院の母儀尚侍藤原登子は兼家の東三条殿を、中宮媓子はやはり弟の朝光の堀河院や閑院を里第にしていたのに倣うものである。

中宮定子は、二条大路南室町西にあった二条殿を里第にしていたが、この屋敷のうちの北側に定子が住んで「二条北宮」と呼ばれていた。その中宮邸の西対には伊周が住んでいて（小右記・長徳二年四月二十四日）、父の道隆はその南側に新邸を造って住んでいた（日本紀略・正暦三年十一月二十七日、枕草子・積善寺供養の段）。この時期の中宮の里第には、兄弟などが同居して後見のことにあたる、という慣習があったらしいのである。

道隆の妻には、父兼家の場合と同じく、特に身分の高い妻はいない。これは、兼家以来の家風ということもあるかも知れないが、所謂摂関家の子息ではあっても、やはり父兼家が三男であり、道隆も中年まで藤原氏の嫡流からは遠い位置にいた、という事情があったことによるのではなかろうか。道隆の嫡子伊周の妻は名家の大納言源重光女であるが、三男隆家の妻は受領階層である。十世紀ごろの摂関家では、家を継ぐべき長男二男たちの妻には意識的に高貴の家格を求めているが、三男以下の子弟の妻にはそうした配慮は認めにくい。それが大きく変化するのは道長の代からなのである。

6　道長・頼通の妻

藤原道長の妻には、左大臣源雅信女の倫子と、前左大臣源高明女の明子とが知られている。倫子との結婚は、道長が二十二歳で従三位になったばかりの永延元年（九八七）十二月十六日で（小右記・長元二年九月二十日）、時に倫子二十四歳であった。

倫子との結婚の経緯については、栄花物語様々の悦の巻に詳しい。道長は、それまで多くあった縁談に対して、「われもわれもと気色だち聞ゆる所々あれど、いましばし思ふ心あり、とてさらに聞き入れ給はねば、大殿（兼家）も、あやしう、いかに思ふにか、とおぼしのたまひける」という態度をとっていたが、その一方では「おぼろけならずおぼす人にぞ、いみじう忍びて物などのたまひける」という女性関係もあったという。つまり道長は、手近な女たちとの関係もあったが、その女を軽率に妻としてあつかうことはせず、世間には慎重に隠して、望ましい高貴な家の娘との結婚の機会を待っていて、左大臣源雅信長女の倫子に求婚したのだという。雅信にとって倫子は「后がね」であったから、道長の求婚には「あな物狂ほし、ことのほかや、たれかただ今、さやうに口わき黄ばみたる主たち出だし入れては見んずる」と歯牙にもかけなかったが、帝も幼くて他に適当な相手もいず、妻の穆子が道長を見どころのある若者と認めてすすめたことから、ついに許すことになった。この結婚によって道長は、長男道隆や次男道兼の「北方たち、ことなる事なう思ひきこえたるに、この殿はいとどもの清く、きららかにせさせ給へり」と、兄たちの妻に比べて道長は高貴な妻を得たことで、周囲の人々の見る目も異なってきたという。

栄花物語の記事は後世の人の立場からする見解であり、また、道長自身が当時どれほどに計算していたかは不明であるが、後に具平親王から長男頼通を婿にという話が起こった時に、道長は頼通に「男は妻《め》がらなり、いとやむごとなきあたりに参りぬべきなめり」（栄花物語・初花）と勧めたという話などを考えあわせると、やはり若くから道長は、高貴な妻をもつことの利益を深く認識していた、とすべきであろう。一条朝に入って、摂政兼家を頂点とする貴族社会は安定期に入り、新しい秩序の確立をめざしていた。婚姻の慣習や制度も変化してきて、道長の場合によく象徴されているように、家柄出自の高貴な妻を求めるようになってきた。摂関家の嫡子などに限らず、広く男たちの社会的評価にも、妻の家柄が大きく関係する時代になってきた。道長はそうした社会の動向に心づいていたのだ、と考えられる。要するに、これらの話の意味するところは、嫡子ではなかった道長が、兄たちを超えて執政の座をめざすには、まず高貴な家の婿になって家格を高めることが必要であり、そのためには自身が三位になって、高貴な家の娘に求婚する資格ができるまでは、軽率な女性関係を慎しんだり隠したりしていた、ということなのである。

道長のいま一人の妻、源明子との結婚の事情については大鏡に詳しい。明子は、父高明が権帥に左遷され筑紫に下ったので、父の同母弟盛明親王の養女になった。しかし盛明は寛和二年（九八六）に薨じたために、道長の姉皇太后藤原詮子が里第の東三条殿東対に迎えて、女房・侍・家司・下人を分け与えて限りなくかしづいたので、詮子の兄弟たちが我も我もと求婚したが、詮子は道長にゆるしたという（大鏡・道長伝）。明子が盛明親王の養女であったことは、永観二年（九八四）の花山帝の即位式に、「盛明親王女」の「明子女王」が右方褰帳の役を勤めたことからも知られる（天祚礼祀職掌録）。明子は「宮君」とも呼ばれていた（権記・長徳四年十二月二十五日）。栄花物語によれば、道長はまず明子の女房を語らって近づいたので、詮子も「この君はたはやすく人に物などいはぬ人なればあへなん、とゆるし」たという（栄花物語・様々の悦）。詮子は末弟の道長に終始好意的であったらしいが、道長からすれば、姉の寵愛する明子を得ることは、帝の母后詮子の後見をさらに強く期待できたのである。

道長と明子の結婚の時期は、次の歌からして倫子との結婚以前と推定される。

　左大臣の土御門左大臣の婿になりてのち、したうづのかたをとりにおこせて侍りければ　　愛宮

　年をへてたちならしつるあしたづのいかなるかたに跡とどむらん
（拾遺集・四九八）

杉崎重遠氏はこの「愛宮」は源明子とされている。[20]明子が「愛宮」と呼ばれたことについては他に確認できず、問題の残る部分はあるが、妥当な推定であろう。「愛宮」は明子の母、藤原師輔五女の呼称であったから（多武峰少将物語、斎宮女御集）、ここはそれが娘の呼称に誤られたのである。拾遺集の「左大臣」は道長をさすので、これは道長が土御門左大臣源雅信の婿になった時のことである。歌に「年をへて」とあるよりすれば、明子との結婚後少なくとも一年以上してから、倫子と結婚したことになるから、結婚は寛和二年（九八六）以前のことである。明子は配流の人

の娘とはいえ、皇太后詮子の養女格であり、仮にその結婚が内輪のものであったにせよ、源倫子との結婚話の起ったときには周知のことであったであろう。それなのに雅信方が、既に明子という高貴な妻のいるのを問題にせず婿にしたのは、明子との結婚は正式のものではなく、倫子が正妻ということで結婚したからだ、と解することもできる。しかし、明子もまた女王として高貴な出自であり、皇太后の養女格として後見する人であって、無視できない存在のはずである。やはりこの場合も、師輔の勧子・雅子両内親王との関係などの場合と同じく、正妻の地位は事後的に定めるものであり、結婚時においてはその地位が正妻か否かはさして問題にはならなかったのだ、とも考えられるのである。既に明子という妻がいても、血統においても明子に劣らず、時の左大臣の娘である倫子は、当然に正妻の地位を占めるはずだ、というのが雅信方の立場であり、当時の常識だったのではなかろうか。

道長のこの二人の妻について、後世には「此殿はきたのかたふた所おはします……この北のまんどころ二人ながら源氏におはしませば」（大鏡・道長）と、二人をともに「北方」と呼んでいる。しかし、倫子は当時の人々から「北方」（権記・長保元年十二月二十三日）と呼ばれているが、明子が「北方」と呼ばれたことは確認できない。明子は「高松〻（殿）左府妾妻陽明門」（小右記・長和元年六月二十九日）と、「高松殿」の呼称が普通で、時には倫子の子が「当腹」と呼ばれるのに対して、明子の子は「外腹」と呼ばれている（野府記・長保三年十月七日東三条院御賀試楽事）。「当腹」は「ムカヒバラ」と読んで、同居している倫子の産んだ子をいうのであろう。道長は結婚直後の正暦年間から、倫子方の屋敷であった土御門殿（小右記・長和五年六月二日）に同居してこれを本邸とした（院号定部類記所引後小記・正暦二年十一月三日、権記・正暦三年四月二十七日）。明子の結婚当初の住宅は不明であるが、「高松殿」と呼ばれたりしたことからすれば、父の高明邸であった姉小路北西洞院東の高松殿（拾芥抄）に一時住んだらしいが、寛弘年間には「近衛御門殿」に住み、そこに道長が時々に訪ねるというあり方であった。つまり、倫子と明子は当初から同居する妻と別居する妻という差があり、倫子は自身の家政機関としての政所をもち、その荘に下文を発行していたが（殿暦・康和三年六月二十五日）、明子には政所の存在は認められない。さらに、倫子の産んだ子息は元服して正五位下に叙せられたが、明子の子は従五位上から出身するなど、この二人の妻の地位には最初から大きな差があった。しかしながら、これは明子が差別されていたというよりも、倫子の子が特別に厚く待遇されていたというべきなのである。明子所生の子が従五位上から出身したというのも、それまで摂関家の子息も従五位下で出身するのが普通であったことからすれば、明子の子もむしろ優遇されている。このように、正妻とその他の妻の差が大きくなってゆくのは、道長以後の顕著な風潮と認められる。

結婚直後からの夫婦同居というのも、道長と倫子夫婦の特徴的な性格である。御堂関白記によれば、道長は本邸の土御門殿以外の屋敷や内裏などに宿泊することが多いが、そのときにも多く倫子を伴っている。一般にこうした結婚後の早い時期からの夫婦同居も、夫と同居する妻としない妻、という妻たちの格差を大きく明確にした要因であろう。前述のごとくに、道長の父兼家の場合には、時姫と同居したのは結婚後二十年ばかりしてからである。やや後のことながら、道長の異母兄道綱は、長和二年の初めごろに源頼光女と結婚したと考えられるが、その直後には既に頼光邸に住みついている（小右記・長和二年六月二十五日）。道長夫婦の例の影響もあってか、一般にも一条朝ごろから、夫婦の家格にあまり差のない場合には、結婚直後から同居する傾向が強くなってくるように思われる。高群氏も指摘しているように、同居婚が多くなることは、同居する妻と同居しない妻との間の差を大きくし、通い婚の場合には比較的相対的であった、正妻とその他の妻の地位の格差をより大きくより明確にすることになる。

「正妻」の地位やあり方について注意すべきは、道長の長男頼通の妻の場合であろう。頼通の北方は一品中務卿具平親王長女の隆姫で、母は為平親王女であった。頼通と隆姫の結婚がいつであったかは不明である。梅村恵子氏は、寛弘六年（一〇〇九）に隆姫と「告知婚を挙げ、長和年間には二条高倉殿において同居していた」としている(21)。栄花物語初花巻の記事によれば、この結婚は頼通の左衛門督になった十八歳の寛弘六年三月以後、具平親王の薨ずる寛弘六年七月以前のことである。具平親王は、婿の頼通が「六条に明け暮れの御歩きも、道のほどなどに、夜行のよなどもおのづからありあふらん、いとうしろめたき事なり、とおぼして、上つかたにさべき御さまに、と掟てきこえさせ」て、新婚の夫婦邸を上京に設けたという。この頼通の結婚して住んだ屋敷のことは他の文献に見えず、栄花物語の記事が事実であったか否かは不明である。具平親王は西洞院大路東六条坊門北の六条宮（千種殿）を本邸にしていた[22]。若いころには、近衛大路の「陽明里」（本朝文粋・十・橘正通詩序）にも住んでいたが、この頼通夫婦邸は、隆姫の母邸であった「染殿」であろう。道長は「宿大将（頼通）染殿」（御堂関白記・寛仁元年二月五日）と記している。頼通は、土御門大路南高倉小路西の「高倉殿」にも住んでいたが（御堂関白記・寛仁元年二月二十四日）、これはもと高階業遠宅で、業遠の死後その後家から道長に譲られたものである（左経記・長和五年三月二十三日）。したがって、新婚当初の住居としては、やはり母方の染殿であったと考えられる。

さて、その後の長和四年（一〇一五）十月ごろ、頼通に三条天皇の二宮禔子内親王との結婚話が起った。栄花物語玉村菊巻によれば、短命を思った三条院は、寵愛の女二宮を存命中に頼通に結婚させたいと思い、頼通の「御め（富岡本「北方」）は中務の宮のむすめぞかし、それはいかばかりかあらん、さりとも、この宮にえやまさらざらむ、また我かくてあれば、えおろかにあらじ」と考えて、父道長に意向をもらした。道長は返事を保留して話を頼通に伝えると、隆姫を寵愛していた頼通は、逃れられない縁談で困ったことだと涙を流した、という。梅村氏はこの記事について、三条院が頼通とのこの婚姻にやや躊躇し、頼通が悩んだのは、社会的に認知された隆姫という正妻のあるときには、内親王といえどもそこへ正妻として入込むのは容易ではなかったからであり、その隆姫の正妻としての強固な地位は、婚姻開始時に明らかに決定されいた、と説明している。

しかしながら、前記の栄花物語の記事からは、梅村氏のいうように正妻の地位が結婚時に決定されて、容易には剥奪できないほどに強固なものであった、ということができるであろうか。むしろ、栄花物語の前記の三条院の心中語は、「頼通の妻は中務宮の女なのだ、それはどの程度の身分だというのか、そうであっても（人望格式の高い中務宮の女であっても）、この女二宮にまさることはできないのではないか、さらにまた、父の私がこうして天皇としているのだから、まさか粗略にあつかうことはできないだろう」と解すべきものである。つまり三条院は、頼通には既に高貴な隆姫が正妻としてあるのを知りながら、そこへ女二宮が妻として加わっても、隆姫以下の待遇を受けるはずがないと考えている。当時の天皇の寵愛する娘の内親王を、頼通も正妻として待遇せずにはいられまい、と判断している。ここには、三条院の判断の甘さもあるのかもしれないが、後から妻になっても、身分や有力な後見者があれば、正妻を押しのけてその地位につき得る、とする常識の存在したことが認められる。もし正妻の地位が結婚当初から決定していて、それが他の妻とは隔絶して高く強固なものであったならば、三条院は女二宮を頼通にとは考えなかったであろう。少なくとも隆姫程度には待遇されると判断したからこそ、この縁談を進めようとしたのである。したがって、栄花物語に記された頼通と三条院女二宮との縁談の例は、正妻の地位がその妻たちの出自や後見者の勢力関係などにより、相対的に定るものであり、事後的に決る場合のあることをうかがわせるもの、と考えられるのである。

頼通と女二宮との縁談は、さまざまな事情で実現せずに終ったが、もしこの二人が結婚したとしても、女二宮が嫡妻の座についたとは限らないし、仮に嫡妻として待遇されても、そのために隆姫が離婚されるとは考えにくい。この縁談が起ったときの事情について、藤原実資は次のように記している。

①黄昏資平来云、……密語云、右金吾（懐平）云、主上以女二宮可合権大納言頼通之由、被仰左相府、但有妻如何、相府申云、至有仰事不可申左右者、御恙間深依貪給宝位、思食事恐偏有御好歟、可悲々々、可弾指々々、

（小右記・長和四年十月十五日）

②資平云、今日相府密語云、御譲位事明年二月由奉仰……左大将（頼通）可被合女二宮之事、更不可知、雖不有仰事、不申左右、大将妻母尼（隆姫母ノ為平親王女）聞之、水漿不受、流涙悲泣云々、□□□者主上思立事也、所被仰之例、故北宮例云々、奇也恠也、邑上先帝不知食之事也、

（小右記・長和四年十一月十五日）

①によれば、三条帝は、女二宮と頼通との結婚話をきり出したとき、「但し、頼通には既に妻がいる点はどうだろう（支障になるだろうか）」といったといい、道長は「帝からお話があった以上は、（その点について）あれこれ申すべきではありません」といったという。資平からこの話を聞いた実資は、三条帝が病気で苦しんでいる間に、帝位に執着して考えついたことらしい、と非難している。②は、道長が資平に話したところでは、まだ縁談に否応の返事はしていないが、隆姫母はこの話を聞いて、水も喉を通らないほどに悲しみ嘆いている、ということであり、三条帝がこの話のときに、康子内親王と師輔との結婚を例に出したけれども、北宮の例は兄村上帝の知らなかったこと（密通）であり、奇怪な話だ、と非難している。康子内親王の話の出た経過は不明なので、実資が何を非難しているのかは判らない。隆姫母の悲嘆は、女二宮降嫁により隆姫が離婚されるのを恐れたのだとする説[23]などもあるけれども、やはり内親王が降嫁してくれれば、その下位の地位にあまんじなければならない屈辱を思ってのことであろう。内親王降嫁により隆姫が離婚されるとはどういうことであろうか。そもそも離婚とは何か、という定義が必要であるが、いま仮に夫が妻を離別すると宣言するのをいうとして、もとの妻が新しい妻の現れた事態を屈辱と感じて、みずから去ってゆく、という例はあるけれども、夫が新しい妻を迎えるために、もとの妻を離婚したという確実な例は知られていない。

おわりに

以上、十世紀後半における摂関家の婚姻例について、主として梅村氏の正妻論に関わる側面の幾つかをとりあげて検討してきた。私は、梅村説の基本の一つである、当時の多妻制社会の中にあっても、その多妻はほぼ対等な立場にある妻たちとしてあるのではなく、その中に他に優越する「正妻」と呼ぶべき妻がいた、とすることについては賛成するものである。ただし、そうした「正妻」はいつも存在したわけではない。さらにまた、その正妻の地位は結婚時において決定されるとする点、および、ひとたび定まったその正妻の地位はすこぶる強固なものであり、離婚といった手段によらない限り剝奪されることはない、とする点などにはいまだ十分な証明がなされていないように思う。前述した諸例は、むしろ正妻の地位は相対的なものであり、事後的に定ると考える方がよく説明できるように思われる。

摂関家の嫡子やその候補者は、元服時の結婚相手には高貴な出自の妻を選ぶ傾向があり、そのようにして最初に身分の高い妻が定ると、その妻を大きく超える高い身分や、よほどの権力者の娘でない限り、その男と結婚することは避けるであろうから、おのずからその正妻の地位は維持されたのであり、ただ「正妻」であるということだけでその地位が保護されている、というわけではないと考えられる。そもそも当時における「正妻」の地位は、法制的に認定されるようなものとは考えられず、夫婦の身分関係や各家の勢力関係で定る、かなり相対的で曖昧な地位だったのではないか。三条院からの女二宮を頼通の妻にという話は、当今の帝の内親王という出自の高さが、正妻隆姫の地位をも十分に凌駕し得る、とする判断があったからであろう。もし正妻隆姫の地位が容易に奪えない強固なものであったなら、そして正妻と他の妻との間に隔絶した地位の大きな差があったとすれば、女二宮降嫁の話は起らなかったであろう。また、女二宮降嫁が実現すれば、隆姫は離婚させられるとするのも考えにくい。どういう状態を「離婚」というかにもよるが、新しい有力な妻の出現に怒ったもとの妻が、自分から去ってゆく例は多くあるけれども、夫が愛情をもっている妻を離婚した例はない。隆姫の母の尼が悲嘆したのは、正妻の地位から引きずりおろされたときの屈辱を思ってである。当時の人々も、自己の存在が無視され軽視されることには堪えられなかった。

物語の例ではあるが、源氏物語の紫上は、光源氏との長い結婚生活を経て、人々からも「北方」と呼ばれるまでになり、天皇からも源氏の正妻として待遇されるようになっていたのに、突然に光源氏のもとに朱雀院の女三宮が降嫁してきて、第二位の妻におとしめられたことで、苦悩して病を得て亡くなる話が描かれている。源氏物語に描かれたこの問題は、この物語の主題に深く関わる複雑な事情があり、単純化して要約することはできないが、全体としてみれば、紫上は結婚当初に正妻として位置づけられなかったがために、終生正妻になれなかったのではなくて、強いて理由をあげるとすれば、やはり有力なわが子や後見者がなかった身の上に加えて、内親王という高貴な妻が現れたことによると考えられる。(24) むしろこれも、正妻の地位は事後的に定る場合もあることを暗示する例なのである。

要するに、「正妻」という地位は、その妻の出自や親などの後見者と無関係に独立してあるわけではなくて、そうした妻方の有力な社会的勢力の総体が、「正妻」と呼ぶべき強固な立場をおのずから形成している、というべきである。そうした有力な家の娘は、当然に結婚時から「正妻」の地位に定るであろうし、夫の家格に対して相対的に低い家の娘は、最初には「正妻」とは認められなくても、その所生の子が女御になったりすることで、兼家妻の時姫や道隆妻の貴子などのように、事後的に正妻と認められてゆくこともある、というのが十世紀後半のあり方であった。それが、一条朝になって貴族社会が安定期に入り、身分秩序が確立してくるとともに、結婚についても「をのこは妻がらなり」（栄花物語・初花巻）との道長の言葉に象徴されるように、妻の家格が重要視されるようになってきた。一条朝になると、結婚時から「正妻」と呼ぶべき妻と、その他の妻との差が明確になってきて、事後的に正妻の地位につくことが困難になり、高階貴子などのように玉の輿に乗る例はなくなる状況になってきた。殊に貴族社会の頂点に立った道長の源倫子との結婚あり方は、一般の貴族たちの結婚にも大きな影響を与えた、と考えられる。

家柄による妻の地位の固定化や、結婚間もなくからの同居婚の傾向は、夫と同居する一人の妻とその他の妻、という妻の地位の格差の増大をもたらすことになった。そうした時代の風潮は、一般の貴族女性たちにも強い閉塞感をおぼえさせ、大きな不安感をいだかせることになり、改めて自己や女性のあり方というものの意味を深く考えさせることになった。この時代の新しい女性の文学、蜻蛉日記に代表される日記文学や源氏物語などの書かれた背景基盤の一つには、こうした婚姻や男女関係の変化があった、と私は考えるのである。源氏物語や和泉式部日記などの作品では、女性たちは高貴な男と結婚することで、自己の社会的地位を高め、自己を拡充するという願いをあきらめて、相手の男との内面的精神的な深いつながり、いわば「愛情」とでも呼ぶべきものを追求し実現することで、自己の充足を得ようとする傾向を顕著に示しているように見える。

注1　高群逸枝『招婿婚の研究』（全集第二巻・第三巻、理論社、一九六六年）。
2　梅村恵子「摂関家の正妻」（青木和夫先生還暦記念会編『日本古代の政治と文化』吉川弘文館、一九八七年）。
3　工藤重矩『平安朝の結婚制度と文学』（風間書房、一九九四年）参照。
4　関口裕子「律令国家における嫡妻・妾制について」（『日本古代婚姻史の研究・下』一九九三年、塙書房）参照。
5　「北方」と呼ばれる妻が同時に二人ある場合については、「この殿（藤原道長）は北方ふたところおはします」（大鏡・兼家伝）の例がよく知られている。つまり道長には、源倫子・源明子という二人の「北方」が同時にいたといったものであり、この例は「北方」の語の概念が、一人だけの妻をいう「嫡妻」とは違う点の一つである。ただし、これは後世の栄花物語の成立時からする見解であり、そのまま一条朝当時にまで遡らせて適用することには慎重でなければならないが、「北方」の語が複数にも使い得るところがあったことには注意すべきである。源氏物語には「按察大納言……北の方ふたり物し給ひしを、もとよりのは亡くなり給ひて、いま物し給ふは」（紅梅巻）という例がある。通説ではこれについて、按察大納言（紅梅）には最初の北方と、その北方の亡くなった後に結婚した新しい北方（真木柱）の二人がいた、と解しているが、「ふたり物し給ひし」といういい方は、同時期に北方と呼ばれる地位の妻二人がいたが、旧くからの北方は亡くなって、いまは新しい北方一人がいることをいったもの、と解すべき文であると私は考える。なお、この問題については次節の「中北方」についての記述も参照。また、「北方」の語については、注15も参照。

6　注5参照。

7　敦敏の卒年齢については、天暦元年三十歳説（河海抄・十五）、天暦元年三十六歳説（尊卑分脈）がある。しかし三十六歳説では、実頼の元服以前の延喜十二年生れとなるので、とらない。

8　吉田早苗「藤原実資の二条第について」（『日本建築学会大会学術講演梗概集』一九七六年十月）、同「藤原実資の家族」（『日本歴史』三三〇号、一九七五年）参照。吉田氏は、実資は二条第を惟正女腹の娘に婿をとり、その婿にこの二条第を譲るつもりであった、とされる。

9　桃裕行「忌日考」（『桃裕行著作集』第四巻、思文閣出版、一九八八年）。

10　注2の梅村論文参照。

11　女御安子が移ったこの屋敷については、大日本史料や大日本古記録本九暦および図書寮叢刊本御産部類記には、師輔の「東一条第」だと注記するが、東一条殿（後の花山院）は中御門大路に面してはいず、別宅とすべきであろう。

12　注2の梅村論文参照。

13　萩谷朴『平安朝歌合大成一』（私家版、一九五七年）三三〇頁など。

14　朝光は、公卿補任・朝光集勘物には兼通四男とするが、栄花物語（花山尋ぬる中納言）や大鏡裏書には三男とする。また、朝光の母については、公卿補任に有明親王女「従二位昭子女王」とするが、尊卑分脈・朝光集勘物には「有明親王女能子女王」とする。さらに大鏡兼通伝には、朝光は「中宮（媓子）の御ひとつ腹にはおはせず」と、姉の媓子とは母が異なるとある。これにより、顕光・媓子の母は元平親王女の昭子女王であるとする説もある。角田文衛『承香殿の女御』（中公新書、一九六三年）。これについては、媓子の立后により朝光は中宮権亮となり、また「皇后弟」ということで正五位下に叙されているし、媓子は朝光邸に遷御したりしていることからすれば、やはり媓子と同腹で、母は有明親王女と考えられる。

15　平安時代における妻を意味する語には、「め」「北方」「夫人（台記・久安四年七月二十日）」「室」「後室」「内房」「台盤所」「妻」

「品妻（富家語）」「女房」「妾」などさまざまなものがあるけれども、これらの語には、妻としての地位を直接的に示す用法の乏しいことは既に注意されている。物語の例であるが、高群逸枝氏は宇津保物語には源正頼の妻の大宮と大殿の方など、正妻と次妻といった妻たちの間に、具体的な待遇の差が認められないことを指摘している。注1参照。この説は現在でも、例えば江守五夫『物語にみる婚姻と女性』（日本エディタースクール出版部、一九九〇年）でも支持されている。令などに見える「嫡妻」の語も、黒川本字類抄には「ムカヒメ」と訓み、新撰字鏡などの字書類では「嫡」を「ムカヒメ、モトツメ」などと訓むが、和語としての「むかひめ」も、本来はいまの妻、現在ともに暮している妻、の意であろうし、「もとつめ」は和名抄に「前妻」とし、以前の妻、古くからの妻の意であり、漢語の「嫡妻」と正確には対応していないのである。また、和名抄には「妻」と「妾」を区別して、「妾」を「非正嫡」などと説明するが、これは漢語としての区別を説明したものであって、当時の人々の用法に区別があったとは認めにくい。道長は教通の妻の藤原公任女のことを「丑時大将（教通）妾産男子云々」（御堂関白記、寛仁二年十二月二十四日）と「妾」と記しているが、他の人は「左大将北方」（左経記）、「左大将教通内方」（小右記）と記している。道長はまた、妻戸口を「妾門口」（御堂関白記・寛弘八年六月二日）と書いたりして、「妾」と「妻」とを区別していない。つまり、漢語の「嫡妻」に対応する和語は古くは存在しなかったし、「嫡妻」に似た妻の概念が一般に成立してくる十世紀に入っても、「嫡妻」を「妻」、「非正嫡」を「妾」と区別する慣習はなかったとすべきである。和語の「むかひめ」や「もとつめ」も、この漢語「嫡妻」にうまく対応しなかったので一般化せず、これに比較的近い語として一般に使われるようになったのが、「北方」の語であったと考えられる。なお、注17も参照。「嫡妻」の概念を表す和語がないことは、当時の社会に「嫡妻」という概念が存在しなかった、ということなのである。

16　遠光は三男かもしれないが、五男の可能性もある。遠光は、父兼通の関白になった二年後の天延二年（九七四）昇殿、貞元元年（九七六）従五位上で蔵人に補せられているから（職事補任）、天延二年に十七歳ばかりで元服して昇殿した可能性がある。その時に従五位下に叙せられたとすれば、二年後に従五位上に昇ったのはやや速いが、父の兼通は天禄三年（九七二）十一月に関白になり、この天延二年には四男二十四歳の朝光を参議に、翌天延三年には長男三十二歳の顕光を参議にと、子息たちを昇進させていた時期であるから、あり得ることであろう。僧綱補任によれば、遠光男の尋清は永承六年（一〇五一）七十六歳で入滅しているから、貞元元年（九七六）生れで、遠光十九歳ごろの子となって、矛盾しない。

17　時姫が、晩年には兼家の「北方」として認知されていたらしいことについては、拙稿「蜻蛉日記の作者の結婚形態―嫡妻・妾

妻・北方―」（上村悦子編『王朝日記の新研究』笠間書院、一九九五年）参照。

18　工藤重矩の注3の論文など。

19　兼家の妻としての時姫と倫寧女の関係や、時姫が事後的に北方に定ってゆくことについては、拙著『右大将道綱母』（新典社、一九八三年）でもふれた。

20　杉崎重遠「愛宮考」および「高松上」（『勅撰歌人伝の研究』東都書籍出版、一九四四年）参照。杉崎氏は、明子が道長と結婚したのは永延元年（九八七）の春ごろで、時に明子二十三歳と推定されている。

21　以下、注2の梅村論文参照。

22　具平親王が後に「六条宮」に住んだことは、権記・長保二年十一月三十日条他に見える。六条宮（千種殿）は、二中歴などによると、親王の薨後は藤原保昌から大江匡房に伝わったとするが、水左記・承保四年十二月十五日条には「此日、高倉殿御領六条地一町字千種殿、新券渡美作守匡房朝臣了」とあり、一時期頼通（頼通室）が伝領していて、匡房に渡っている。具平親王はまた、富小路西正親町小路南にあった為平親王の「染殿」に、その婿として住んでいたこともある（権記・寛弘六年五月二十九日）。

23　注3の一九九～二〇〇頁参照。

24　源氏物語の紫上の妻としての地位がどういうものかについては、現在でもさまざまな立場からの多くの議論がある。森藤侃子「紫上は正妻か」（東京都立大学『人文学報』第九八号、一九七三年）、工藤重矩「若菜巻以降の紫上の妻としての立場」（注3の著書参照）、木村佳織「紫上の妻としての地位―呼称と寝殿居住の問題をめぐって―」（『中古文学』第三五号、一九九二年）など参照。またこれまでの議論の大要は、胡潔『平安時代の婚姻慣習と源氏物語』（風間書房、二〇〇一年）にもまとめられている。これについては改めて詳しく論ずる必要があるが、私はこの紫上の例もまた、正妻が事後的に定ることがある例の一つとなし得ると考える。源氏物語は一条朝ごろの婚姻慣習についても、婚姻形態に限らず、婚姻慣習についての人々の意識にまで、深くふみこんで記述した文献として、史料としても重要な意味をもつものである。

二　女御・更衣・御息所の呼称——源氏物語の後宮——

1

源氏物語の冒頭は周知のごとく、

いづれの御時にか、女御更衣あまたさぶらひ給ひけるなかに、いとやんごとなききはにはあらぬが、すぐれて時めき給ふありけり。（源氏物語大成、桐壺・一五九頁。以下同）

という文で始まっている。後宮に多くの女御更衣のいた帝の時代のことだというのであるが、このうち更衣と呼ばれる人は、既に一条朝のころには存在しなかったらしい。一代要記などにも、更衣は村上朝までは見えているが、それ以後は見えないのである。

源氏物語は、延喜天暦の時代の物語として描かれているとする説が、すでに紫明抄の時代から行われ、現在も通説となっている。主としてその根拠は、物語の登場人物と事件についての所謂准拠を検討したことからするものであるが、この物語の書出しの部分からもすでにそれは暗示されているのではないかと私は思う。物語中で更衣と呼ばれる人物は、桐壺帝の後宮の更衣だけではなく、それ以後の帝の後宮にも見えている。いま物語に描かれている代々の後宮の有様を整理すれば次のごとくである。

桐壺帝後宮　中宮　藤壺（先帝内親王）
　女御　弘徽殿女御（右大臣女、東宮母）

承香殿女御（四宮母）
麗景殿女御（花散里姉）
八宮の母女御（大臣女）
更衣　桐壺更衣（大納言女）
後涼殿更衣

朱雀帝後宮　女御　承香殿女御（右大将女、東宮母）
藤壺女御（先帝女、藤壺中宮の異母妹、更衣腹）
麗景殿女御（大納言女、弘徽殿大后姪）
更衣　一条御息所（落葉宮母）
尚侍　朧月夜（右大臣女、登花殿、のち弘徽殿）

冷泉帝後宮　中宮　秋好中宮（先坊女、もと梅壺女御）
女御　弘徽殿女御（権中納言（頭中将）女）
王女御（式部卿宮女、承香殿）
左大臣女御
（更衣）中納言女
宰相女
（御息所）髭黒次女（冷泉帝退位後の出仕）

今上後宮　中宮　明石中宮（東宮妃時代桐壺にすむ）

女御　藤壺女御（左大臣女、東宮妃時代麗景殿にすむ）
更衣　常陸宮母更衣

これらは物語中に名の見えるもののみであって、これ以外にも多くの人がいたはずである。また、朱雀院の朧月夜尚侍は、法制的には天皇の妻ではないが、実質的には妻としてあつかわれていて、こうした人も多かったと思われる。この朧月夜のように、すぐに天皇の妻とも規定しにくい例もあるし、さらに「女御」などの語についても、たとえば明石中宮は、まだ東宮妃のころに「女御」（若菜上・一一〇五頁）と呼ばれているし、退位後の冷泉院の妃が「故おとどの、院の女御」（紅梅・一四四九頁）と呼ばれているところがある。弘徽殿大后も「坊のはじめの女御」（若菜上・一〇四二頁、別本の阿里莫本に「坊の御はゝ」の異文がある）と、東宮妃であったのを女御と呼んでいるところがある。これについて諸注は、桐壺帝の東宮時代の女御と考えるものが多いが、東宮時代に入内して即位後女御になった人とも考えられるところで、当時の女御の概念に関係して問題とすべき個所である。またこの表からも判るように、後宮の諸殿舎では、藤壺には王族の女御がすみ、弘徽殿には大后から朧月夜、さらに頭中将の右大臣の四君腹の女御へと伝えられていて、世襲化の傾向が認められるが、これもまた、歴史上でも十世紀後半から顕著になってくる傾向である。(1)明石中宮は、東宮妃時代には桐壺にすんだけれども、のちは弘徽殿か藤壺に移ったかと思われるのに、その殿舎が記されていないのは、この物語中での弘徽殿や「藤壺」の語のもつイメージがそれをさせなかったのであろう。

これまで諸注の多くはこうした点に関して、歴史上の後宮の実態や、女御更衣等の用例の検討が不十分であるように思う。歴史上の後宮のあり方を明らかにすることで、この物語の理解を深めることができる部分も多いように思われるのである。本節ではそのうちの女御・更衣・御息所の呼称とその概念について、いささか考えてみたいと思う。

2

女御・更衣の語についての説明は早く河海抄に詳しい。河海抄はまず「女御事」の項をあげて、本朝における女御の初例を、「雄略天皇七年、求稚媛吉備上道女為女御、是女御始也」とし、ついで、この語は中国の後宮の制をまねたものであり、周礼にいう「后一人、夫人三人、嬪九人、世婦廿七人、女御八十一人」にもとづくものであるとする。次に更衣については、

更衣事

仁明天皇承和三年正五位上紀朝臣乙魚女被授従四位下為更衣、柏原天皇更衣也是更衣初也。
漢書孝章曰、更衣者便殿也、巴園中有寝有便殿、寝者陵上正殿、便殿者寝側之別殿、更衣也注曰時於軒中侍帝権主衣裳
案之更衣は便殿也、主上御衣など着シかへ給所也。故号更衣歟、又寝側の別殿なる故に更衣ヲ御息所とも称する歟、休息の儀也、水原抄には更衣のちに御息所とみえたり、猶昇進儀歟云々、只何も同事也、女御みやす所とかける古本もあり、
史記曰、是日武帝起更衣、子夫侍尚衣軒中得幸、上還坐驩甚、〔賜脱カ〕平陽主金千斤主、因奏子夫奉送入宮、子夫上車尚主也於主衣車中得幸也
漢書注曰、時於軒中侍帝、権主衣裳、
　案之、車中にして后妃衣ヲ脱て庶女ノ服ヲ着シテ幸する故に号更衣歟、本朝更衣は四位の相当也
上卿要抄云、更衣事尚侍宣下諸司聴着禁色云々、　（石田穣二校訂『河海抄』角川書店、天理図書館蔵文禄五年書写本）

と記している。このうち第一項の「紀乙魚女」が更衣の初例とするのは誤りのようで、続日本後紀承和三年八月二十

日条に「正五位上紀朝臣乙魚女授従四位下、柏原天皇女御也」と見える。また、紀乙魚は、承和七年五月五日条に「散事従四位下紀朝臣乙魚卒」と見え、その女が更衣であったことは確認できない。伊呂波字類抄には「本朝事始」なるものからこの紀乙魚を挙げて更衣の初例としているから、河海抄はそうした類の書物から初例として引いたのであろう。一般には河海抄は日本書紀や漢書などの引用についても、直接に引くことをせずに、部類書などから間接に引いたと思われるものが多い。

第二項は更衣の語の淵源にふれたもので、漢書等の用例によれば「更衣」は正殿に附属した別殿・便殿の意であり、主上の衣を着替えるところであることから更衣と呼ばれ、そこが休息する別殿であることから、更衣が御息所とも呼ばれたものかとする。水原抄が、桐壺更衣があとで御息所と呼ばれているのは、御息所の方が更衣よりも上位と考え、桐壺更衣が御息所に昇進したものかとしているのは誤りであり、更衣・御息所は同意の語であるとする。「古本」には、桐壺巻の冒頭が「女御御息所」となっている本もあるというが、現存諸本にはそうした本文は見えない。

第三項は史記・外戚世家の衛皇后子夫の条を引いて、子夫が武帝の寵幸を得たのが「軒中」であり、后妃は車中で衣を脱いで庶女の服を着て幸を得る故に「更衣」というのかとする。ただし、河海抄のこの史記の理解には何か誤りがあると思われるが、当時はこうした解釈が行われていたのであろうか。またわが国において更衣が四位相当であるという点も、平安中期までの実情とあわない。第四項の上卿要抄は、更衣に補せられると尚侍が諸司に宣下して、禁色を着ることが聴される、というのである。更衣に関して尚侍が諸司に宣下した実例は未見であるが、西宮記・一四・裏書には

清涼記云、更衣其員十二人、安不満其数、以尚侍宣下諸司、聴着禁色

とある。これは更衣の員数を記したものとして稀な記録である。

要するに、河海抄の女御更衣の説明は、現代から見ると誤解や不十分なところが多いが、「女御」が周礼以来の中国の「王者ノ妃」の制度に基づく語であるのに対して、「更衣」がそれとは異なった性格の語に由来するものであることに注意している点は、なお考えるべき部分が多くあるように思う。

令制では存在しなかった「女御更衣」が、平安朝に入って制度化されるようになった過程を考察して、玉井力氏は次のように説明している。天皇の妻を制度化して、社会的に認められたものを「キサキ」と呼ぶとすれば、キサキと女官とは原則として区別されていて、キサキは「選」をもって宮廷に入ったものである。しかるに令制ではキサキの制は「妃・夫人・嬪」に限定されていて、それらの地位につき得るキサキは、奈良朝末期には出自の高い少数の家柄の人に固定してきた。ところが桓武朝などのように多数のキサキが存在し、それらのキサキに多数の皇子女が生まれると、それらのキサキに何らかの称号が必要となり、その皇子女をも親王として認知する必要が生まれてきて、令外の制度として嬪以下のキサキの総称として「女御」が行われるようになった。ところがこの「女御」の制度が確立してくると、その多数の「女御」の産んだ皇子女を、いずれも皇位継承権をもつ親王として認知することができなくなり、「女御」のうち所生の子を親王と認知するキサキと、産んだ子を賜姓する場合もあるキサキに分ける必要が生じて、前者を女御、後者を更衣と呼んだ。これが女御更衣制度の成立であるというのである。(2)玉井氏は、女御制は平城朝末期に成立し、更衣制は嵯峨朝になって成立したもので、更衣の文献上の初出は本朝月令に引く弘仁中務式の逸文に、「後宮時服云々。妃夫人嬪女御更衣云々」とあるものだとされ、その具体的な人名については、

天皇朝覲太上天皇及皇太后宮於嵯峨院……是曰、詔授従五位下秋篠朝臣康子正五位下、无位山田宿禰近子従五位上、並太上天皇更衣也。（続日本後紀承和九年正月三日）

をあげられている。玉井氏はまた、こうして成立した女御更衣制も、文徳朝以後になるとさらに変化して、女御にな

るのは公卿の女や特定の家柄の人に限られてくるとともに、女御の地位が高くなるのに対応して更衣になる人の家柄も高くなってゆき、源氏物語などに描かれている後宮制度は、ほぼ文徳朝ごろに成立したものであるとしている。つまり女御更衣といったキサキの身分は、単に後宮におけるキサキたちの序列を決定するものだけではなく、その産んだ子の身分にも大きく影響する、ということなのである。

しかしながら、更衣と呼ばれるキサキが、天皇の妻として制度化されたものであったとすれば、その更衣の産んだ子に親王内親王としてあつかわれるものと、賜姓されるものとの二種があることには法制上不整合なところをもつのではなかろうか。賜姓とは、要するに天皇の子として認知されないことであると考えられる。制度上更衣が天皇のキサキとして認められたものであるとすれば、その産んだ子は当然に親王内親王の身分を得るべきであろう。もしそうでなければ、更衣のキサキとしての条件に欠けるところがあることになると思われる。前記の続日本後紀に見える嵯峨院更衣の山田近子は、それまで無位であったのが、従五位上に叙せられている。これは、近子がこのころから更衣としての地位を認められるようになったからだ、と解することもできるが、もしそれ以前から更衣であり、この日に更衣としての労により従五位上が授けられたのであるとすれば、「選」をもって後宮に入り、更衣という制度上のキサキであった人が、長い期間無位で天皇に仕えていたことになる。これは必ずしも玉井氏の説明とすぐには矛盾しないが、賜姓の子女をもつ点とともに、更衣の制度上のキサキとしての条件に欠けるあり方のように思われるのである。もし更衣が、キサキとして十分な条件を備えた地位であるならば、中宮や女御と差があるにしても、それは更衣が産んだ子が親王としてあつかわれない、というのとは別な形での差、待遇の差などによるべきだと考えられるのである。産んだ子が親王にされないということは、更衣はキサキとして不完全な地位であったということなのである。

3

十世紀に入って、更衣という地位の性格をよく示す記事が見えるのは延喜式である。延喜式では更衣について、例えば次のように見える。

凡設座者、皇太子錦草墪……妃・夫人錦草墪……尚侍・女御錦草墪……四位命婦及更衣蔵人両面草墪……五位命婦及蔵人青白橡草墪……（掃部式）

凡内親王・三位已上内命婦及更衣已上、並聴乗糸葺有庇之車、并著緋牛鞦。（弾正台式）

凡馬車従者、親王及左右大臣十四人……其妃廿二人、夫人廿人、嬪十八人、女御十六人、内親王廿人、二世女王十人、内命婦一位十八人、二位十六人、三位十四人、四位十人、五位八人、……六位以下四人、更衣十人、女蔵人六人、女孺四人、庶女二人、外命婦准夫従数、左右大臣女九人……（弾正台式）

これらの例からしても、更衣が一種のキサキとして制度化されていたらしいことをうかがい得る。延喜式成立当時の女御が四位五位程度であるのに、掃部式の座の規定では従三位相当の尚侍と同格に考えられているごとく、更衣も当時多く五位であるのに、四位の内命婦と同格になっている。もっともこの場合、女蔵人も更衣と同格になっているのは、この時代の更衣女蔵人の性格を考える上で注意すべきである。また弾正台式の糸葺の庇車の使用に関しては、更衣は三位の内命婦と同格である。これらは更衣が制度的に一種のキサキとして認められた存在であったから、キサキとしてその位階相当以上の待遇をされていたことを示すものと考えられる。

ところが、同じ弾正台式の馬車の従者の規定では、妃・夫人・嬪・女御というキサキたちが、その身分に応じて妃の二十二人以下それぞれ二人ずつの差がつけられているのに対して、更衣は十人で、女御の十六人に六人という大きな差がついている。これは、キサキとして女御以上の身分と更衣の間に、大きな格差があることを示すものであろう。さらに、この条項では妃・夫人・嬪・女御と、更衣の記されている位置が異なることも、女御以上と更衣との間に異質な差のあることが考えられるのである。この馬車従者の条項は、最初に親王大臣以下男性について規定し、ついで女性については妃・夫人・嬪・女御のキサキ、次に内親王・二世女王の皇族の女性、次に内命婦、その次に更衣・女蔵人・女孺・庶女、次に外命婦、次に蔭子といった順序で記されている。したがって、この規定では女御以上のキサキと更衣の差が大きいだけではなく、更衣はキサキとは異なった女官の系列として位置づけられていると考えられるのである。また更衣と一緒にされている女蔵人・女孺が、内命婦と別項になっているのは、何故に尚侍や掌侍と区別してここに位置づけられたのか不明である。さらに「庶女」は無位の女性と考えられるが、ここでとりあげられているとすれば、それは単なる無位の女性、あるいは庶民とは考えられないから、恐らくはこれが所謂「女房」と呼ばれて女官とまぎらわしい人々についていったものではないかとも考えられる。そして、女蔵人・女孺が尚侍・掌侍などとは区別されて、更衣と一緒にしてあつかわれる理由を強いて考えるとすれば、それはこれらの女性が更衣と似た性格をもつ存在だったからではないかと思う。

桓武天皇の女孺には、その産んだ子が長岡朝臣姓を賜った多治比豊継や、良峯朝臣姓を賜った百済永継といった人もいたのである。女蔵人などにも、更衣に近似したキサキ的な人が補せられていた可能性は十分考えられるであろう。女蔵人や女孺はべつにしても、このように更衣が、延喜式においては女官的なものとしてあつかわれている場合があることは注意されるべきである。

さらにまた、延喜式中において他にキサキたちについて列挙した条項をひろってみると、次のようなものが見える。

〔中務式・後宮時服〕　妃絹六十疋……夫人絹五十五疋……嬪絹四十疋……女御絹廿疋

〔中宮職式・同日受女官朝賀〕　其日内侍仰闈司、置版位於殿上及殿庭、内親王以下女官命婦以上、以次入立殿上……女御以上先著座、次尚侍以下四位以上、次内外命婦、北面　次闈司引六位以下、北面列座

〔大膳式下・親王以下月料〕　無品親王内親王、醤一斗二升……未醤六升……賀茂斎内親王月料……、妃、醤一斗二升……未醤六升……、夫人、醤一斗二升……未醤六升……、女御、醤、未醤各六升……。女官月料、女孺

〔掃部寮式・同日賜女王禄〕　御座以西設皇后御座、以東設女御已上座用嚢床子　立孫王尚侍典侍等床子以下同用中床子、東廂立散床子、禄東頭立内侍床子、西立女史床子

〔雑式〕　凡乗輦車腰輿出入内裏者、妃限曹司、夫人及内親王限温明後涼殿後、命婦三位限兵衛陣、但嬪女御及孫王大臣嫡妻乗輦限兵衛

これらの条項において、キサキは女御以上がとりあげられ、更衣には言及していない。中務式の時服に関する規定などには、更衣についてもふれられていてもよさそうなのに見えない。中宮職式の朝賀の条では、更衣が位置するとすれば「尚侍以下四位以上」あたりに入るのであろうが、この項では尚侍以下は、明らかに女御以上のキサキたちとは違う座席についている。大膳式の月料についても、嬪の項のないのはあるいは脱落かも知れないが、更衣の名も見えず、女御以上のキサキとは区別されている。掃部寮式の女王禄の日の座席に関しても、更衣が位置するとすれば「孫王尚侍典侍等」のあたりであろうが、女御以上のキサキとは同列にはあつかわれていないのである。輦車・腰輿に関しても同様である。輦などは嬪・女御は、孫王および大臣嫡妻と同格であるから、女御の下の更衣が規定されないのだとも考えられるが、要するに延喜式全体としては、更衣は明確にキサキとしては位置づけられていない存在だ、といい得るのである。単なる女官でもなく、また明確にキサキでもないというかなり曖昧な位置づけになっていて、これは延喜式が法体系として整備されてないからだとするよりは、むしろそういうかなり曖昧な当時の更衣の身分の

実態を反映していると考えるべきであろう。

延喜式以外にも、更衣を女御以上のキサキとは区別しているもの、むしろ更衣はキサキであるよりは女官的な位置にあった、とすべきあつかいをしているものがある。

仁和五年正月朔云々、太政大臣送脱《ママ》公曰、内宴、陪膳古跡以釆女為奉仕之、而先帝令更衣陪膳、令同古老釆女自奏之、若無更衣、復旧用釆女、（西宮記・二・内宴）

小式云、女官伝取、共女蔵人進而出候、更衣・女蔵人供御御手水、（侍中群要・四・御盥事）

これらの例ではいずれも、更衣が陪膳や御手水のことを奉仕する役を勤めていて、釆女や女蔵人と同じような、明確に女官と位置づけることのできるような地位、としてあつかわれていたことを示している。

令制のキサキの妃・夫人・嬪以外に女御の制度を設けたのは、定員の少い嬪以上のキサキたちの他に、実質的に天皇の妻であった人々を制度化し、天皇の意志などとはべつに、高い家柄などの条件の必要な嬪以上のキサキとは異なった、比較的自由に運用できる地位が必要だった、という事情も考えられる。だがそうして成立した「女御」も、中国の制では周礼以来明白にキサキの呼称であったから、女御がキサキとして制度化されると、妃・夫人・嬪と同様の重々しさをもつようになり、その産んだ子もキサキの子として親王になるとすれば、寵の厚い妻をすべて女御にするということもできなくなる。そこで実質的には天皇の妻でありながら、女御にもできずまた単なる女官でもないあり方で天皇に侍する人々を「更衣」という語で呼んだのではないか、と考えられるのである。「更衣」は「女御」のようにキサキを意味する種姓の語でもないし、明確な職掌をもった女官でもなく、この呼称の曖昧さが、その地位の曖昧さをよく示しているように思われる。玉井氏は、嵯峨朝になって平城朝以前の女御を二分して女御と更衣にした、と説明されるのであるが、女御はその名称の由来、およびその産んだ子が親王になることからして、明確にキサキの側に属する地位であるけれども、更衣はキサキとしての条件に欠けるところがあり、むしろ令制にいう宮人に近い存在と考えられるのである。その子女の賜姓されることも本来キサキではないからだとする方が理解しやすい。もともとキサキとも宮人ともつかぬ性格の人々を法制上キサキに位置づけたのが女御制であり、更衣は女御制ですくい残した人々を一歩単なる宮人から区別したものというべき存在であろう。源氏物語には「みだりがはしき更衣たち」（真木柱）という語も見える。

4

更衣の性格がそういうものであったとすれば、それに関して改めて注意されるのは、源氏物語の桐壺更衣についての次の記事である。

初めよりおしなべての上宮《うへ》仕し給ふべき際にもあらざりき。おぼえいとやむごとなく上衆めかしけれど、わりなくまつはさせ給ふあまりに、さるべき御遊の折々、何事にもゆゑある事のふしぶしにはまづまう上らせ給ふ。ある時は御殿籠り過してやがて侍はせ給ひなど、あながちに御前去らずもてなさせ給ひし程に、おのづから軽き方にも見えしを、この御子生れ給ひて後はいと心ことに思ほしおきてたれば……（桐壺・六頁）

帝が寵愛の余り常に傍らに侍らせたので、桐壺更衣は軽い存在に見えた、というのだが、この「おしなべての上宮仕」の部分について、河海抄は次のように説明している。

女御更衣などは曹司に候て御とのゐにまうのぼるべきに、此更衣御鍾愛のあまり御まへさらずあれば、ひたすら宮仕のごとくなるを、本意ならずといふ歟。をしなべてのうへ宮づかへといへる、此心也。文の素意は女御更衣の望たる歟。

つまり河海抄は、女御更衣は日ごろ自分の曹司にいて、宿直の時に帝のそばに上るというのが普通で、絶えず帝のそばに侍るというあり方は、単なる女房の場合であるとするのである。源氏物語の本文でも「おしなべての上宮仕」というのが、所謂女房のあり方をいっていることは明らかであろう。しかし、その普通の女房と、この桐壺更衣の宮仕のあり方とは近似していて、両者の間にそれほど明確な相違のなかったことをもよく思わせるのである。女御の場合にも、こうしたあり方が可能であったのかどうかは不明ながら、更衣はキサキの側に近いところはあっても、単なる女房とも連続しているところが多い地位といえる。帝が、光源氏の生れた後は心してあつかいを変えたというのは、よりキサキ的なあつかいをするようにしたということで、つまりそれまでは女房的なあつかいであった、ということなのである。天皇以外の高級貴族の場合についていえば、実質的には妻でありながら、「召人」と呼ばれている女房の一種と、更衣は似たものと考えられる。和泉式部日記などを読むと、主人公の女は帥宮邸に女房として引取られたと考えられるが、宮の屋敷では普通の女房のように宮のそばに絶えず伺候しているようにも見えない。

更衣のこうしたあり方をさらによく示すものとして、天徳四年の内裏歌合に参加した更衣たちの例がある。この歌合は、和歌史の上で後宮歌合の最大規模のものとされているものであるが、村上御記には「此日有女房歌合事」、殿上日記には「女房有歌合之事」と記されていて、中宮・女御は参加せず、歌合の場も清涼殿と後涼殿であった。そしてこの歌合のことは「典侍命婦等」がいい出したもので、方人（念人）には女房侍臣が定められた。御記では左右の頭には「更衣藤原修子同有序等」を定めたという。方人の呼称がこの歌合の伝本の十巻本と二十巻本とでは相違しているが、次のような人々であった。

左頭　中将（中将更衣）

宰相（宰相更衣）　典侍（藤典侍）　少弐（少弐命婦）　進（ナシ）　右衛門（右衛門命婦）

兵衛（兵衛命婦）　民部（ナシ）　御匣殿兵衛（兵衛蔵人）……

右頭　弁（弁更衣）

按察（按察更衣）　内侍（橘宰相）　少納言（少納言命婦）　美濃（美濃命婦）　左衛門（右衛門命婦）

右近（ナシ）　越後（越後命婦）　備前（備前蔵人）……（十巻本歌合、括弧内は二十巻本）

村上御記や殿上日記では、これら更衣以下の人々を「女房」と呼んでいるのである。女御が女房と呼ばれるようなことは例がない。

この歌合の左方人の頭である中将更衣藤原修子は、尊卑分脈にその名の見える中納言藤原朝成女と考えられる。尊卑分脈では「天暦更衣御匣殿別当」との注がある。これは更衣であり御匣殿別当なのか、御匣殿別当から更衣になったのか不明であるが、御匣殿別当はキサキではなく明らかに女官である。この中将更衣をはじめとして、この歌合に参加した四人の更衣は、方人の頭になっている人もあるとはいえ、典侍・命婦・蔵人といった女官たちと同種のものと考えられているのであり、中宮・女御は列席しない場で、女官たちの中にまじって歌合の方人になっているのである。これは、更衣がキサキとしての性格をもつ存在ではあっても、明確なキサキである女御とは異なって、やはり多分に女官的な性格をもつものであったことを示しているのであろう。

また更衣の場合には、二十巻本歌合では「中将更衣」「宰相更衣」と書かれ、十巻本では「弁」「按察」などと女官と同様の呼称が記されている。ところが女御の場合には「弘徽殿女御」（貞信公記抄天暦元年十月五日条）、「天暦御時麗景殿女御と中将更衣と歌合し侍けるに」（拾遺集巻二）などと殿舎名で呼ばれることがある。これは少くとも十世紀になると、女御は一つの殿舎を曹司に賜ることになったからだと思われる。それに対して、更衣が殿舎名で呼ばれた例は見当らない。これは、更衣の身分では一つの殿舎を曹司に賜ることはなかったからだと考えられる。内裏に居住している以上は、女房たちと同じくどこかの殿舎内の一部分を局に賜っていたのであろう。

ところで光源氏の母更衣は「御局は桐壺なり」と記されている[4]。これは諸注、桐壺つまり淑景舎を賜ったものと解している。あるいは淑景舎中の一部に局していたと解せなくもないが、のちに光源氏がここを曹司にして母の女房たちを住ませているし、さらにあとでは、明石中宮が東宮妃として入内した時の曹司にもなっているから、やはり淑景舎全体を局に賜ったのであろう。この母更衣はまた「後涼殿にもとより侍ひ給ふ更衣の曹司を、ほかに移させ給ひて、上局に賜はす」（桐壺・一六二頁）ともある[5]。この後涼殿の更衣は、後涼殿全体を曹司にしていたわけではなく、その一部にいたのであろう。ともかく、光源氏の母更衣が桐壺という殿舎を局に賜っていたとすれば、それは更衣としてすこぶる例外的な待遇であった。これを前記の「初めよりおしなべての上宮仕し給ふべき際にはあらざりき」とあわせて考えると、ここは単に現代の諸注が解するように、最初から普通の女房のような宮仕をなさる身分ではなかった、というのではないと思う。すでにその前に更衣であることが記されているのを受けての記述であるから、普通の女房でないことは改めていう必要はないのである。本来按察大納言の女として、女房や更衣といった軽い宮仕のあり方をすべき身分の人ではなかった、ということであると思う。ただし、大納言の父がすでにないために女御にはなっていないが、桐壺を賜るような更衣としては特別待遇を受けているのである。この更衣がなくなった時には四位で、さらに三位を贈位されているし、帝は「女御とだにいはせずなりぬるが飽かず口惜しう思」（桐壺・一六五頁）っている。更衣の地位で入内したが、やがて当然女御になる予定の人だったのである。

5

天徳内裏歌合の左右の方人の頭になった中将更衣や按察更衣は、二十巻本の仮名日記では「中将御息所」「按察御息所」と記されている。この「御息所」はここでは「更衣」の和語にあたるものと考えられる。前記河海抄に引く水原抄には、更衣から昇進して御息所になるという説が見えていた。これは勿論誤りであるが、現代でも辞書類には「御息所」を天皇や皇太子妃、特に更衣の敬称とか、女御・更衣などで皇子を産んだ人をいう、といった説明が多いのである。後者は玉勝間の説などに拠ったものらしいが、栄花物語には「御子産れ給はぬ御息所たち」（月宴）の例も見えるのである。

御息所の用例として古いものは、すでに奈良朝においても天平宝字三年ごろの「造法華寺金堂所解」（寧楽遺文中巻）に「寺御息所」「法花寺御息所」などの語が見える。しかしこれらは具体的な内容が判らないのでおくとして、平安時代に入ってからでは、貞観十五年のものと考えられる広隆寺資財帳（平安遺文一六八号）に「故尚蔵永原御息所」「故永原御息所」と見え、仁和三年の広隆寺資財交替実録帳（平安遺文一七五号）に「故尚侍永原御息所」「深草天皇女御従四位下藤原朝臣息子奉納　大使御息所」などと見えるものがある。このうち、仁明女御の藤原息子というのは他の文献に見えない人であるが、「大使御息所」はその通称であろう。「大使」ということからすれば、恐らくは承和元年遣唐大使に任ぜられた藤原常嗣の女かと思われる。また、「故尚蔵永原御息所」「故尚侍永原御息所」などと見える人は同一人を指すと考えられるが、実名は不明である。三代実録貞観五年正月三日条に源定の薨伝が見え、嵯峨天皇は寵愛の百済王慶命の産んだ定を淳和天皇の養子にし、淳和天皇もまた定を愛してその「寵姫永原氏」を母として養育せしめたが、この永原氏は世に「亭子女御」と呼ばれたという。また続日本後紀承和十四年十一月七日条には、「尚蔵従二位緒継女王薨、女王能有妖媚之徳、淳和太上天皇殊賜寵幸、令陪宮掖」という記事がある。大日本史などは、この寵姫永原氏と緒継女王を別人としているが、これは同一人ではないかと思われる。緒継女王が永原氏を称した確証はないけれども、緒継女王は死の直前の十一月三日に、大和にあったその田地家地を「家別当永原利行」に賜っている（唐招提寺文書、平安遺文一七六号）から、緒継女王が永原氏と関係の深いことが考えられ、女王の母は永原氏であり、この「尚蔵永原御息所」は同人ではないかと推定されるのである。

淳和帝寵姫の永原氏が三代実録に「所謂亭子女御也」と記されているのを、日本三代実録索引などは「亭子」が御息所永原氏の実名と解しているが、実名をそうした通称に用いることは考えにくい。これは通称であって、永原氏が「亭子院」を里第にしていたといったようなことからする呼称ではないかと思う。正式の女御ではなかったのに、その寵愛の甚しいことから世にそう呼ばれたのであり、すでにこの時期において「女御」の語にこういう用法があったのである。この時期には、「女御」もまだ制度として確立してはいなかったのではあるまいか。

女御が「御息所」と通称された例は、後世においても、

御息所（女御藤原穏子）御慶令良少将奏、（貞信公記抄・延喜七年正月九日）

女御□□□□卒、号楓御休息所、（日本紀略・延喜二十一年五月二十三日）

息所（女御藤原安子）於飛香舎、遂賀等事、（九暦抄・天徳元年四月二十二日）

以弘徽殿息所（女御藤原遵子）可立給皇后、（小右記・天元五年三月五日）

などと見える。このうち藤原穏子や藤原安子は、女御であった時期には「御息所」と記されていることが多いが、中宮になると「中宮」「后宮」などと記されて、「御息所」と記されることはない。

更衣が「御息所」とも呼ばれた例は天徳内裏歌合の方人についても見えたが、次のような場合もある。宇多帝の退位後に仕えた藤原褒子は、普通には「京極御息所」（河海抄所引李部王記および日本紀略延長四年九月二十八日条、元良親王集等）と呼ばれているが、「京極更衣」（亭子院御集等）と呼ばれることもあった。貞信公記ではほぼ「京極」と記されている[6]。褒子は延長二年三月十一日の中六条院行幸に際して、従三位から従二位に叙せられている。しかし、褒子が公

的な呼称として「更衣」の語で呼ばれた例は確認できない。というよりも、そもそも「更衣」という身分が、女御の場合のように宣旨などによって補せられる、公的な地位の呼称なのか否かにも曖昧なところがある。前記の清涼記では、尚侍が諸司に「宣下」するとあったが、それは「更衣」という地位に補すというような内容が明記されていたのか、という点になると不明である。むしろ用例からすれば、女御以下の実質的には天皇の妻である人、そして単なる女官以上の待遇を受けている人の通称なのではないかと思われる点が多い。

中納言藤原兼輔女の桑子は、一代要記などには醍醐天皇の更衣であったとされている。この桑子と思われる人が、部類名家集本堤中納言集には「かつらの更衣」と呼ばれてその歌が収められ、(7)その歌の詞書では、書陵部本兼輔集などは「かつらのみやすむところ」としている。この「かつらの更衣」は、前掲の日本紀略延喜二十一年五月二十三日条に見えた「女御□□□□卒、号楓御休息所」とある人と同人かと思われるのであるが、そうすれば「女御」とも「更衣」とも呼ばれたことになる。ただし、この日本紀略の「女御」なる用語については、後述するように疑問がある。兼輔集は延喜以後の成立と考えられ、更衣から女御に昇進していた場合には、当然「女御」の呼称を用いるであろうから、のちに女御になったとする可能性は少いのである。

また、貞信公記抄延喜二十年六月二十七日条には「大輔更衣労中頓滅」と見える更衣がいる。この更衣は、元良親王集に「大夫の宮す所の御はらの女は宮にあはせたてまつりて」とある人と同人であり、延喜御集に「御乳母の命婦のむすめ、たいふの君とてさふらひける、みこありける人なりけれは」とある人も同人であろう。(8)この延喜御集の「たいふの君」という呼称は、単なる女房とも見なし得るような呼称であり、こうした点も、更衣が女御ほど明確にキサキとしての地位を示す呼称であったか、という疑問をもたせるのである。

さらに後世になると、女御・更衣・御息所について、次のような用例が多く見えるようになってくる。まず、延喜の皇太子保明親王妃であった藤原貴子について、

東宮御息所有賀事　（貞信公記抄・延喜十九年十月十一日）

女御藤原氏、於東宮賀右大臣四十算　（日本紀略・延喜十九年十月十一日）

と記されている。これは同一人をさすと考えられるから、東宮妃藤原貴子が「女御」と呼ばれている例である。ただしこれも、日本紀略の用語が信用できるかという問題がある。

また、冷泉院東宮時代に入内した藤原懐子について、

康保元・十・廿七、息所産、遺絹三十……　（故実叢書本西宮記・巻十一）

皇太子更衣於一条第有産事、　（日本紀略・康保元年十月十九日）

と記されている。これも同一人と考えられるが、ここでも東宮妃が「更衣」とも記されている。もっとも、この「更衣」の語もまた、日本紀略という後世の文献に見えるものであって、日本紀略の編者が、康保当時の人々呼称とはべつに、独自な判断でこれらの語を使ったと考えるべき可能性が高い。以下の例のように、日本紀略では「女御」の語を多用する傾向があるように思われる。

一条朝の東宮居貞親王のもとに、正暦二年に入った藤原済時女の娍子は、次のような呼称で記されている。

左大将東宮息所今夕参宮、　（小右記・正暦四年四月二十二日）

観修僧都来云、近曾行東宮更衣（右大将済時卿女）修法、……又此更衣已有懐任気、　（小右記・正暦四年閏十月十四日）

今日寅刻春宮女御有御産、皇子也、（日本紀略・正暦五年五月九日）

此日寅刻春宮女御有御産、男児也、左大将藤原済時卿女子也、（本朝世紀・正暦五年五月九日）

東宮休所、故左大将女、今夜子刻許産男子云々、（小右記・長徳三年五月十八日）

東宮女御御産、（日本紀略・長徳三年五月十九日）

去夜、東宮女御宣耀殿御在所有強盗、（日本紀略・長徳四年十二月三日）

強盗入宣耀殿東宮御息所、希代事也、（百錬抄・長徳四年十二月三日）

右大臣……召右大弁道方、下女御二人宣旨、一人尚侍従二位藤原妍子、左大臣二女、一人無位藤原娍子、故大納言済時卿女、（日本紀略・寛弘八年八月二十三日）

この済時女は、日本紀略や本朝世紀には「女御」と記されているが、小右記では「更衣」「東宮息所」などと見えて、「女御」とは呼ばれていない。また、この「東宮更衣」の娍子は、寛弘八年東宮の即位によって女御となるまでは「無位」だったのである。正式の「女御」が無位であることはあり得ないから、この「女御」も世間の通称か、日本紀略の編者など後世からする称であろう。

同じく三条天皇の東宮時代に入内した藤原道隆女の原子は、次のように呼称されている。

今夜、関白第二女参東宮、（日本紀略・長徳元年正月十九日）

関白二娘号内御匣殿、今夜参青宮、（小右記・長徳元年正月十九日）

関白……今暁出家……今夕中宮東宮息所出給云々、（小右記・長徳元年四月六日）

関白正二位藤原朝臣道隆依病入道年四十三、中宮并東宮女御行啓彼里第。（日本紀略・長徳元年四月六日）

臨昏為文朝臣来、告淑景舎君於東三条東対御曹司頓滅云々、聞悲無極。（権記・長保四年八月三日）

今夜東宮女御藤原原子卒、故関白道隆第二女也、（日本紀略・長保四年八月三日）

今夜、東宮淑景舎女御卒去、（本朝世紀・長保四年八月三日）

更衣藤原原子淑景舎、今月三日頓滅、（本朝世紀・長保四年八月十四日）

この藤原原子の場合でも、日本紀略や本朝世紀は「女御」と記しているが、当時の記録類にはその呼称は確認できないのである。もっとも、栄花物語見はてぬ夢の巻には、この「東宮御息所」の藤原娍子や藤原原子を「女御」と呼んでいて、大日本史料や大日本古記録本小右記では標出にこの人に「女御」の語を用いている。しかしこれらの「女御」の呼称はいずれも後世の文献に見えるものであり、その当時の人々には「東宮御息所」「東宮更衣」と呼称されたことまではいい得るが、「女御」の称が普通に用いられたとは考えにくい。枕草子中でも原子を女御とは呼んでいないのである。三代実録の「亭子女御」のように、特殊な場合の呼称として行われた可能性はあるけれども、少くとも一条朝ごろまでは、「女御」の語は、天皇のキサキとして正式に女御の宣旨の下りた人以外には、普通には用いられなかったとすべきであろう。源氏物語で、東宮妃である明石の姫君が「女御の君」などと呼ばれているのは、一条朝ごろにあってはすこぶる特殊な内輪の用法なのである。それに対して「更衣」の語は、東宮妃などにも当時の人々によって用いられているのは、この語が女御とは異なって、その種姓において非公式的な呼称、という性格を多分にもっていたからであろう。「更衣」はキサキとしての地位を示す法制的呼称ではなくて、少くとも一条朝以前にあってはいわば通称であり、女御以下の身分の宮人たちのうちでキサキ的な人々、そして単なる女房以上の人々を総称する、便宜的な性格の強い語であったと考えられる。だからこそ東宮妃などにも適用し得たのだと考えられるのである。あるいはまた、上皇・東宮などにも共通して用いられていた語で、天皇の場合の用例が多く残されているにすぎないと考えるべきかも知れない。実態としては存在したと思われるのに、冷泉朝以後には天皇の「更衣」という名が見えなくなるのも、この語の概念の曖昧さが一つの理由になって、後宮制度の確立してくる時代に入るとともに使われなくなったのだ、と考えられる。

これに対して「御息所」は、「女御」「更衣」という漢語に対する和語的な呼称であったと考えられる。単に女御・更衣という天皇のキサキに対する呼称であるだけでなく、上皇・東宮などの法制的な妻以外の妻に対する敬称と考えられる。東宮妃の場合には、東宮の嫡妻的な人が「御息所」と呼ばれている例があるにしても、それは東宮には制定法上の嫡妻の規定がなく、また、その人が十分な嫡妻の地位を確立しているとは認められていなかったからではなかろうか。三条天皇の東宮時代の妃であった藤原娍子が、まず尚侍の官についたのも、また藤原原子が一条帝の御匣殿別当の地位についていたらしいのも、そうした公的な地位につくことで、東宮の嫡妻の地位に近づいていることを示す、という必要があったのではないかと思われる。

宇津保物語の初秋巻に、

相撲の節明日になりて、内にいとかしこく、まかなひにあたり給へる御息所・からゐ（かうい）たちと、まう上り給ふべきことをおぼしつつ……その日、あしたの御まかなひには仁寿殿の女御、昼のまかなひには承香殿の女御、よさりの御まかなひには式部卿の女御、からゐ（かうい）十人、色聴され給へる限り、色を尽くして奉れり。更衣たちみな日の装ひし、天の下の珍らしき綾の紋を奉りつくし、御息所たち、まかなひ仕うまつり給はぬは、うなゐにてなむ候ひ給ひけり。蔵人もみな……やんごとなき人のむすめども、あるは御せち（五節カ）のくら人あつ。（古典文庫本七六四～七六五頁）

とある例は、更衣と御息所が異なった概念であることを示す例のように思われるが、これは「御息所」を「女御」に限定して使ったもので、狭義の用法と認められる。ここでの「更衣」は「御息所」以下なのである。宇多上皇の子を産んだ女房の伊勢を、「伊勢御息所」（大和物語第一四七段、拾遺集）と呼んだりするのは、後世の特殊な広義の用法なのである。(9)

「御息所」には、また次のように殿舎をいう用法もある。

宣旨、以大納言藤原為光卿第二女忯子為女御者、以弘徽殿為休所。　（日本紀略・永観二年十一月七日）

大納言朝光卿第一女子姚子初参内、以麗景殿為休所。　（日本紀略・永観二年十二月五日）

太政大臣女藤原諟子入内、以承香殿為休所。　（日本紀略・永観二年十二月二十五日）

源氏物語の中でも「御息所」と呼ばれているのは、桐壺更衣を始め、内親王である落葉宮の母の一条御息所などの更衣でも地位の高い人、また東宮妃の六条御息所、玉蔓の長女の冷泉院御息所、東宮妃時代の明石中宮に限られている。前記日本紀略の「休所」を「御息所」と同一語とすることに問題はあるかも知れないが、(10)やはり「御息所」は別殿を賜るような人をいい、(11)殿舎の片隅や廂に局するような女房程度では、天皇の子を産んだ人であっても、普通は御息所とは呼ばれなかった。

注1　後宮の殿舎が、十世紀後半から世襲化の傾向をもつこと、弘徽殿と藤壺が地位の高い中宮・女御の殿舎に固定してゆくことなどについては、拙稿「弘徽殿と藤壺」（『国語と国文学』昭和五十九年十二月）、同「源氏物語の後宮―桐壺・藤壺・弘徽殿―」（『源氏物語の鑑賞と基礎知識・桐壺』（至文堂、二〇〇一年）参照。

2　玉井力「女御・更衣制度の成立」（『名古屋大学文学部研究論集』史学十九、一九七二年）参照。

3　少くともこの弾正台式車馬従者の条では、更衣は蔵人などと同種の女官的なものとして位置づけられているとすべきであろう。更衣の女官的な性格を示す例としては、小野宮年中行事抄に引く宇多御記によれば、仁和朝において、正月二十日の内宴の陪膳に釆女に替って更衣に奉仕させていたというが、これなども女官的な例とできる。また、女官と女房の概念も明確にする必要があるが、以下の文中では明確に官職をもつものを女官、何らかの職掌をもち官職にもついているかも知れないが、不明の部分の多い高級侍女を女房と仮に呼んでおく。当時の記録類でも女官と女房の語の区別は不明確で、混用されていることも多い。この両語の概念については、拙稿「紫式部伝研究の現在—渡殿の局・女房としての身分・序列・職階—」（『源氏物語研究集成第十五・源氏物語と紫式部』風間書房、二〇〇一年）参照。

4　この部分河内本および別本の麦生本は「御さうし」となっている。局と曹司はこの物語では異なったものをさすとは考えられないが、その区別は不明である。「つぼね」は「曹司」の和語であろうか。

5　ここでも「曹司」の部分が別本の陽明文庫本「つほね」、国冬本「御つほね」という異文がある。

6　藤原褒子が「京極」と呼ばれるのは六条京極附近にあった六条院に住んでいたからである。大鏡六に「富小路御息所」とも見えるが、これも同じくこの六条院が富小路に面していたことからする呼称と考えられる。第三章一（二七二頁）参照。この「六条御息所」の呼称については拙稿「六条御息所の准拠」（『源氏物語の人物と構造—論集中古文学5—』笠間書院、一九八二年）参照。

7　部類名家集本夏部郭公には、

かつらの更衣、そうせさせたまへるかへりことおそしとうらみたまへるに

うらむへきほとならなくにほとゝきすさつきまつまのねにこそあるらし

と見えている。もっとも書陵部本中納言兼輔集には、この「かつらの更衣」の部分が「桂宮」となっているが、これは改訂本文と考えられる。

8　村上朝のころには「くらのかうい」（一条摂政御集）がいて、藤原伊尹と関係があったが、この人は源順集に「応和二年五月……くらの命婦にやる」、また安法集に「くらの内侍のいまはとて東坂本にいきけるをききてやりける　ももしきに世をへし君がのがれゆくみやま里こそ思ひやらるれ」と見える蔵命婦・蔵内侍と同人ではないかと考えられる。もし同人とすれば、そうした女官たちもまた「更衣」と称されることがあった。

9　大和物語第一段では「伊勢の御」とある。この第一四七段で「伊勢御息所」の語が見える前後の部分は本文上問題のある部分だと考えられる。大和物語が成立したとされる十世紀中ごろの「御息所」の用法としては、伊勢程度の女房を「御息所」と呼ぶのは特殊であり、この歌を列挙した部分はそれ以後の補入ではないかと私は思う。拾遺集巻九には「伊勢御息所うみ奉りたりけるみこのなくなりにけるがかき置きたりける絵を、藤壺より麗景殿の女御の方につかはしたりければ、この絵返すとて　麗景殿の宮の君亡き人の形見と思ふにあやしきはゐみても袖のぬるるなりけり」の歌を収める。これは問題のある歌であるが、「伊勢の御」のこ

ととすれば、この時代になって「御息所」と敬称されるようになったのであろう。

10 紫上の父式部卿の女で冷泉院に参った王女御は、承香殿西面に局し、東面は尚侍の玉蔓が局している。これは女御という身分の人が一つの殿舎全体を占めていない例である。玉蔓と王女御の姻戚関係からこうなったこともあるかも知れないが、このことは、宮廷でのこの王女御の地位の低さをも示していると考えられる。

三　源氏物語の藤壺は令制の〈妃〉か

1　「かかやく日の宮」は「妃の宮」とする説

源氏物語の藤壺が「かかやくひの宮」と呼ばれているのは、後宮における藤壺の身分が、令制に規定された〈妃〉（この表記は令制の「妃」をいう。以下同）であったことによるのではないか、という説が小松登美氏や今西祐一郎氏によって提出されている。[1] この説については以前にも簡単に私見を述べたことがあるが、[2] その内容には未熟なところがままあり、〈妃〉説の論拠の検討等も十分にはできなかった。その後この説についてまとまった見解は未だ見えないようである。よって、以下に改めてやや詳しくこの説を検討してみたい。立后以前の藤壺の身分が〈妃〉であるか否かは、単なる注釈的な問題というレヴェルにとどまらず、この物語の准拠論や作者の歴史認識などにもかかわって、その意味するところは必ずしも小さくはない問題であると思う。

源氏物語の中では、後宮における藤壺の身分について、〈妃〉であるとも「女御」であるとも必ずしも明記されてはいないのであるが、岷江入楚など古註の時代から特別な根拠もなく女御として考えるのが通説であった。それに対して、藤壺は〈妃〉であるとする新説を小松登美氏が出され、その小松説をさらに詳細に補強されたのが今西氏説である。この両氏の説を要約すれば

一、桓武朝以後円融朝までに入内した内親王八名の身分は、ほとんどが〈妃〉か皇后であり、女御であった確実な例はない。また、源氏物語の書かれた時期に近い円融朝の尊子内親王も〈妃〉であったと考えられ、令制の〈妃〉はその当時までは行われていた。したがって、源氏物語においても先帝の内親王である藤壺は、入内した時の身分は当然〈妃〉であったと考えられる。

二、桐壺巻に、世間の人が藤壺を「かかやくひの宮」と呼んだとあるのは、宇津保物語にも用例のある「妃の宮」に「日の宮」の意をかけたものであり、物語自身も藤壺を〈妃〉と記していると考えられる。

ということになるかと思う。

2　桓武朝から醍醐朝までの〈妃〉

まず最初に、歴史上で内親王が入内した場合には、どういう身分であったかについて検討しておく。平安時代になって、桓武朝から醍醐朝までに〈妃〉になった人と、入内した内親王や女王で文献に見えるものを一覧表にすれば次のごとくである。

天皇	氏名	身分	父	母
桓武朝	藤原旅子	贈妃正一位（続日本紀）	贈右大臣百川	
	酒人内親王	妃三品（一代要記）	光仁天皇	高野新笠
平城朝	朝原内親王	妃二品	桓武二女	酒人内親王

	大宅内親王	妃四品（日本後紀）	桓武八女	従三位橘常子
嵯峨朝	高津内親王	妃三品	桓武十二女	従五位下坂上全子
	多治比高子	妃二位	従五位下氏守	
淳和朝	正子内親王	皇后	嵯峨長女	太皇太后橘嘉智子
	高志内親王	妃三品・贈皇后	桓武天皇	皇后藤原乙牟漏
	緒継女王	妃従二位（一代要記）、尚蔵従二位（続日本後紀）		
醍醐朝	為子内親王	妃三品	光孝天皇	皇太后班子女王

このうち、内親王でないのは多治比高子と緒継女王および「贈妃」の藤原旅子である。緒継女王は一代要記には「妃従二位」とするが、この人が「妃」であったことは他に見えず、続日本後紀承和十四年十一月七日条の薨伝や、仁和三年七月七日付の永原利行家地売券案（平安遺文一七六号）には「尚蔵従二位緒継女王」とある。薨伝には「淳和太上天皇殊賜寵幸、令陪宮掖」とあるけれども、〈妃〉となったわけでもないらしい。多治比高子は、大同四年六月十三日に高津内親王が〈妃〉となるとともに「夫人」となり（類聚国史）、弘仁元年十一月二十三日に従三位（日本後紀）、同六年七月十三日に〈妃〉となった（類聚国史）。また藤原旅子は従三位夫人まで昇ったところで亡くなったのだが、薨時に〈妃〉を贈られたのである。

〈妃〉は後宮職員令には「妃二員　右四品以上」とあり、「夫人三員　右三位以上、嬪四名　右五位以上」とある夫人・嬪とは区別されている。「四品以上」の規定からすれば、〈妃〉になり得るのは内親王に限られる、あるいは、〈妃〉は内親王で品位をもつ人が占める地位と予定されていたと考えられるが、既に桓武朝において内親王以外の藤原氏の夫人に「贈妃」の新例が生まれ、ついで嵯峨朝になると、多治比高子の場合のように内親王ではない人が、生存中に〈妃〉になる例が現れるようになり、令制は形骸化し始めたのである。もっとも、嬪の例も令の制定以後はほとんどないから、これらの後宮の制度は、令の制定当初からどの程度現実に実施されていたかについても疑問が残る。しかし、〈妃〉については、内親王以外の人は〈妃〉になれない、というほどの強い規範力は、既に平安朝に入ったころにはなくなっていたけれども、内親王である人が入内した場合には、ほぼ〈妃〉になる慣習であったことは認められる。

高志内親王は、一代要記には「妃三品」とあるが、夫の淳和の即位する以前の大同四年に薨じている。したがって、この人は〈妃〉ではあり得ない。正子内親王の場合は、淳和朝の天長四年二月に皇后になったが、その立后以前はどういう身分であったかは不明である。三代実録元慶三年三月二十三日条には、この人がすこぶる美貌の人であったので、「淳和天皇備礼娉之、納於掖庭」と記されている。あるいは〈妃〉であったかも知れない。「妃・夫人・嬪」は、令集解の説によれば称号であり、〈妃〉については「古記云、礼記云、天子之妃曰后、今法用妃以下皆為妾也、朱云、妃二員、謂皇后之次妻也、凡妃夫人嬪者、並皆天子之婦也、其高下者如文列也」とある。古記の説では、「妃・夫人・嬪」は天皇の嫡妻である皇后に対して「妾」であり、朱の説では、「妃」は皇后の次位の妻、「夫人」はその下位、「嬪」はさらにその下位の妻である。ここでは皇后は天皇の嫡妻と理解されている。

内親王が入内した場合には、どういう手続きを経て〈妃〉になるのかも不明である。また「妃・夫人・嬪」は職掌をもたない称号とされているが、日本後紀弘仁三年五月十六日条には「妃二品朝原内親王辞職、許之」、同二十六日条には「妃四品大宅内親王辞職、許之」とあり、その地位は一種の官職のごとくに考えられていたらしい。この二人は平城天皇の〈妃〉であり、平城天皇は大同四年（八〇九）四月に退位しているから、その退位後三年間ばかりは〈妃〉の地位にあったことになる。しかも本人から辞職を願い出て許されているのであるから、〈妃〉の地位は夫の天皇が退位してもそのまま保持されるものであったらしい。ただし、この場合は夫の天皇が退位したことによって自主的にその地位を去った、ということであろうから、やはり天皇の妻であることによる地位であり、夫が退位すれば去るという通念があったのであろう。その点では終身の地位である皇后とは異なる。これは他の〈妃〉の場合にも通ずる一般的なあり方であったのか否かは判らない。

醍醐朝の〈妃〉の為子内親王の場合は、宇多天皇が寛平九年七月三日に十三歳の皇太子に元服させて、即日譲位するということがあり、その夜に新帝のもとに入った（北山抄四、日本紀略）。そして、日本紀略によれば同月二十五日に無品から三品に叙せられ、〈妃〉となった。もっとも、水戸彰考館本などの一代要記の光孝天皇皇女の項には、為子内親王について「昌泰初為妃」とあり、醍醐天皇後宮の項では「寛平九年七月三日太子元服受禅、其夕新帝為皇后、同二十五日叙三品為妃」と、やや記事に混乱がある。

これに関連して、既に小松氏が注意されているが、大日本史料所引為房卿記寛治五年十月七日条の、堀河朝に篤子内親王が入内した時の記事には、摂政藤原師実が大外記清原定俊を召して、内親王入内の時に女御の宣旨を下した例があるかと尋ねた時、為房は昌泰の為子内親王を挙げ、また承平の熙子女王の場合をいい、これらの例があるから今度の篤子内親王にも女御宣下をなさるべきだ、しかしこの二人は「吉例」ではないので勘申するには憚りがあるよしを申したところ、重ねて摂政から、禎子内親王・章子内親王・馨子内親王らの中宮は、その天皇の東宮時代に入内されているが、天皇の践祚の後に女御宣下があったかと問われて、所見無しと答え、結局この日は女御宣下は無いことになった。この件について為房は「臣下娘東宮時参入、践祚之後被下可為女御宣旨、内親王無所見云々」と記している。これによれば、臣下の娘はまず女御宣下があってから中宮になるが、内親王の場合には女御という段階がなかったらしい（もっとも中右記寛治五年十月二十五日条などには後に皇后になる篤子内親王を「女御」と記している）。この「内親王無所見」は、いま堀河朝での前例を問題にしている文脈からすれば、禎子以下の十一世紀の内親王入内の例についての有無のように考えられる。そして、臣下の娘の場合には、東宮のもとに既に入内していても、その東宮が践祚して天皇になると女御宣下のことがあるというのは、「女御」が正式には天皇の妻の地位呼称であることを示すものであり、内親王の場合に女御宣下がないのは、内親王は正式には女御の地位を経ないことになる。しかしまた、〈妃〉の官符も勿論出ていないのであるから、〈妃〉でもないという曖昧な地位だったのである。ただ、為子内親王の場合には、為房は女御宣下があったと考えていたらしい。

為子内親王が女御の地位を経たのか否かは不明であるが、入内してまもなく〈妃〉になったことは、古事類苑帝王部に引く『諸官符案』の寛平九年七月二十五日の中務・式部・民部・宮内等の省に対する太政官符案に、「三品為子内親王」について、「以件内親王定為妃」よしが見え、確認できる。無品を三品に叙したのは令の規定に合わせようとしたものであろう。令の後宮の制度は、嵯峨朝に新しく更衣が置かれたり、〈妃〉も淳和朝以来絶えていたりして乱れていたが、醍醐朝になって復活したのである。それまで〈妃〉がいなかったのは、一つには内親王入内のことがなかったことにもよると考えられるが、それはまた仁明朝ごろから所謂前期摂関政治体制の形成されてくる中で、後宮においても皇族の勢力が衰えてきたことの現れでもあると考えられる。醍醐朝において為子内親王が〈妃〉に立ったことは、宇多院の同母妹への待遇という面とともに、やはり一面では宇多院による皇族勢力挽回の試みの一つでもあったと考えられる。為子内親王を醍醐帝の元服の夜に、しかも同じく入内を計っていた藤原基経女の穏子をしりぞけて入内させたということには、やがては立后をという強い意図が認められるのである。

御産部類記に引く九条殿記天暦四年六月十五日条によれば、その前月に生まれた憲平親王を立太子させようとする村上帝から意見を聞かれた右大臣藤原師輔が、次のように復命したことを記している。まず文徳・宇多両帝の立太子

の時に種々の問題があったことを述べた後に、醍醐皇子の保明の場合について

延喜ノ初、皇太子四（三）年十一月晦日降誕、明ル年ノ正月ニ至テ公卿上表也、幼稚ノ皇子ニ表ノ例無シト雖モ、此ノ般ニ至リテハ頗ル内謀有リト云々、其ノ故ハ、延喜ノ天皇始メテ元服ヲ加フルノ夜、東院ノ后（班子女王）ノ御女ノ妃ノ内親王（為子）、幷ニ今ノ太皇太后（藤原穏子）共ニ参入セントス、而テ法皇（宇多）母后ノ命ヲ承ケ、中宮ノ参入ヲ停メラルル也、其ノ後、彼ノ妃ノ内親王幾クナラズシテ産ニ依リテ薨ズ、其ノ時ニ彼ノ東院ノ后ノ宮、浮説ヲ聞キテ云ク、中宮ノ母氏ノ冤霊ニ依リ此ノ妖有リト云々、之ニ因リ重ネテ中宮ノ参入ヲ停メラル可シト云々、而テ故贈太政大臣時平左右ヲ廻シ参入セシムル也、法皇怒気有リト雖モ、事已ニ成レル也、遏メ給フコト能ハズ、大后幾クヲ経ザル程ニ男皇子ヲ産ム、延喜ノ天皇、旧例存スト雖モ法皇ノ命ヲ恐ルルガ為ニ、敢テハ其ノ儀ニ及バズ、贈太政大臣此ノ気色ヲ見テ、相議シテ上表スル也、此ノ事文簿ニ見エズ、又相知ルノ人乏シト雖モ、昔ヨリ側ニ伝ヘ承ル所也

と奏したという。醍醐朝の初期には保明親王の立太子のことについて「内謀」があり、また弘徽殿を曹司として、後に「大后」と呼ばれた藤原穏子が、帝の元服の夜の副臥に参入しようとして、為子内親王との間に争いがあったというのは、桐壺巻の弘徽殿と桐壺更衣、あるいは弘徽殿と藤壺の関係を思わせるところがある。(3) 岷江入楚の私説にも「為子内親王は光孝の皇女也、薄雲女院相似歟」（桐壺）という。先朝の后腹の為子内親王は、物語の藤壺の准拠に考えてもよいと私は思う。

このようにして、為子内親王は、淳和朝以来長らく絶えていた令制の〈妃〉であったと考えられるが、昌泰二年三月十四日に産により亡くなった。淳和朝から長く隔たって復活した〈妃〉であったが、わずか入内して二年足らずの期間であったこともあって、〈妃〉の制度は十分には復活定着しなかったのではなかろうか。延喜式には「妃・夫人・

嬪」といった令制にもとづく規定がかなり見えるから、これ以後〈妃〉の制度が全く忘れられたとは考えにくいが、朱雀朝以後はまた摂関体制に向かって藤原氏の勢力が伸長してゆく時期にも入り、皇族の権威を前提にしていた〈妃〉も古制とでもいうべきものになっていったのではなかろうか。〈妃〉であった為子内親王も、十一世紀後半になると「当時女御非常例、為子内親王」（中右記・康和五年正月二十六日）、「昔延喜御時、為子女御卒間」（中右記・康和五年二月四日）など「女御」と呼ばれて、〈妃〉の身分であったことは完全に無視されることになる。醍醐朝に〈妃〉は復活されたといっても、その社会的な地位や後宮における待遇は、平安初期までのそれとはかなり異なっていたのではなかろうか。

3　昌子内親王と尊子内親王の地位

ついで、醍醐朝以後で問題になるのは、冷泉朝の昌子内親王と円融朝の尊子内親王の場合である。昌子内親王は朱雀院の皇女で、春宮時代の冷泉帝の元服した応和三年二月二十八日に入内し、康保四年五月に帝の践祚があり、九月四日に立后した。本朝世紀には「以三品昌子為皇后（故朱雀院皇女今上妃也）」とある。これによれば、帝の践祚以後立后以前の身分は〈妃〉であったごとくである。また、大日本史料に引く本朝皇胤紹運録にも、「昌子女王」の註に「皇后、冷泉院妃、観音院本願、母熙子女王」とある。しかし東宮冠礼部類記所引の村上御記には「今夜三品昌子内親王適皇太子」とあり、御産部類記には「今夜皇太子納三品昌子内親王」とあるなど、第一次史料とすべき文献には〈妃〉とするものは見えないのである。したがってこれは、日本紀略応和三年二月二十八日の皇太子元服の日に「今夜太子納故朱雀院皇女三品昌子内親王為妃、母先坊保明親王之女也」などとある「妃」の用法と同じく、〈妃〉ではなくて、所謂「妻」の意ではないかと考えられる。こうした皇太子の妻をさす「妃」の用例も多いのである。

〔光明皇后〕　勝宝感桓武皇帝（聖武）儲弐之日納以為妃、（続日本紀・天平宝字四年六月七日）

〔贈皇后藤原帯子〕　帝在儲宮納之為妃（日本後紀・大同元年六月九日）

〔中宮藤原安子〕　以天慶三年四月配合、為儲弐之後、同八年正月以太弟妃授従五位上……然而弘仁以来無正妃之皇后、（村上御記・康保元年四月二十九日）

〔昌子内親王〕　康保（三）年為東宮妃、太子登極之時、立為皇后、于時年十八（権記・長保元年十二月五日）

村上御記には「弘仁以来無為正妃之皇后」というが、これは東宮時代からの嫡妻であった人で即位後に皇后になった例がない、ということであろう。当時の「正妃」の用例を他に挙げることができないが、この「正妃」は必ずしも当時普通の用語ではないにしても、「正妃」ではない「妃」、単に妻と同意の「妃」もあるということを前提としての概念であり、「妃」にはそういう用法もあったのである。

また、この昌子内親王については、栄花物語月宴巻には「この帝（冷泉）立たせ給ふ日、女御も后に立たせ給ひて中宮と申す。昌子内親王とぞ申しつるかし」と「女御」と呼んで、あるいは立后以前の身分は女御であったかと思わせる記事がある。しかしこれもやはり前述のごとく正式な女御宣下はなかったが、少なくとも栄花物語の成立した時期には、内親王の立后以前の身分を「女御」と考えていたのであろう。前述の禎子内親王以前においても、既に昌子内親王の場合にも、その立后までの身分は〈妃〉でも女御でもない曖昧なものであったとすべきである。

円融朝の尊子内親王については、小松氏や今西氏は〈妃〉であったとしている。これを詳説した今西説の根拠の一つは、大鏡・伊尹伝に

女二の宮（尊子内親王）は、冷泉院の御時の斎宮に立たせ給ひて、円融院の御時の女御に参り給へりしほどもなく、内の焼けにしかば、火の宮と世の人つけ奉りてき。

とある記事である。尊子内親王は、栄花物語花山尋ねる中納言巻にも「参らせ給ひてほどもなく内など焼けにしかば火の宮と世人も申し思ひたりしほどに」とあり、「火の宮」のあだ名を付けられたというが、これは「妃の宮」との掛詞と考えなければあだ名としての意味が薄い、という点である。確かに単なる「火の宮」という直接的な呼び名は、当時のあだ名としては工夫がなくて感心せず、「妃の宮」と掛けてある方がより当時のあだ名らしい。しかしながら大鏡は同時にまた「円融院の御時の女御」とも記していて、その裏書にも「女御尊子内親王円融院女御」とある。また、小右記天元五年四月九日条には「伝聞、昨夜二品女親王承香殿女御不使人知密親切髪云々」とあって、同時代の人からも「女御」と呼ばれている。この点について今西氏は、小右記でも「女御」と記されているのはこの条だけであり、他は「二品女親王」「二品尊子内親王」などとあること、および他の諸文献でも「前斎宮尊子」などとはあっても「女御」とは見えないこと、前記の日本紀略永観三年五月一日条に「上皇妃」の割註のあること、さらに本朝文粋巻十四の慶滋保胤の「為二品長公主四十九日願文」に、尊子について「公主者、先太上皇之女、後太上皇之妃、今上陛下之姉」とあるのを根拠に、円融天皇の〈妃〉であったとしている。本朝文粋では女御である人については例えば「為左大臣息女女御四十九日願文」などと、「女御」と明記されていて、小右記の「女御」よりも信憑性があるとするのである。そして、円融朝に〈妃〉の例があり、「妃の宮」の呼称が想定されているとすれば、尊子内親王も藤壺の准拠に加えることができ、藤壺の「かかやくひの宮」は〈妃〉であることによる呼称とされるのである。ただ私は、この本朝文粋の「妃」も地位を示す用法ではなくて、上皇などの貴人の「妻」の意ではないかと思う。ここの文脈は、先の上皇の娘であり、後の上皇の妻であり、今の天皇の姉であるという、尊子が歴代の天皇たちとどういう血縁関係にあるかをいった文脈であるから、「女」「姉」と並べるのに〈妃〉という身分地位の呼称を用いるのは、やや文脈と整合しないように思う。〈妃〉であっては困るというほどではないにしても、少し違和感があるのではないか。

今西氏の考証はかなり説得的であるが、なお残る疑問は、小右記の記主の藤原実資は、「女御」と記した天元五年ごろには蔵人頭として後宮の記録事務をも掌握していた人であり、殊に儀式次第や書式などにもうるさい人であったことは小右記の各所にうかがえるが、その実資が「女御」とわざわざ割註しているのを無視してよいか、という点である。大鏡のような後世の文献は措いても、同時代の第一次資料の呼称を否定することには躊躇されるのである。尊子はやはり女御だったのではなかろうか。あるいは、正式に宣下をうけた女御ではなかった可能性が高いが、その地位の人を当時の人が呼ぶとすれば、やはり〈妃〉ではなくて「女御」と呼ぶべきものであったかと思う。

小記目録十六服假事には「同（天元）六年二月二日、内親王女御出陣除服」とある。この「女御」は後世の用語としても、小記目録の成立したとされる十一世紀半ばには、尊子内親王も「女御」と呼ぶことが行われていた。

円融朝以後しばらく内親王入内のことはなかったが、後朱雀帝の東宮時代の万寿四年三月に禎子内親王が入内し、長暦元年二月に立后した。禎子は三条帝の第三女で、母は皇后藤原妍子である。この禎子は、長和四年准后、治安三年一品となっているが、東宮に入って以後、および後朱雀院が践祚した長元九年四月から、立后する長暦元年二月までの普通の呼称は、当時の記録の左経記や行親記などでは「一品宮」であり、「妃」とか「女御」などの呼称は用いられていない。今鏡では「東宮におはしまし時の御息所なり」とある。前述したごとく、禎子内親王も昌子内親王と同じく、東宮妃という地位から夫の東宮の践祚した時にも、〈妃〉とか「女御」とかいった後宮制度に定める地位に位置づけられることなしに、直接に中宮になったのであろう。これから考えあわせると、小松氏も指摘されているように、尊子内親王の場合も「妃」とか「女御」などの呼称ではなく、「二品女親王」などの呼称が普通に行われているのは、「妃」や「女御」よりも「二品内親王」の呼称の方が敬意を表す呼称であったからであろう。女官除目や叙位の記録においても、内親王の方が女御よりは先にしるされるのが普通である。だからこそ慶滋保胤の願文にも

「二品長公主」と記され、永観二年冬に成った源為憲の三宝絵の序文にも「冷泉院太上天皇ノ二人ニ当リ給フ女ナ御子」と記されていて、「女御」の呼称が用いられなかったのではなかろうか。あるいは、内親王を身分的には下位にある女御に位置づけにくいので、女御でもなく既に実体の不明になっている〈妃〉でもない、という曖昧な身分であったのかも知れない。

つまり、尊子内親王の場合には、第一次史料である小右記に「女御」とあるのを誤りとはしにくく、その後宮での身分は「女御」と呼ぶべきものであったかと考えられるのである。あるいは内親王であることから、それより下位の「女御」の呼称を避けて「妃」と呼ばれることがあったかも知れないが、しかしその「妃」は、令制の〈妃〉としての格式を完備した地位を指すものではなく、一種の俗称であったかと考えられるのである。令や延喜式には〈妃〉の規定はあっても、藤原氏の勢力が強くなり、摂関体制確立を目前にしたこの時期になると、もはや現実的な制度として機能するものとは考えられなくなっていたのではなかろうか。仮に尊子内親王が「妃」と呼ばれることがあったとしても、それは時の蔵人頭が「女御」とも呼ぶような、または一般には「女御」と通称されるような地位だったのである。円融朝の天元五年に、藤原遵子の立后のことが天皇と関白藤原頼忠の間で計られた時にも、梅壺女御藤原詮子のことは意識されているが、尊子内親王の存在は問題にされていない。

当時の「妃」や「妃の宮」の例は、他に宇津保物語に見える。嵯峨院の后腹の内親王で「こ宮（小宮）」と呼ばれる人は、あて宮より先に東宮のもとに入って、国譲下巻での東宮即位の直後に「妃に」（古典文庫本）なったことが見え、以後この人は「妃の宮」と呼ばれて、承香殿を曹司としている。この時には同時に女御たちも定められたが、一の女御は故太政大臣女で曹司は宣耀殿、二の女御は太政大臣藤原忠雅女で曹司は麗景殿、という序列であった。これは即位直後に妃や女御たちが定められているので、源氏物語の藤壺のように即位後に入内したのとはやや異なるが、妃・

一の女御・二の女御という序列は、その父の地位によっている。この「妃」は、后腹の内親王であること、序列が第一位で女御たちよりは上に位置づけられていること、などから一往は〈妃〉と考えられるが、この人はまた楼上下巻では「うちの女御にておはする、この大きさいの宮（嵯峨院の皇后）御はらのわか君」とも呼ばれている。つまり、こうして「女御」とも呼ばれているということは、「妃」の呼称が行われていても、それは正式な〈妃〉という概念のものではなくなっていることを示している。宇津保物語の成立には複雑なところがあるので、これらの呼称もそれに関わっていることも考慮する必要があるが、やはり歴史上では十世紀後半の時期になると、もやは〈妃〉の実体は廃れていたことを反映するものであろう。

4　「かかやくひの宮」藤壺

さて、前述のごとき〈妃〉や「妃」の用法、その歴史的経過を考慮する時、源氏物語の藤壺はどういう地位で入内し、立后までの身分は何だったのであろうか。

藤壺は先帝の后腹の四の宮で、藤壺入内のころには父の先帝は既に崩御していたかも知れないが、母后は存命であり、兄も式部卿であったのだから、当時の最高の家柄である。そして、源氏物語はその時代を醍醐朝に設定して書き始められたと考えられるから、内親王の藤壺の入内については、醍醐朝に准拠してその身分を〈妃〉として書いているることは十分に考えられる。内親王の藤壺に対立する弘徽殿の女御は、明らかに醍醐朝の女御（後に中宮）の藤原穏子が准拠と認められ、藤壺の准拠としても〈妃〉の為子内親王が意識されていたとするのが自然であり、したがって藤壺は〈妃〉という身分に設定されていた、と考えることにも無理はない。とすれば、世間の人々が藤壺を「かかやく日の宮」と呼んだ時には、「〈妃〉の宮」の意をもこめていたとする説は妥当性をもつように見える。

ところで物語では、紅葉賀巻で桐壺帝が退位を考え、東宮を後見すべき藤壺の立場を強化しようとして、藤壺を后位につけようとした時のことを

こうき殿いとど御心動き給ふ、ことわりなり。されど「東宮の御代いと近うなりぬれば、疑ひなき御位なり。思ほしのどめよ」とぞ聞こえさせ給ひける。げに、東宮の御母にて廿よ年になり給へる女御をおき奉ては、ひき越し奉り給ふことかたきことなりかしと、例の、やすからず世人も聞こえけり。（紅葉賀・二六二頁）

と記している。ここに、東宮の母として二十余年になる弘徽殿女御を「ひき越し」て、藤壺が后位につくのは無理だと世間の人々も非難した、とあることから、これは藤壺の後宮における地位が、弘徽殿よりも下位にあることを前提にしてのことであり、したがって藤壺は弘徽殿よりも下位の女御という設定になっているのではないか、と私は考える。(4) ここの「ひき越し奉り」の語には、やはり弘徽殿の重々しい存在を若い下位の藤壺が追い抜く、という文脈に感ぜられるのである。この文脈には、弘徽殿が単に右大臣の女で筆頭の女御であるというだけではなく、桐壺帝の元服した時に真先に入内し、第一皇子の東宮の母として二十余年も後宮で重きをなしてきた、というその経歴も加わっているけれども、弘徽殿も「いとど御心動き」、世間も非難したというのは、客観的には弘徽殿が后位に昇るのが当然だ、と考えられていたからでなければならない。もしも藤壺が〈妃〉であったとすれば、〈妃〉は女御よりは上位の地位であるから、後に入内したとはいえ、後宮での序列はその入内当初から藤壺の方が弘徽殿よりは上であり、后位につくとすれば藤壺がその第一候補であることは、当然に人々にも予想されていたであろうから、弘徽殿も「いとど御心動」くことはなかったであろうし、世間もそう強くは非難することもなかったであろう。少なくとも物語のこの文脈は、桐壺朝の後宮においては藤壺は弘徽殿よりは下位にある、という前提で書かれている。

藤壺が物語中では「宮」などと呼ばれ、「女御」と記されていないのは、前述したように、女御宣下をうけた正式

な女御ではなかったからかと考えられる。しかし実質的には女御と位置づけ得るものであったから、弘徽殿よりは序列が下位という前提で書かれているのではなかろうか。少なくとも〈妃〉であったとはしにくいのである。あるいは「妃」と通称されることもあり得たであろうし、そして今西氏のいうごとく、「かかやくひの宮」には「妃」が掛けてあると考えられるが、ただ当時の人々の「妃」の概念は、もはや令制の格式身分をもつ〈妃〉ではなかった、とすべきであろう。

この物語の作者は、一種の意気込みをもって物語の時代を醍醐朝から村上朝に設定して書き、一条帝をも感心させるほどに宮中の故事や儀式典礼にも通じていた人であった。作者は醍醐朝の後宮には、〈妃〉の為子内親王がいたことは当然知っていたであろうし、またその〈妃〉の制度についても知っていたであろう。しかし、既に作者の時代には、もう〈妃〉や「更衣」といった後宮の制度の実質は廃れて存在せず、その実体はどういうものか、人々にはよく判らなくなっていたのではなかろうか。藤壺の地位を明確に示す記述がないのは、「妃」と呼ばれたこともあるが、また「女御」とも呼ばれてもよいような曖昧な地位であったからだ、と考えられるのである。

注1　小松登美「〈妃の宮〉考」（『跡見学園短期大学紀要』第七・八集〈合併号〉、一九七一年）。今西祐一郎「〈かかやくひの宮〉考」（『文学』一九八二年七月）。同「〈火の宮〉尊子内親王―〈かかやくひの宮〉の周辺―」（『国語国文』昭和五十七年八月）。なお、両氏の説とは異なるが、「ひの宮」は「妃の宮」とする説は、はやく北山谿太『源氏物語のことばと語法』（武蔵野書院、一九五六年）に見える。
2　拙稿「弘徽殿と藤壺―源氏物語の後宮―」（『国語と国文学』昭和五十九年十一月）。
3　注2参照。
4　拙稿「弘徽殿女御」（森一郎編『源氏物語作中人物論集』勉誠社、一九九二年）。

四　源氏物語の結婚と屋敷の伝領

はじめに

源氏物語の光源氏の妻には、葵上や女三宮のように結婚の儀礼が公表して行われ、明らかに社会的にも承認されている正式の妻がいる一方で、紫上のように、実質的には妻と呼ぶべきあり方でありながらも、完全な妻と認めるにはやや必要条件を欠くところのある人、さらには、六条御息所などのように、どういう立場の妻としてあかつわれているのか、必ずしも明確でない人など、さまざまな立場の妻が描かれている。これらの妻としてのあり方については、物語にも明確には描かれていないところがあり、その上に、こうした事柄についての現在のわれわれの知識もいまだ不十分で、この物語にとっての重要問題であるにもかかわらず、誤解や浅い理解にとどまっているように見える。

源氏物語に描かれている夫婦は、夫婦としての私的な生活の次元においても、その男女のもつ社会的地位や身分が深く入り込んで、その夫婦関係を規定する大きな力としてはたらいているあり方が描かれている。男女の社会的身分や背景が、個人的なつながりを中心にした夫婦関係にも大きく関与し、それを規定し制約していることが、物語の関心事の一つではないか、と思われるところがある。これは、源氏物語に限らず当時の一般社会でも当然のことであったのであろうが、この物語では、夫婦の関係を構成している要素として社会的な側面が、特別に注意して描かれている。それは、この物語当時の貴族社会にあっても、「結婚生活」は男女二人を中心とした個人的な関係であるよりも、むしろ結婚もまた当然ながら、重要な社会的行為という性格の方がはるかに強くあったからであろう。当時の結婚のそうした性格をよく示すものの一つに、男女の結婚生活を営む屋敷が女側のものか男側のものか、という問題がある。その結婚生活が行われる場としての屋敷が、女のテリトリーに属するものか、男のテリトリーであるか、という問題は、いわゆる婿入婚か嫁入婚か、という当時の婚姻形態にとっても本質的な問題である。

ここでは、光源氏の本邸である二条院と六条院の二つの屋敷を中心に、この点について考えてみたい。この物語に描かれた住宅に関する記事には、物語世界の理解を深める手がかりを与えるところが多くあるが、以下は住宅の伝領ということから、源氏と紫上という夫婦における、紫上の妻としての立場、妻としてのあり方を問題にしたい。

勿論、紫上の妻としてのあり方を論ずるについては、当時における「妻」とは何であるか、どういう条件を満たした女性を妻と認めるか、という「妻」の定義を明確にしておくべきである。しかしながら、いまの私の問題は、この物語において、紫上や六条御息所や明石君といった人たちが、源氏の妻としてどういう立場にあるのかをより明らかにして、むしろこの物語の側から当時の「妻」の概念を考えたい、というところにあり、いましばらく定義を保留しておきたい。(1)

1　光源氏の二条院と紫上

源氏が最初に本邸とした二条院は、もと源氏の母更衣の里第であり、祖母から母に伝えられてきたものである。ところが、母が、次いで祖母が亡くなり、源氏は宮中に引き取られて、この家にはしばらく住む人が無かった。そして、元服した源氏が再びここに移り住むことになった時、「里の殿は、修理職たくみつかさに宣旨くだりて、二なう改め作らせ給ふ」(源氏物語大成、桐壺・二八頁。以下同)とあり、父帝の宣旨により修理職などが改築整備している。一世の源氏ではあるにしても、ただ人の屋敷を、修理職や内匠寮などの官司に改築修理させることができたのであろうか。

当時の天皇という地位は、官司をこうした私人のためにも自由に命ずることができ、寵愛深い源氏の屋敷の改築にもあたらせたのだ、とも考えられる。しかし、当時の修理職は、大内裏や斎院や寺社などの公の建物の新築改築にはあたるが、ただ人の私邸の修理をした例は探しにくい。例えば当時の実例では、中宮藤原遵子が里第の四条宮に遷御した時には、この時の四条宮の東西の門屋が板葺だったので、修理職に宣旨を給って、東門を四足門屋に改修して車を引き入れたという（小右記・永延元年二月七日）。このように、修理職に命じて改築させることは、中宮の里第などの場合はあり得ても、源氏には表向きは無理であろう。この物語は、こうした点については、当時の現実社会のあり方と異なることは一般的に書かないのである。

したがって、源氏の生まれた二条院は、桐壺更衣や祖母が亡くなり、幼児の源氏が内裏に引き取られた時点で、桐壺帝の御領となっていたのであろう。「院」の名をもつ屋敷は、一般に皇室領であったと考えられるが、源氏の「二条院」の屋敷名も、こうして皇室領になっていたからであろう。一条朝ごろには高群逸枝氏の説くごとくに、結婚した男女の生活は、原則として妻の住む屋敷で行われる、または、妻方が用意した屋敷で営まれる習慣であったらしい(2)。そして、その屋敷は、結婚して同居してからのある時点で、夫が伝領したと考えられる。

結婚と同時に、夫が妻の家を伝領したと考えられる確実な例は多くはないが、例えば藤原実資は、養父の実頼から相続した小野宮第に住んでいたが、天延二年ごろに参議源惟正女と結婚すると、二条南東洞院西にあった惟正の二条第に移り住んで、たびたび中宮の御在所になるほどのこの屋敷を伝領した。惟正には大炊御門大路にも屋敷があり（小右記・寛和元年二月二十八日）、この二条第は娘夫婦のための住居にあてたのである。実資が惟正の二条第を伝領した正確な時点は不明であり、また何をもって伝領したと認められるか、ということも問題であるが、吉田早苗氏は、天元二年に舅の惟正が薨じたことにより、婿の実資が相続したとされている(3)。しかし、それ以前の結婚して同居し始めた時点の可能性も考えられる。公卿補任永祚元年条によれば、実資は天元三年七月に従四位上に叙せられたが、それは実資の二条第が、皇太后昌子内親王の臨時の御在所になったことによる「家主」の賞であったという。ただし、この「家主」が屋敷の所有権者を意味するのかについては、さらに検討を要するところがあるが、実資は少なくとも天元三年までには二条第の「家主」になっていたのである。実資はこの二条第で惟正女と同居していたが、寛和二年五月に妻が亡くなり、ついで正暦元年七月にはこの妻の産んだ娘も亡くなった。こうして実資は源惟正の一家と縁がきれると、直後の同年十一月に、この二条第を自分の乳母の夫の源清延に売り渡し、その代金で本邸の小野宮を整備して、帰り住んでいる。惟正には男子も多くいたが、二条第の所有権は婿の実資にあったのである。

また藤原道長は、永延元年十二月に源雅信女の倫子と結婚して(小右記・長元二年九月二十日)、妻方の土御門殿に同居したが、正暦三年四月二十七日にはこの土御門殿の「家主」として叙位されているから(権記)、少なくともそれ以前にこの屋敷を伝領していた可能性が高い。この土御門殿は、もと藤原朝忠の屋敷であったのが、朝忠女の穆子が源雅信と結婚して雅信が伝領していたものである(小右記・長和五年六月二日)。藤原道綱は、大炊御門大路に本邸があったが(日本紀略・長保四年八月十四日)、長保五年ごろに源頼光の長女と結婚すると、すぐに妻の一条大路南堀川東にあった頼光邸に移り住んでいる(4)。

つまり、源氏物語の書かれた一条朝ごろの貴族社会では、結婚生活は妻の側の屋敷で行われ、かつその屋敷は結婚して同居するとやがて夫が伝領する、というのが原則であったらしい。ただし、天皇の場合には妻の屋敷に通うことはないから、あるいは事情が違っていたかもしれない。だが、冷泉院や花山院らの上皇は、退位後はほぼ妻の屋敷を御在所として生活しているから、やはり一般貴族とほぼ同様であったかと考えられる。円融朝の中宮の藤原遵子は、父頼忠邸であった四条殿を里第としていたが、この四条第については、「太政大臣(頼忠)以私家造進、為後院也」

（百錬抄・天元四年七月七日）とあり、頼忠はこの「私家」を修理して円融帝の「後院」に献上したという。後院は天皇の私的な別邸とでもいうべきもので、退位後の御在所とされたりする屋敷である。

光源氏の二条院は、祖母が亡くなるとともに一時期桐壺帝の御領になっていたが、源氏が元服すると、父帝は修理職などに改築整備させた上で、改めて源氏に与えたのである。この当時「院」の名をもつ屋敷は、天皇や上皇の御所や御領になったことのあるものらしい。「二条院」の名もそれを示している。その後、源氏の本邸のこの二条院は、後に源氏が須磨へ移るに際して、紫上に譲られた。

さぶらふ人々よりはじめ、よろづの事みな西の対に聞こえ渡し給ふ。領じ給ふ御荘・御牧よりはじめて、さるべき所々、券など（青表紙系池田本ナド「ところ〳〵の」、同横山本「さるべき所々」ナシ。尾州家河内本「らうし給ところ〳〵みさうみまきのけんたつふみともなと」。別本ノ御物本陽明文庫本「所〳〵の」）、みな奉りおき給ふ。それよりほかの御倉町、納殿などいふことまで、少納言をはかばかしきものに見おき給へれば、親しき家司ども具して、しろしめすべきさまども宣ひあづく。（須磨・四〇六頁）

源氏が、こうして全財産を紫上に委譲したのは、いつ罪をこうぶるかも判らぬ身であり、そうなれば財産の没収ということになるかもしれず、ともかく紫上に渡しておこう、ということであろう(5)。さらに源氏は、紫上が身寄りもなく資産ももたず、社会的には自分の妻と認められていないその身の上を、かねてからあわれに思っていたので、この機会に紫上の経済的な基盤を固めておいてやろう、という配慮もあったに違いない。

紫上は、この須磨巻の時点になると、一往は源氏の妻というべき立場にあったが、社会的にはまだ源氏の妻と認知されるまでにはなっていなかった。社会的にも妻として認められるための条件は、まず身分家柄などが夫のそれとつりあっていなければならず、さらに妻の側に夫を迎えて住む屋敷や、夫との結婚生活を維持する経済的負担に耐えられる資力がなければならなかった。紫上には資力がなく、わずかに母方の六条の屋敷は残されていても、長年荒廃したままであり、勿論高貴な源氏を迎えられるようなものではなかった。それに何よりも、後に宇治の大君の場合について詳しく書かれるように、結婚生活を後見してくれる血縁者もいなかった。資産も身寄りもない女が、男の屋敷に引き取られ、男の経済力に頼って自分の生活を維持しているという状態は、当事者たちの主観的なうけ取り方はともかくとして、社会的に見れば、それはもはや対等な夫婦の関係ではない。いわば召人などと同じく、主従に近い関係なのである。源氏は紫上を二条院に迎えた時、その西の対を住居に与えただけでなく、さらに「政所、家司などをはじめ、ことに分かちて、心もとなからず仕うまつらせ給ふ。惟光よりほかの人は、おぼつかなくのみ思ひきこえたり」(紅葉賀・二四一頁)と、政所をおき家司をつけるという特別待遇をして、いわば高貴な男の正式の妻の立場と同等のものにしてやろうとしたけれども、(6) 二条院における最初の時期の紫上は、社会的には勿論、事情を知らない家人たちも不審に思うほどの、世間に隠れた内輪の存在だったのである。

こうした源氏との関係の始まり方は、後々まで紫上の妻としての立場を規定し、絶えず口惜しい思いをさせることになる。源氏の北方として降嫁した女三宮に初めて対面することになった時にも、「われよりかみの人やはあるべき、身の程なるものは、はかなきさまを見えおきたてまつりたるばかりこそあらめ」(若菜上・一〇七六頁)と、女三宮の下位に置かれた妻のいまの身の程も、もっぱら源氏とのこうした関係から始まったことによるのだ、と嘆いている。

源氏の帰京後、荘園や牧などの券は源氏に返されたのであろうが、少なくとも二条院の券は、紫上に委譲されたままであったらしい。この点については次の記事がある。

A　廿三日を御としみの日にて、この院はかくすきまなくつどひ給へるうちに、(紫ノ)わが御わたくしの殿とおぼす二条院にて、その御まうけせさせ給ふ。(若菜上・一〇八〇頁)

B　(紫上ノ病ハ) 同じさまにて二月も過ぎぬ。いふかぎりなくおぼし嘆きて、こころみに所をかへ給はむとて、二条院にわたしたてまつり給ひつ。(若菜上・一一六九頁)

C　二条の上のさばかり限りにて、泣く泣く (出家ヲ) 申し給ふと聞きしをば、いみじきことにおぼして、つひにかくかけとどめたてまつり給へるものを、(柏木・一二五三頁)

D　(紫上ハ) 年ごろ、わたくしの御願にて書かせたてまつり給ひける法華経千部、いそぎて供養し給ふ。わが御殿とおぼす二条院にてぞし給ひける。(御法・一三八二頁)

これらのうちまずAは、源氏の四十賀の御誦経などを行った精進落を、紫上は自分の屋敷だと考えている二条院で設けた、というのである。Dにも「わが御殿とおぼす二条院」とあって、同様のいい方がなされている。Bでは、六条院で病にふせっていた紫上の容体が思うように回復しないので、三月になって場所を変えて自邸というべき二条院で静養させることにした、というのである。紫上は二条院に移っても回復せず、四月には危篤におちいったりしたが、五戒を受けたことなどにより小康を得て、十二月には延期されていた朱雀院の五十賀が行われる予定だったので、六条院に移った。この間、柏木と女三宮の事件、明石女御の匂宮出産などがある。Cは、紫上が六条院に帰った翌年、病床にある柏木を見舞った時の夕霧の言葉である。したがって、そのころ紫上は六条院にいたと考えられ、夕霧がそれを知らないはずはない。ところが、夕霧はその六条院にいた紫上を、ここでは「二条の上」と呼んでいる。つまりこれは、このころの紫上は一般的に世間で「二条の上」と呼ばれていた、ということであろう。だからこそ夕霧も、柏木に紫上のことを指示するのに、当時もっとも普通に行われていた「二条の上」の呼称を用いたのである。やはりこれは、二条院が紫上の屋敷であったことを暗示し、紫上も六条院で生活することが多くとも、病気の静養や精進落の儀式など、私邸で行うことが必要な場合には、二条院を用いていたのである。

紫上没後の二条院は、紫上の可愛がっていた匂宮に伝領される。それは

まろは、内の上よりも、宮よりも、ばばをこそまさりて思ひきこゆれば、おはせずは心地むつかしかりなむ、とて、おしすりてまぎらはし給へるさま、をかしりれば、ほほゑみながら涙は落ちぬ。おとなになり給ひなば、こ（二条院）こに住み給ひて、この対の前なる紅梅と桜とは、花の折々に心とどめてあそび給へ、さるべからむ折は、仏にもたてまつり給へ、と（紫ガ匂ニ）聞こえ給へば、（御法・一三八八頁）

などとあるごとく、紫上が生前から匂宮に譲ると話していたからである。ここの紫上の言葉からも、二条院が紫上の所有であったことがうかがわれる。

2　女が男の屋敷に移されるということ

もっとも、二条院が紫上のものであったと断定するには、前記Aの「わたくしの殿とおぼす二条院」、Dの「わが御殿とおぼす二条院」とあるやや曖昧ないい方に問題が残るかもしれない。高橋和夫氏はこの点に注意して、源氏が須磨に移る時、二条院の管理は紫上に委譲したが、所有権は依然として源氏にあったのであり、やはり紫上は二条院の所有権者ではなかったからだ、とされている。またその根拠の一つに、源氏が六条院を造る以前において、本邸としている二条院を紫上に譲渡するはずがない、とされている。[7]

確かに「おぼす」という曖昧ないい方は問題である。また、源氏が須磨に移るところで、二条院などの「券」は紫上に「みな奉りおき給ふ」とあったが、この「奉りおく」も微妙ないい方である。須磨巻の記事は、高橋説のように財産の管理のみを委譲したものだ、と解すべき可能性もあるかもしれない。しかし、若菜巻のあたりでは、二条院は紫上に譲られていた、として書かれていると私は考える。「おぼす」とある曖昧ないい方については、当時の屋敷な

どの所有権が、近代法における整備された財産権の概念とは大きく異なるところがあり、殊に夫婦間にあっては、屋敷の所有権に明確ではないところがあったからだ、と私は考える。

実はこの物語には同様な例がいま一つ、宇治の八宮邸に関して見える。大君の二回忌を迎えるころ、中君も匂宮の伝領した二条院の西の対に引き取られたので、薫は、思い出の多い八宮の山荘の寝殿を宇治の阿闍梨の山寺に移築して、八宮一家のための堂を建てることを決心して、次のようにいっている。

昔の人の、ゆゑある御住居に占め造り給ひけん所をひきこぼたん、情なきやうなれど、その御心ざしも、功徳のかたにはすすみぬべくおぼしけんを、とまり給はん人々おぼしやりて、えさはおきて給はざりけるにや、いまは兵部卿の宮の北方こそはしり給ふべければ、かの宮の御領ともいひつべくなりにたり。されば、ここながら寺になさんことは便なかるべし。心にまかせてさもえせじ。（宿木・一七五九頁）

この山荘は、本来の相続人である八宮の二人の娘のうち、大君の亡くなったいまは、残った中君が相続するはずのものである。ところが薫は、いまでは中君「こそはしり給ふべければ」といい、中君のものだとは断言していない。さらに、中君が相続人であるべきなのだから、つまりその夫の匂宮の御領だともいい得るものになった、とすこぶる曖昧ないい方をしている。さらに薫は、中君を所有者と認めるごとき発言をしながらも、その中君にはまったく相談せずに、寝殿を壊して寺に移すことを命じている。さらにこの後、浮舟をここに住まわせることもしている。

こうした発言をする薫はどういう立場にあり、ここで八宮の山荘の相続人をどう考えているのかについては、かつて論じたことがあるので、いまその山荘の相続者に関わる部分の結論のみを要約すれば、次のようなものである。(8) 一般によくいわれている大君の「結婚拒否」説からすれば意外かもしれぬが、物語世界での薫は、八宮家の婿になり、大君の夫という立場でこの一家に関わってきた、ということなのである。したがって、八宮亡きあとの山荘の伝領者は大君であり、また同時に婿の薫でもあった。ところが、薫の伝領の資格は大君の夫という点にあり、その大君の亡くなったいまの薫はやや資格に欠けるところがある。もし八宮に大君以外の女子がなければ、前述した藤原実資の二条第の例のように、やはり婿の薫のものになったであろう。ところがいまは中君がいて、しかも匂宮の妻になっている。当時結婚した女子が妻の地位を保持するには、一つに自分の屋敷がなければならなかった。そこで、八宮家の婿であり中君の後見人でもある薫は、当然に自分もまたこの山荘の伝領権者であるけれども、やはり中君に相続させるべきか、と考えているのである。さもなければ、中君には何の相談もせず寝殿を壊して堂を建てることにしたり、「いまは兵部卿の宮の北方こそはしり給ふべければ」というような曖昧ないい方をする理由が考えられないであろう。こんな山荘であっても、少しは中君の妻としての立場を助けることにはなるかもしれないのだが、と薫は考えているのである。

紫上に譲られた二条院は、本来源氏の屋敷であったものが無償で贈与された、という点では、紫上のものとなった理由にやや弱いところがあり、さらに源氏の須磨退居のためという緊急避難的な事情もあったから、完全に紫上のものになっていた、とは一般の人々からは認めにくい点があるにしても、やはりほぼ紫上の屋敷ということができるものだ、と考えられるのである。

当時の人々にとって、家屋敷というもののもつ意味は、近代人のそれよりもはるかに大きく、殊に婚姻という他家との関係を新しく設定する場合には、重要な意味をもったに違いない。女の側からすれば自分の家に婿を迎え入れるというのと、自分が男の屋敷に引き取られるというのとでは、決定的な違いがあった。この物語にもそのことはさまざまな場面で取り上げられている。

空蟬は、父の権大納言が亡くなって、家が没落したために、伊与介の後妻となり、その弟と共に夫の屋敷に引き取られている。この身分違いの男の後妻になって夫の屋敷に移り住んでいることは、空蟬に非常な屈辱感をもたらしている。その反面、上達部の娘であったという空蟬の誇りは、老いた伊与介が若く家格の高い妻を大切にあつかったこともあって、夫を心にもかけずに見下して日を過ごす生活を可能にしていた。しかし、源氏といういまの自分とは遙かにかけ離れた高貴な男にであうと、夫に対するのとは逆に、劣等感を強く意識させられることになり、源氏の誘いに乗ることができなかった。空蟬は源氏に口説かれた時、もしこれが、自分の屋敷に源氏を迎えることのできる娘のころだったら、ともいっているが、この時は夫の家でさえもない紀伊守邸に身を置いていて、しかもその上、自分の寝床から源氏の寝床へと連れてこられたことに、深く傷ついている。そのことの空蟬にとっての意味は、表層的には自分が極めて手軽にあつかわれた、ということであろうが、その奥には、男の家に召し寄せられた女、という象徴的なあり方を類推させるものがあり、それを空蟬も、そしてまた作者も、意識しているのではなかろうか。(9)

明石君の物語も、終始その身分違いの夫の源氏との関係を、よわい妻の立場から書いている。望みどおりに源氏を明石に迎えて、娘との結婚話をもちかける父の入道に、源氏は、自分の方から娘のもとに通うつもりはないので、娘を自分の住居に差出せといい、明石君はそれを強く拒否して、結局源氏の方から明石君の住居に通うことになる。源氏と明石君とでは身分が大きく違うから、源氏を通わせることになったからといって、明石君の妻としての立場がその身分以上のものになるわけではない。だが、そうした男女の身分格差とは別に、ここのやりとりによく象徴されているように、女が自分の家に男を通わせるのか、男の側の家に女が移るか、という結婚生活の行われる場の問題は、妻の立場に決定的な意味をもつところがあった。

明石から帰京した源氏は、明石君が自分の娘を産んだのを知って、娘を将来は后にと考えて、母子を京の二条院へ迎えようとした時にも、明石君は容易に上京を承知しなかった。物語ではその理由をわが身の程を思ひ知るに、こよなくやむごとなききはの人々だに、なかなかさてかけ離れぬ御有様のつれなきを見つつ、物思ひまさりぬべく聞くを、まして何ばかりのおぼえなりとてか、さし出でまじらはむ、わが君の御おもてぶせに、数ならぬ身の程こそあらはれめ、たまさかにはひ渡り給ふついでを待つことにて、人笑へにはしたなきこと、いかにあらむと思ひ乱れて、（松風・五七九頁）

と記している。源氏から呼ばれても明石君がすぐには上京しなかったのは、高貴な源氏の妻たちの中での生活の気苦労、卑しいわが身が娘の恥になること、などを思い悩んでのことである。上京を決心した明石君がまず考えたのは、何よりも自分は源氏の妻だと世間に確認させることであった。そのためすぐには二条院には入らずに、しばらく大堰の山荘に身を置くことにした。明石入道の資力をもってすれば、都に屋敷をもつことは容易であろう。それなのに、長年住む人もなく荒れていた山荘を、わざわざ莫大な費用をかけて修理し、人里離れた寂しい地に住むことにしたのは、要するに明石での源氏との初会の場合と同じく、源氏を自分の屋敷に通わせるためであった。卑しい田舎娘の自分が、高貴な人たちの集う都の源氏邸に突然に入るのでは、よくても召人程度に見られてしまう。侍女ではなく妻なのだ、と世間に認知させるために、明石君は源氏をわざわざ自分のもとに通わせるこんな方法を考えたのである。危険な賭ではあるが、源氏の娘が自分のもとにいる以上は、自分たちを見捨てるようなことをするはずがない、と計算したのであろう。

和泉式部日記にも、主人公の女は帥宮邸に入ることについて、大きな抵抗感をもっていたさまが描かれているが、最初から女が男の屋敷に移るというのは非常な屈辱であり、この時期にあっては、やはり妻の資格を大きく欠くものだ、と考えられていたらしい。紫上は、源氏の妻として引き取られたというのとはやや違い、さらに源氏もまた、政所や家司をつけるなど、紫上を引き取るについて特別の配慮をしているが、それでもなお紫上の妻としての基盤は、客観的には決定的に薄弱なものであった、とすべきである。

3　六条院と六条御息所邸と紫上邸

二条東院造営の五年後、乙女巻でさらに源氏は、「六条京極の（別本諸本「の」ナシ）わたりに、中宮の御ふるき宮のほとりを四町をこめて（青表紙系横山本等、河内本「しめて」）造らせ給ふ」（乙女・七〇七頁）と、広大な六条院を新築した。そして、源氏と紫上の住居は東南の町、花散里は東北の町、秋好中宮は西南の町、明石君は西北の町と定めた。西南の町はもとの六条御息所の屋敷の地であったから、そこはそのまま秋好中宮の住居としたのだという。六条院が、秋好中宮の旧邸をもとに、附近をとりこんで造営されたというのは、つまり源氏はそれ以前から六条御息所の屋敷を伝領していたからである。

伊勢から帰京した御息所は、六条の旧宮を修理して優雅に暮らしていたが、病により尼になった。その話におどろいた源氏が訪れた時、御息所は娘斎宮のことを「必ず事にふれてかずまへきこえ給へ、また見護る人もなく、たぐひなき御有様になむ」と頼み、源氏も「かかる御事なくてだに、思ひ離ちきこえさすべきにもあらぬを」（澪標・五〇五頁）と答えている。この御息所の遺言で、秋好を源氏の養女とすることが確定したが、源氏の「思ひ離ちきこえさすべきにもあらぬを」の語は、わざわざ遺言されずとも、当然に源氏は秋好中宮を娘として後見するつもりでいたし、客観的にもまた、源氏が世話すべき事情にあったことを示している。御息所の「必ず事にふれてかずまへきこえ給へ」の強い依頼の語や、高貴な御息所が娘のことまでも遺言するという相手への対応は、やはり源氏を「夫」と考えているからであろう。ここは、一時期仲が離れていた「夫婦」、という関係のやりとりになっている。御息所は、決して源氏の単なる愛人というわけではなかった。したがって、御息所が亡くなると、六条の屋敷は夫の源氏の所有となり、後の六条院は、源氏が亡くなった妻の屋敷をもとに、四町に拡張したものということになる。

源氏の御息所との関係は、「六条わたりの御しのびありきころ」(夕顔・一〇一頁)とも書かれていたが、特に世間に秘すべきことではなく、桐壺帝も知っているほどに周知の関係であった。もし御息所が、元東宮妃という高貴な身分でなかったならば、わざわざ「しのびありき」という形をとる必要もなかったであろうが、北方の葵上に劣らぬ身分だったので、両者の立場を傷つけないために、当事者をも含めた貴族社会全体が、「しのびありき」と見なすことで秩序を保っていた、というべきあり方だったのであろう。当時には、源倫子と源明子の二人の妻に公然と通った、藤原道長のようなあり方も可能だったのである。源氏の場合は、御息所との関係を公然のものにすれば、葵上を尊重しない態度ということになるし、後から妻になった御息所にとっても、葵上の下位にたつ妻という地位が明白になることで、忍んだ関係よりも却って傷つくところがある。例の賀茂祭の御禊の日の車争いの場面に象徴されるように、自己のうけ入れていない相手との身分地位の差が、公の場で明確につけられることに、御息所は耐えられなかったのである。御息所の生霊事件は、夫の愛情を争う二人の妻といった性格のものとは違って、物語が明確に書いているように、御息所からすればせいぜい自分と同格と見なしていた葵上から、はるか下位の存在としてあつかわれる屈辱をうけ、祭という晴の場で恥ずかしめられた、という社会的序列づけに関わるものであり、公の場で与えられた恥辱についての恨みに起因するものなのである(10)。

この物語に書かれているところでは、妻としての序列は第一に葵上、次いで六条御息所ということになるが、それは葵上が婚姻の手続きを経た最初の妻であったことから、というわけでは必ずしもなく、序列を決定する第一の条件はやはりその妻の身分や勢力であり、客観的には後見のないこの時点の御息所の社会的地位は、葵上の下位にあったからである。そのことは髭黒北方と源氏の後見する玉蔓の例からも類推できるであろう。

ところで、源氏の六条院の位置は「六条京極のわたりに」と記されていた。物語ではそれ以上に何もふれてはいないが、この「六条京極（の）わたり」こそは、かつての紫上の屋敷があった地ではなかったか（若紫・一七七頁）。物語中で「六条京極」の語は、この二例の他には見えないのである。紫上のこの六条邸は、祖母が亡くなり源氏が紫上を引き取った時点で、六条御息所邸と同じく源氏が伝領していたと考えられる。[11]

紫上は、源氏とともに六条院の東南の町に移り住んだ。「対」とか「対の上」と呼ばれていることもあるから、この町の西の対に住んでいたのであろう。物語では「六条京極」の語を秋好中宮の旧邸に関わらせて記しているが、六条院四町の中でもこの「六条京極」にもっともふさわしいのは、秋好の西南の町であるよりは、紫上と源氏の住む東南の町なのである。これはやはり紫上の住むことになった東南の町が、もとの紫上の屋敷の地だったことを暗示しているのではなかろうか。四町の中で、主人の源氏と紫上の夫婦が住むとすれば、もっとも適切な位置は東南の町である。ただしこの町の位置の意味は、そうした陰陽思想などからだけではなくて、これまで長く紫上が源氏の妻として望んでいたこと、自分の屋敷に源氏を迎えて住まわせることができたら、と口惜しく思っていたそのことが、ようやくこうした形で実現したことを暗示しているのではなかろうか。物語では、六条院が六条御息所の旧邸の地をもとに造営されたことを記して、紫上の六条京極邸のことにふれないのは、六条院東南の町が紫上の旧邸であったことを明記しては、その町に女三宮を住ませることがしにくくなる、という事情があったのではなかろうか。

そうした事情を想定すれば、若菜巻で女三宮が降嫁してきて、本来の自分の屋敷の地というべき東南の町の寝殿に住むことになった口惜しさは、改めて深刻なものであったことが想像される。物語世界で、紫上の本邸が二条院であることが繰り返し記されるのは、女三宮が六条院の東南の町に移ってきてからなのである。自分の旧邸の地であった東南の町をも女三宮に譲り、衰えた病身を、その二条院に退いて養っている晩年の紫上の悲哀は、限りなくふかい。

注1　当時の貴族社会の結婚制度について、いわゆる一夫多妻制とする通説に対して、工藤重矩氏に、古代の基本法である養老令に規定するのは一夫一婦制であり、以後平安時代に至るまで一貫して、実質的にも一夫一婦制であった、とする説がある（『平安朝の結婚制度と文学』風間書房、一九九四年）。私はこれに賛成できないが、ただし、この物語の婚姻制度や実態についてはまた不明なところが多くあり、体系的に自説を述べるまでの理解には至っていない。その一端は、拙稿「蜻蛉日記の作者の結婚形態―嫡妻・妾妻・北方―」（上村悦子編『王朝日記の新研究』風間書房、一九九五年）などに示したが、本稿もその一つである。

2　高群逸枝『招婿婚の研究』（理論社、全集第二巻）第六章など。高群説については、近年否定的な評価がなされたりすることが多くあるが、細部には不十分なところが多くあり、修正すべき見解をかなりもっているにせよ、基本的にほぼ認められるように私は考える。

3　吉田早苗「藤原実資の二条第について」（『日本建築学会大会学術講演梗概集〈東海〉』一九八二年十月）。また、妻の源惟正女については、同「藤原実資の家族」（『日本歴史』三三〇号、一九七五年）参照。

4　鮎沢（朧谷）寿『源頼光』（吉川弘文館、一九六八年）は、道綱が頼光女と結婚した時期を、道綱が先妻の源雅信女を亡くした長保二年以後、寛弘元年以前と推定されている。道綱が頼光の一条邸に住んでいた確証は『小右記』長和二年六月二十五日条の記事であるが、藤原行成は寛弘元年四月二十日の賀茂祭を「於一条大納言殿北門見物」（権記）と記していて、既にこの時期に一条大路南の頼光邸に住んでいた可能性が高い。その他にも、和泉式部が橘道貞と結婚した時、和泉の父大江雅致は娘夫婦のための屋敷を二条に設けていたが、後に道貞は和泉と離別してこの家を出ている。拙著『冥き途―評伝和泉式部―』（世界思想社、一九八七年）参照。また、既に早く中務卿重明親王は、天暦二年十一月二日に藤原師輔次女の登子と坊城第で結婚式を行なったが（李部王記）、やがて師輔の東三条殿で同居している（斎宮女御集）。

5　紫上は、全財産を譲られたわけではなく、単に運営管理をまかされただけだ、とする説もある。脇田晴子「中世における性別役割分担と女性観」（『日本女性史』第二巻、東京大学出版会、一九八二年）。しかし、券を渡すというのは、やはり譲渡とすべきではないかと思う。ただし、当時の譲渡の概念どういうものであったのかは改めて検討すべきである。

6　政所や家司などを「ことに分かちて」というのは、紫上がこの屋敷で、侍女ではなく、源氏にならぶあつかいをうけたことを示すが、しかしそれは、源氏から与えられたものであり、自力でもったものとはやはり異なるところがあったであろう。花散里も政所・家司をもち（松風巻）、その詰所もある正式のものであるが、これは同居以前からもっていたものである。

7　高橋和夫「源氏物語に見られる邸宅とその伝領について―二条院と六条院」（『《源氏物語》の創作過程』右文書院、一九九二年）参照。源氏の本邸としている二条院を、紫上に譲るはずがない、という点はもっともであるが、二条東院の造営がこれと関係して、源氏の新しい本邸という意味があったのではなかろうか。なお高橋氏の論には、この源氏の二条院についての考察の他に、源氏の六条院の構造などについても詳細な考察がある。

8　世間の人々から見れば、大君が薫と結婚していた、というべき関係にあったことについては拙稿「浮舟の出家」（『源氏物語と和歌研究と資料―古代文学論叢第四輯―』武蔵野書院、一九七四年）参照。

9　帚木巻におけるこの場面のもつ意味については、これまでにも幾度か言及したことがあるが、最近のものでは拙稿「帚木三帖の意味―源氏物語の主題―」（紫式部学会編『源氏物語とその前後―古代文学論叢第十四輯―』武蔵野書院、一九九七年）参照。

10　この点については、拙稿「葵巻の六条御息所」（『解釈と鑑賞別冊・人物造型から見た源氏物語』鈴木日出男編、平成十年五月、至文堂）参照。

11　六条院の四町については、東南の町と東北の町が源氏の所有、西南の町が秋好の所有、西南の町が明石の所有とする説がある。木下ユキヱ「源氏物語にみる婚姻・居住・相続」（お茶の水女子大学女性文化研究センター『女性文化資料館報』第七号、一九八六年）参照。いま詳説はできないが、六条院四町の所有者はやはり源氏であり、分有されるようなあり方は考えられないと私は思う。

第二章　源氏物語に描かれた住宅

源氏物語には、一条朝ごろの一般の貴族住宅のあり方を考えさせる記述が多い。それらは、建築の形態だけではなく、日常生活における使用法などについても、他の文献には見られない具体的なあり方をうかがわせるところを多くもっている。里内裏になった一条院や、藤原道長の土御門殿のような大邸宅については、その細部の構造までも解明されているけれども、一般の住宅についてはほとんどまとまった資料のないこの時代にあって、源氏物語などの文学作品は、当時の住宅を知るについても重要な資料である。源氏物語は事実を記述した文献ではないけれども、その記述の多くは、当時の人々の生活していた住宅のあり方を前提にして書かれているはずである。中には、光源氏邸の六条院のように、当時の現実から離れた記述もあることには注意しなければならないが、しかし、全体としてみれば、当時の貴族住宅に関する多くの知見を与えてくれると考えられる。殊に源氏物語の描写は、細部にいたるまで詳しく、作者の空間感覚・認識の深さを思わせるのである。

以下、源氏物語に多く描かれている住宅のうち、この物語の世界が最初に展開される中川の紀伊守邸と、宇治十帖の世界の主要な舞台になる宇治の八宮邸をとりあげて、そこにうかがわれる人々の居住空間を考えてみたい。

一　紀伊守の中川の家

1　中川の地

夏の一夜、光源氏は方違のために、京の東北郊の中川にある紀伊守邸に行った。紀伊守は、その父の伊与介とともに、源氏の家人であったらしい。そこは、

紀伊守にて親しく仕うまつる人の、中川のわたりなる家なむ、このごろ水堰き入れて涼しき陰に侍る……田舎家《いへ》だつ柴垣して、前栽など心とめて植ゑたり。（帚木・六四頁）

とあり、この紀伊守邸では、中川から水路を設けて邸内に引いてきていたのである。[1] 中川・鴨川に近く、泉水にめぐまれた風流な庭をもち、後述するように、寝殿に東西の対屋をもつ風雅な新邸であった。

「中川」は東京極を流れる川で、「旧記曰、京極川二条以北を号中川云々」（河海抄）とある。何故に二条以北なのかは不明であるが、近衛大路末の南には広幡社があり（公季公記・長和元年大嘗会御禊日例）、中御門大路末にあった祇陀林寺（広幡院）の辺りも、「広幡」と呼ばれていたらしいから（大日本史料長保二年四月二十日条所引興福寺官務牒疏）、地名としての中川は近衛大路末よりは北をさすのであろう。もっとも、蜻蛉日記の作者が晩年に移り住んだ地は、「今日あす広幡中川のほどに渡りぬべし」とあるので、広幡の辺りも広く「中川」と呼ばれていたとも考えられる。[2] 中川には、十世紀末ごろ藤原敦忠男の内蔵助助信の建てた「池・遣水・山などありて、いとをかしう造り立てて、（助信ノ子ノ相如ガ）殿（藤原道兼）の御方違所といひ思ひたる家」（栄花物語・見果てぬ夢）があり、道長の法成寺も最初は「中川御堂」

と呼ばれたが、その法成寺の東北の、後に東北院の建てられることになる地には、もと定基僧都の「中川住所車宿」があり（小右記・長元四年七月六日、康平記・康平四年七月二十一日）、そこは源雅信二女で藤原道綱妻の産所（栄花物語・鳥部野）に用いた別宅であった。また、證空阿闍梨の「中川車宿」（小右記・寛仁元年七月二日）、深覚僧都の「中川の家」（栄花物語・本の雫）や、永円僧都の坊（栄花物語・衣の玉）もあって、僧侶の「車宿」も多く設けられていた地であった。

つまり、この時期の中川の地は、京の中では身分による建築制限が厳しく、受領階級は四分の一町家以上は禁止されたりしていたし（日本紀略・長元三年四月二十三日）、僧侶たちが車宿と称して、京内に別邸を設けて妻を置いたりすることは禁止されていたから（権記・長保二年五月十五日）、そうしたわずらわしい制約を避けて、受領が風流な屋敷を設け、僧侶が車宿を置く地になっていた、と考えられる。紀伊守邸が中川に設定されているのにも、そうした背景があるのであろう。

2　紀伊守邸の規模

紀伊守は、源氏が来ると聞いて、「伊与守の朝臣の家につつしむこと侍りて、女房なむまかり移れるころにて、狭き所に侍れば、なめげなることや侍らん」と弁解しているように、実はこのとき、紀伊守の父伊与介の後妻空蟬が身を寄せていたのだが、源氏を迎えるために急遽「寝殿の東面払ひあけさせて、かりそめの御しつらひしたり」と準備をした。ここの「寝殿の東面」は寝殿の東側、東の母屋や東庇をいう語であり(3)、源氏を迎え入れるために、後述するように、東の母屋にいた空蟬を西の母屋へと移したのである。

紀伊守邸は、この主殿の寝殿を中心にして東西に対屋をもち、それら対屋への渡殿を設けた、所謂寝殿造であった。もっとも、屋敷の周囲にはいかめしい築地塀ではなく、「田舎家だつ柴垣」をめぐらしたものであった。しかし、「田舎家だつ」といっても、本邸とする住居であるから、臨時に使用する山荘などとは違う。同時代の正暦年間ごろ、但馬守高階明順の上賀茂あたりに設けていた山荘は、

田舎だち事そぎて、馬のかた描きたる障子、網代屛風、三稜草《みくり》の簾《す》など、ことさらに昔をうつしたり。屋のさまもはかなだち、廊めきて、端近にあさはかなれど、をかしきに、（枕草子「五月の御精進のほど」の段）

というものであったが、それらとは違って、この中川邸はわざとやつした造りの家であった。

この家が、東を晴として使用されていたことは、光源氏がこの家に来るときには東側から門を入り、西の渡殿に女房の局があり、西の対に紀伊守の妹の軒端荻が住んでいることなど、西が女性たちの居住する褻の空間であるらしいことから判る。東は鴨川に面しているはずであるが、鴨川べりの屋敷で東が晴に用いられている例は、源融の六条院にも見られる。(4) 源氏の御座も東の母屋に設けられていたが、空蟬巻で小君の車に乗ってこの家に入ったときの様子が、

門など鎖さぬさきに、と急ぎおはす。人見ぬ方より引き入れて、下ろしたてまつる。……東の妻戸に立てたてまつりて、我は南の隅の間より、格子をたたきののしりて入りぬ。（源氏物語大成、空蟬・八六頁）

と記されている。「人見ぬ方」とあるのは、正式の東門の他に、別に東面に通用門があったのであろう。源氏が始めてこの家に来たときには、東の正門から入ったのであろう。このときには源氏の供人たちは、「人々、渡殿より出でたる泉にのぞきゐて、酒飲む」（帚木・六五頁）とあり、この渡殿は東対への通路であろう。この紀伊守邸について、「東対」の語は見えないけれども、こうして寝殿の東に「渡殿」のあることは、当然「東対」のあったことを思わせる。対屋あるいは対代がないのに、「渡殿」と呼ばれるような、本格的な建物があることは考えにくい。この東の渡殿については後にも述べる。

物語中には「西対」の語も見えないけれども、源氏が再度この家を訪れたときに、やはり西の母屋の空蟬の寝所に

忍び込もうとしたが、空蟬は「渡殿に、中将といひしが局したる隠れに移ろひぬ」(帚木・七七頁)とある。空蟬の隠れた中将の局のある渡殿は、西対への渡殿であることは明らかである。この家には、女房たちが「しもに湯におりて」(帚木・六八頁)と「しも」[5]と呼ばれる使用人用の雑舎もあるが、そんな雑舎への通路に「渡殿」が設けられるはずがない。この渡殿も、道長の土御門殿の渡殿と同じく、[6]通路の片側に女房の局にする空間をもつような、梁行の長い建物であり、当然に寝殿などもそれに対応した規模のものなのである。また、主人の妹の軒端荻は、「西の御方」(空蟬・八六頁)「西の君」(空蟬・九四頁)と呼ばれている。これは、西対に住んでいたことからする呼称であろう。つまり、この紀伊守の中川邸は、寝殿とその東西に対屋をもつ堂々たる邸宅なのである。ただし、「中門」の語が見えないのは、「柴垣」をめぐらしていることと合わせて、やや所謂寝殿造とは違っていたのかもしれない。

3 寝殿の構造

この屋敷の寝殿は、五間四面のものであったらしく思われる。源氏から方違所にと命ぜられた紀伊守は、「せばき所に侍れば」と謙遜していたことなどからか、三間四面とする説もあるが、[7]これまでの検討からしても、この家には東西の対屋があり、それも三間以下ということはあり得ないから、それに対して寝殿が三間では不均衡でもある。

最初に源氏がこの家に来たとき、「寝殿の東面」に迎え入れられた。源氏の御座所は当然に寝殿の母屋に設けられていたであろう。ただし、暑いころだったので、御簾や格子はあげられていたので、渡殿に涼んで酒を飲んでいる供の人々や、紀伊守の「いそぎありく」姿は見えたのである。この家に来た最初、源氏が東の母屋の御座所に入れられたときに、西隣の人の気配に耳をすましていたところ、

この西面にぞ人のけはひする。衣の音なひはらはらとして、若き声ども憎からず。……灯《ひ》ともしたる透き影、障

子の上《かみ》より漏りたるに、やをら寄り給ひて、見ゆや、とおぼせど隙《ひま》もなければ、しばし聞き給ふに、この近き母屋につどひゐたるなるべし。（帚木・六五頁）

と記されている。女たちは西隣の母屋にいて、源氏の噂をしていて、その西隣の灯影が、源氏のいる東の母屋との隔ての障子の上部から漏れてくる、というのである。

当時の寝殿は、中央部に南北に障子や戸を立てて二分し、東の母屋と西の母屋に分けて使用するのが普通であった(8)。源氏物語に描かれた寝殿は、すべてこのように東西に二分して使用されている、と考えて矛盾する例はない。この記事からしても、中川邸の寝殿は東西に二分され、いま源氏は東の母屋に、女たちは西の母屋にいて、障子で仕切られている。「この西面」とあるのは、源氏の立場からする記述で、自分のいる東の母屋の御座の位置からしての「西面」である。その西の母屋の灯が、隔ての障子の上から漏れてくるというのは、この障子の立てられた上長押の上部には、東西の母屋を隔てる壁や板などがなくて、透け透けになっているからである。この時期には天井も用いられていたが（権記・寛弘八年五月九日）、この寝殿では天井がなかったか、あるいは、天井が張られていたとしても、上長押と天井の間に隣の灯が漏れてくる透けた空間があったのであろう。西の母屋の灯が漏れてくるとあることも、このとき源氏が東の母屋にいたことをうかがわせる。東庇や南庇では、上長押の上部から漏れる灯は、巻上げた母屋の御簾などに妨げられて見えにくいであろう。「衣の音なひ」が聞え、源氏が「やをら寄りて」とあるのも、母屋にいたことを思わせる。

その後、源氏は御前にやってきた紀伊守と話をしたりしてから、「端つ方の御座《おまし》に、仮なるやうにて御殿籠れば、人々も静まりぬ」（帚木・六六頁）ということになった。これは、源氏が南庇にも設けられていた御座に出て、涼みながら紀伊守の奉った果物をたべたり話をして、そこにそのまま酒の酔いで、うたた寝してしまったことをいうのであろう。「仮なるやうにて」とあるのは、母屋に寝所としてもうけられていた御座ではなく、簡略な南庇の御座だったからである。そのあとに続く、源氏と紀伊守とが、小君や空蟬について話している記事は、そのうたた寝をするまでのでき事を、時間的に遡って記したものであろう。これはよくある書き方である。源氏はその後ひと眠りして覚めてから、東の母屋の本来の寝所に移って寝ていたらしい。ついで、

酔ひすすみて、①みな人々簀子に臥しつつ、静まりぬ。君は、とけても寝られ給はず、いたづら臥しとおぼさるるに、御目さめて、②この北の障子のあなたに人の気配するを、こなたや、かくいふ人（空蟬）の隠れたる方ならむ、あはれや、と御心とどめて、やをら起きて立ち聞き給へば、ありつる子（小君）の声にて、「物けたまはる、いづくにおはしますぞ」と枯れたる声のをかしきにていへば、「ここにぞ臥したる、まらう人は寝給ひぬるか、いかに近からむと思ひつるを、されど気遠かりけり」といふ。寝たりける声のしどけなき、いとよく似かよひたれば、姉《いもうと》と聞き給ひつ。③「庇にぞ御殿籠りぬる。……④まろはここに寝侍らむ。あな苦し」とて、灯かかげなどすべし。⑤女君は、ただこの障子口筋かひたるほどにぞ臥したるべき。「中将の君はいづくにぞ。人げ遠き心地して、物おそろし」といふなれば、⑥長押のしもに人々臥していらへすなり。（帚木・六七〜六八頁）

というでき事が続く。これは、源氏が「仮なるやうにて御殿籠れば」とあってから、かなりの時間が経過して後である。紀伊守や初め渡殿で酒を飲んでいた供の人々などは、南庇の源氏の御前の簀子に来ているらしい。①は、源氏が南庇にいたので、その南の簀子であろう。人々は酔いつぶれて簀子に寝てしまい、南庇でうたた寝をしていた源氏も、そのころには本来の東の母屋の寝所に移って寝ていたのである。

したがって、②の「この北の障子のあなた」は、いま源氏の寝ている東の母屋の寝所からして北にある障子の向う側、つまり東の母屋の北庇との仕切の障子の向うの北庇のことである。小君が空蟬に、③の源氏が「庇にぞ御殿籠り

ぬる」といったのは、小君は、源氏が南庇にいたときにはその御前の簀子にひかえていたのだが、源氏が「仮なるやうにて御殿籠」ったので、退いたたまま、現在は源氏が母屋の寝所に移っているのを知らなかったのである。だから、自分のいる北庇と、源氏の寝ている南庇とは少し離れていると思い、小声で空蟬と話しているのである。もし源氏が母屋に寝ているのを知っていたら、源氏にも聞えるような声では話さなかったであろう。また小君が、空蟬はどこに寝ているのかと聞いたのは、いま小君は源氏のいる東の母屋の北庇にいて、空蟬は西の母屋に寝ていると見当はつけていたものの、それを確認するために外から西の母屋内へ声をかけたのである。④は、自分はこの北庇に寝るといったもので、これからすれば、小君などの男性も寝るときにも灯をともしておいたらしい。

⑤の「この障子口」は、源氏のいま耳を傾けている位置から西側の、空蟬の声のしている西の母屋への出入り口にある障子である。つまり、この障子により寝殿の母屋は東西に仕切られている。「筋かひたるほど」の語からすれば、空蟬はこの障子口を定点にして、源氏とは対称の西の母屋内の位置に寝ているらしい。また、⑥の「長押」は、西の母屋と西庇（北庇には小君がいる）との境の下長押であろうから、西の母屋には主の空蟬が、西庇には女房の「人々」が寝ている。この寝殿の母屋は東西に二分して、それぞれに寝所を設けるだけの広さのものなのである。

さて、西の母屋に空蟬の寝ていることを知った源氏は、

かけ金をこころみに引きあげ給へれば、あなたよりは鎖さざりけり。几帳を障子口には立てて、灯はほの暗きに見給へば、唐櫃だつ物どもを置きたれば、乱りがはしき中を分け入り給へれば、ただ一人いとささやかにて臥したり。（女ハ）なまわづらはしけれど、上なる衣押しやるまで、求めつる人（中将）と思へり。（帚木・六八頁）

と、その寝所に入込んだ。

まず、母屋を東西に仕切るこの障子には、両側から「かけ金」をかけるようになっているのは、母屋の障子だから

であろう。枕草子（大進生昌が家に）に、平生昌邸の東対の北庇と西庇の仕切の障子には、「かけ金」のない例が見える。この障子の立てられたところは「障子口」とよばれ、この障子を開けると、そこには几帳が立ててあったというのは、これが東西の母屋の通路になっているからで、表の東の母屋から入る人があった場合、奥（西の母屋）が見通せないようにしていたのである。この障子は一般に、「中の障子」「中の戸」（若菜上）と呼ばれたものである。(9) 母屋の梁行は二間分あり、その中央には棟や上長押を支える柱が立てられることもあったと考えられる。したがって、この障子を立てる間は、棟柱の南北に二間分あることになる。当時の障子は、柱間一間に二枚立てるもので、その柱間内で移動させて開閉するものであったから（源氏物語絵巻など）、棟柱の南北の二間に障子を立てた可能性も残るが、この「障子口」の語は、それだけで特定の位置を指示しているはずであるから、棟柱の南側よりは北側に立てられた障子二枚の位置をいうとすべきである。棟柱の南側は壁などになっているのであろう。

西の母屋に入った源氏は、「唐櫃だつ物」の置かれた中を分け入って、空蟬の寝所にたどりついている。これは、東の母屋のすぐ西の一間の空間が、納戸のように使用されていたことを示している。このように、寝殿母屋の中央一間が仕切られて、納戸や塗籠などに用いられている例は、他にも多い。ただし、この紀伊守邸では、この納戸一間の空間の東側は障子や壁で仕切られているが、西側は明らかでない。源氏の入ったところは「灯はほの暗きに」とあるから、その西側の空蟬の寝所との隔てがなかったとも考えられるが、この灯は源氏のいた東の母屋からさしこんだもの、あるいは、西側に障子があっても、その上長押の上部から漏れてくるもの、とも考えられるのである。唐櫃などを置いていることからすれば、そうした「乱りがはしき」空間は、やはり障子や軟障などで仕切られていたとする方が納得しやすいのである。なお、この西の母屋の部分は塗籠になっていたとする説もあるが、(10) もし塗籠のように閉じられた空間であれば、前述のように、そこにともしていた灯が東の母屋に漏れてくることはあり得ない。

また、寝殿母屋三間説では、源氏のいた東の母屋は二間、西は一間とする。ところが、源氏は前記のごとくに、障子を開けて西の母屋に入り、「乱りがわしき中を分け入」って空蝉の寝所にたどりついたと記されていて、空蝉の寝ている位置までに少し距離があるように書かれているのである。いま寝殿の母屋は柱間八尺であったとして、その八尺のうちに「唐櫃だつもの」が置かれ、さらにその西に空蝉の寝所を設けることは不可能ではないにしても、その距離を「分け入り給へれば」というであろうか。帚木・空蝉両巻に限らず、この物語の空間や位置を記述する作者の空間感覚は正確で鋭く、的確なのである。やはりこの寝殿は、源氏のいる東の母屋二間、納戸のような中央の一間、空蝉のいる西の母屋二間、という母屋五間のものであった、とするのが適切なのである。

さて、空蝉の寝所に入った源氏は、空蝉を「かきいだきて障子のもと出で」て、「奥なる御ましに入」って「障子を引き立て」てしまった。翌朝、源氏は空蝉を例の障子口までおくってから、「南の高欄にしばしうちながめ」ていた。すると、

> 西面の格子そそき上げて、人々のぞくべかめる。簀子の中のほどに立てたる小障子のかみよりほのかに見え給へる御有様を、身にしむばかり思へるすき心どもあめり。　（帚木・七二頁）

と、空蝉の女房たちが格子を上げて、寝殿中央の階の間に置かれた小障子の上から、簀子にいる源氏の姿をほの見て、心をときめかしたという。この「小障子」は、西面が見えないように立ててあった、衝立障子であろう。

4　紀伊守邸の寝殿・渡殿

空蝉巻には、源氏の三度目の紀伊守邸に忍び込んだ話が記されている。小君に手引させて、その車に同乗した源氏は東門から入りこんだ。小君は、源氏を妻戸のもとに立たせておいて、自分は格子から室内に入った。

ア東の妻戸に立てたてまつりて、我は、イ南の隅の間より、格子たたきののしりて入りぬ。御たち、「あらはなり」といふなり。「なぞかう暑きにこの格子は下ろされたる」と問へば、「昼より西の御方の渡らせ給ひて、碁打たせ給ふ」といふ。さて向ひゐたらむを見ばや、と思ひて、やをら歩み出でて簾《すだれ》のはざまに入り給ひぬ。この入りつる格子はまだ鎖さねば、隙《ひま》見ゆるに寄りて西ざまに見通し給へば、ウこのきはに立てたる屏風端の方おしたたまれたるに、まぎるべき几帳なども、暑ければにや、うち懸けて、いとよく見入れらる。灯近うともしたり。エ母屋の中柱にそばめる人やわが心かくる、とまづ目とどめ給へば、濃き綾のひとへ重ねなめり、何にかあらむ上に着て、頭つき細やかに小さき人の物げなき姿ぞしたる。顔などは、さし向ひたらむ人などにも、わざと見ゆまじうもてなしたり。手つき痩せ痩せにて、いたうひき隠しためり。いま一人は東向きにて、残るところなく見ゆ。

（帚木・八六〜八七頁）

アの「東の妻戸」は、寝殿の東南部にある妻戸である。イの「南の隅の間」は、その妻戸を入ったところにある南庇の東端の一間、東庇の南端である。この物語には「隅の間」の用例は八例ばかり見えるが、「隅の間の屏風を引き広げて、戸をおし開けたれば、渡殿の南の戸の、よべ入りしがまだ開きながらあるに」（若菜下・一一七九〜一一八〇頁）とあるのは、こことよく似た場面である。もっとも、これは六条院南町の寝殿の南西部の渡殿であるが、「隅の間」に妻戸があり、そこは出入口なので屏風が立てられていて、その妻戸の向い側に渡殿のあるのが判る。[11] いま小君は、その隅の間の南面の格子を、内側から女房に開けてもらって入ったのである。妻戸からでなく格子から入ったのは、南面よりはほの暗くて目立たない東の妻戸口に、源氏を立たせていたからである。

源氏も、この小君の入った南面の格子から、室内に入ろうとして、まず「簾のはざま」に入り込んでいるのは、この「簾」が、南面の格子の外側に垂れているからである。したがって、南面のこの格子は、内側に上げる一枚格子であろう。ここの描き方は、上下二枚の格子とは考えにくい。大きな一枚格子を内側に上げることができるほどに、南庇も広い家だったのである。また、南面の外側には「御簾《みす》」ではなく、やや下級品の「すだれ」が用いられているのは、やはり田舎家めかしてやつしているのであろうか。源氏は、「簾」を背にして、鎖してない格子を押し開けて、その隙間から東の母屋の南際近くで碁を打っている、空蟬と軒端荻を見ようとした。ウの「このきはに立てたる屏風」は、隅の間の西、南庇への入口に設けられていたものであろう。まだ暑いころなので、風通しをよくするためか、その屏風は十分には広げられず、さらにその奥の南庇と東の母屋の堺の御簾も上げられていて、さらにそこに置かれた几帳も、帷が上げられて手に懸けられている。その上、灯がともされているので、二人の女の姿がよく見えた。

エの「母屋の中柱にそばめる人」は空蟬で、碁盤をはさんで東に空蟬が、西に軒端荻が座っている。隅の間の格子から見る源氏には、その空蟬の横顔が見える。「母屋の柱」は、「母屋の柱に寄りかかりて」（若菜上・一一〇三頁）などと見え、母屋と南庇の境界の長押の位置にある柱のことである。ここの「母屋の中柱」は、紀伊守邸の東の母屋が少くとも二間あることを示すもので、母屋の南側中央にある柱であろう。

源氏は、小君が室内から出てくる気配がしたので、南面の格子から出て、最初にいた「東の妻戸」から少し離れて、東の渡殿の戸口の物陰に身を寄せた。

渡殿の戸口に寄りゐ給へり。（小君ハ）いとかたじけなしと思ひて、「例ならぬ人（軒端荻）侍りて、え近うも寄り侍らず」（ナドト言ッテ）……こたみは妻戸をたたきて入る。みな人々しづまり寝にけり。「オこの障子口にまろは寝たらむ。風吹き通せ」とて、畳広げて臥す。御たち東の庇にいとあまた寝たるべし。戸放ちつる童もそなたに入りて臥しぬれば、とばかりそら寝して、カ灯明き方に屏風を広げて、影ほのかなるに、やをら入れたてまつる。……導くままに、キ母屋の几帳のかたびら引き上げて、いとやをら入り給ふとすれど、みなしづまれる夜の御ぞのけはひ、やはらかなるしもいとしるかりけり。……碁打ちつる君、今宵はこなたに、といと今めかしくうち語らひて寝にけり。若き人何心なくいとようまどろみたるべし。かかる気配のいとかうばしく匂ふに、（空蟬八）顔をもたげたるに、ク一重うちかけたる几帳の隙間に、暗けれど、うち身じろき寄る気配いとしるし。あさましくおぼえて、ともかくも思ひわかれず、やをら起き出でて、すずしなる単衣を一つ着てすべり出でにけり。君は入り給ひて、ただ一人臥したるを心やすくおぼす。ケゆかのしもに二人ばかりぞ臥したる。
（空蟬・八八〜九〇頁）

小君は、東庇の女房たちのいる所に入って、様子をうかがっていたのだが、出てきて、今度は東の妻戸から源氏を導き入れた。そして、東庇に寝ている女房たちの注意をそらすために、隅の間の南庇との堺のオの「障子口に」寝る、といったのである。隅の間と、女房たちの寝ている東庇との境界にも、障子が立てられていたのかもしれないが、やはり風通しのために開けられていたのであろうか。カの「灯明き方に屏風を広げて」とあるのは、女房たちの寝ている東庇には灯がともしてあり、その明りが小君の寝ている隅の間にまでさしていたので、それを遮ったのである。

源氏が入ろうとしたキの「母屋の几帳」は、東の母屋の南面に立てられていたものであろう。隅の間から南庇に通り、母屋に入ろうとしたのである。「母屋の」とことわったのは、南庇と母屋の堺にあるものだからであろう。それに対して、クの「一重うちかけたる几帳」は、空蟬と軒端荻の寝所を隠している几帳であろう。暑いので、これも帷子を手に懸けて風を通していたのである。

また、ケの「ゆかのしも」については、この「ゆか」は帳台の浜床であるとする説（『源氏物語新釈』）もあるが、「ゆか」は母屋の板敷のことで、「ゆかのしも」は母屋の「長押より下の方を床の下といへるなるべし」と、母屋の長押の下、つまり庇のことだとする説（萩原広道『源氏物語評釈』）がいまも通説である。しかし、庇説はどの庇になるのであろうか。南庇は無理で、東庇は女房たちが寝ている。北庇は考えられないことはないが、この東の母屋の北庇との間仕切には、最初に源氏が来たときには障子がたてられていた。また、庇の場合には、「長押のしもに人々臥して」（帚木・六八頁）とあった。この二人の女房は、主人の寝所近くに臥す役の人であろう。前に見えた「中将」などの上級女房で、だから東庇の人々とは離れて、主人の臥す「ゆかのしも」に臥しているのである。したがって、この「ゆか」を帳の帳台（浜床）とする説も理由がなくもない。ただし、当時は帳の内に浜床を用いて寝るのは、中宮などの最高貴の女性のみであったらしく、空蟬のごとき身分の女が、通説の考えるような「帳台」を置いた帳に寝ていたか、という疑問もある。(12)

空蟬の寝所は、クのごとくに一重の帷子の「几帳」がめぐらされていて、これは、柱を立て帷子を垂らして浜床を据えた、所謂「帳」のようないかめしい寝所とは見えない。さらに、このときには軒端荻も一緒に寝ていたというから、狭い帳の内に二人が寝るのは無理である。要するに、ここの空蟬は帳に寝ていたとは考えられない。また、「ゆか」は母屋の板敷のことだとする説も、

a　簀子に御簾かけ、御ゆかたてて、御屛風ども立てたり。（宇津保物語・国譲中）

b　塵いたう積りて、仏のみぞ花の飾り衰へず、行ひ給ひけりと見ゆる御ゆかなど取りやりて、かき払ひたり。本意をもとげば、と契りきこえしこと思ひいでて

たち寄らむ蔭と頼みし椎本むなしきとこになりにけるかな（源氏物語・椎本）

c　二宮は、御帳の内にはまだ御殿籠りたりける。御帳のかたびら少しゆひ上げて、大宮、ゆかに押しかかりておはします。（狭衣物語・二）

などの例は説明できない。やはり「板敷」と「ゆか」は違うのである。(13) a・bは貴人の坐臥具としての板製の台、cは御帳内の浜床かと考えられる。また、「ゆか」の類義語というべきものに「とこ」があるが、源氏物語では、「と

こ」は「ゆか」の歌語として用いられているように思われる。bも地の文で「御ゆか」と呼ばれているものが、歌では「とこ」と詠まれている。次の例も同様である。

d　月いと明うさし入りて、はかなき旅のおまし所は奥までくまなし。ゆかの上に夜深き空も見ゆ。入り方の月影すごく見ゆるに……

友千鳥もろ声に鳴く暁はひとり寝覚めのとこも頼もし　（源氏物語・須磨四二九頁）

この例の「ゆか」は、室内の板敷をいうかのごとく見えるが、ここは須磨のわび住居なので庇も短く、月光が屋の中央部にある「ゆか」にまでさし込み、空の影を映している、というのであり、この「ゆか」は、いま源氏の座としている台をいうと考えられる。あるいは御帳の浜床かもしれないが、歌の「寝覚めのとこ」と同じものであろう。

空蟬の寝ていた「ゆか」も、やはり就寝用の一種の台ではなかろうか。「帳」の語は見えないけれども、紀伊守程度の家でも、座臥具としての「ゆか」があり、夜はそこに几帳をめぐらしたりして寝ていたのではないかと思う。この「ゆか」は東の母屋に置かれていたと考えられる。紀伊守の義母の空蟬は、この家では東の母屋にいたのだが、源氏が方違に来たときには、そこを譲って西の母屋に移っていたので、いまはまた東の母屋に寝ていたのである。西の母屋はふだん寝室に用いられていたわけではなかった。

さて、今回も源氏は空蟬に逃げられて、思いがけず軒端荻と契って帰ることになった。

小君近う臥したるを起し給へば、うしろめたう思ひつつ寝ければ、ふとおどろきぬ。戸《コ》をやをら押し開くるに、老いたる御たちの声にて、「あれは誰ぞ」とおどろおどろしく問ふ。「まろぞ」といらふ。「こはなぞ外ありかせ給ふ」とさかしがりて外ざまへ来。いと憎くて「あらず、ここもとへ出づるぞ」とて、君を押し出でたてまつるに、暁《サ》近き月くまなくさし出でて、ふと人の影見えければ、「またおはするは誰ぞ」と問ふ。「民部のおもとなめり。けしうはあらぬおもとの丈だちかな」といふ。……老い人、これを連ねてありきけると思ひて、……我もこの戸より出でて来。わびしければ、えはた押し返さで、シ渡殿の口にかい添ひて隠れ立ち給へれば、このおもとさし寄りて、「おもとは今宵は上にやさぶらひ給ひつる。をととひより腹を病みて、いとわりなければ下に侍りつるを、人少ななりとて召ししかば、よべ参うのぼりしかど、なほえ堪ふまじくなむ」と憂ふ。スいらへも聞かで、「あな腹あな腹。いま聞えん」とて過ぎぬるに、からうして出で給ふ。（空蟬・九二〜九三頁）

コの「戸」は、源氏の入ったときの寝殿東南の妻戸である。その妻戸を押し開けて出ようとしたとき、サのように、暁方の月光が妻戸口の辺にさし込んでいて、それが東庇に寝ていた女房の位置からも見えた、というのであるから、月が西空に傾いころで、南庇の軒にもあまり障らず、妻戸口や付近の簀子にも影を落していたのであろう。この描写からも、隅の間と東庇との仕切には屛風があっただけで、障子は立てられていなかったことが判る。老女が付いて妻戸に出てきたので、源氏はシの「渡殿の口（河内本「渡殿のと」、陽明文庫本など別本「渡殿のとくち」）」に身を潜めた。これは前に「渡殿の戸口（青表紙本系横山本、および別本の桃園文庫本「渡殿のくち」）」とあったのと同じ場所であろう。もし「口」と「戸口」の違いをいうとすれば、「口」は渡殿への入口、「戸口」は渡殿に少し入って南面に立てられた蔀戸などの蔭であろうか。[14] 渡殿の入口に戸があったとする説もあるけれども、当時の渡殿の出入口には戸があったとすべき確例がないのである。寝殿西北の渡殿は、通路とともに片側に女房の局を設けるような大きさであったから、この東南の渡殿も同様の、梁行の長いものであったであろう。「戸口」の語からすれば、これは透渡殿ではない。

この老女がこんな夜中に起き出して来たのは、下痢をしていたので便所にゆくためであろう。所謂樋殿のことは本文中には見えないが、この家では寝殿東北の渡殿か、寝殿の北にでもあったのではなかろうか。老女は東の簀子を北にいったので、渡殿の口に隠れた源氏には気づかなかったのである。当時の貴族住宅では、樋殿は北の渡殿や廊、あ

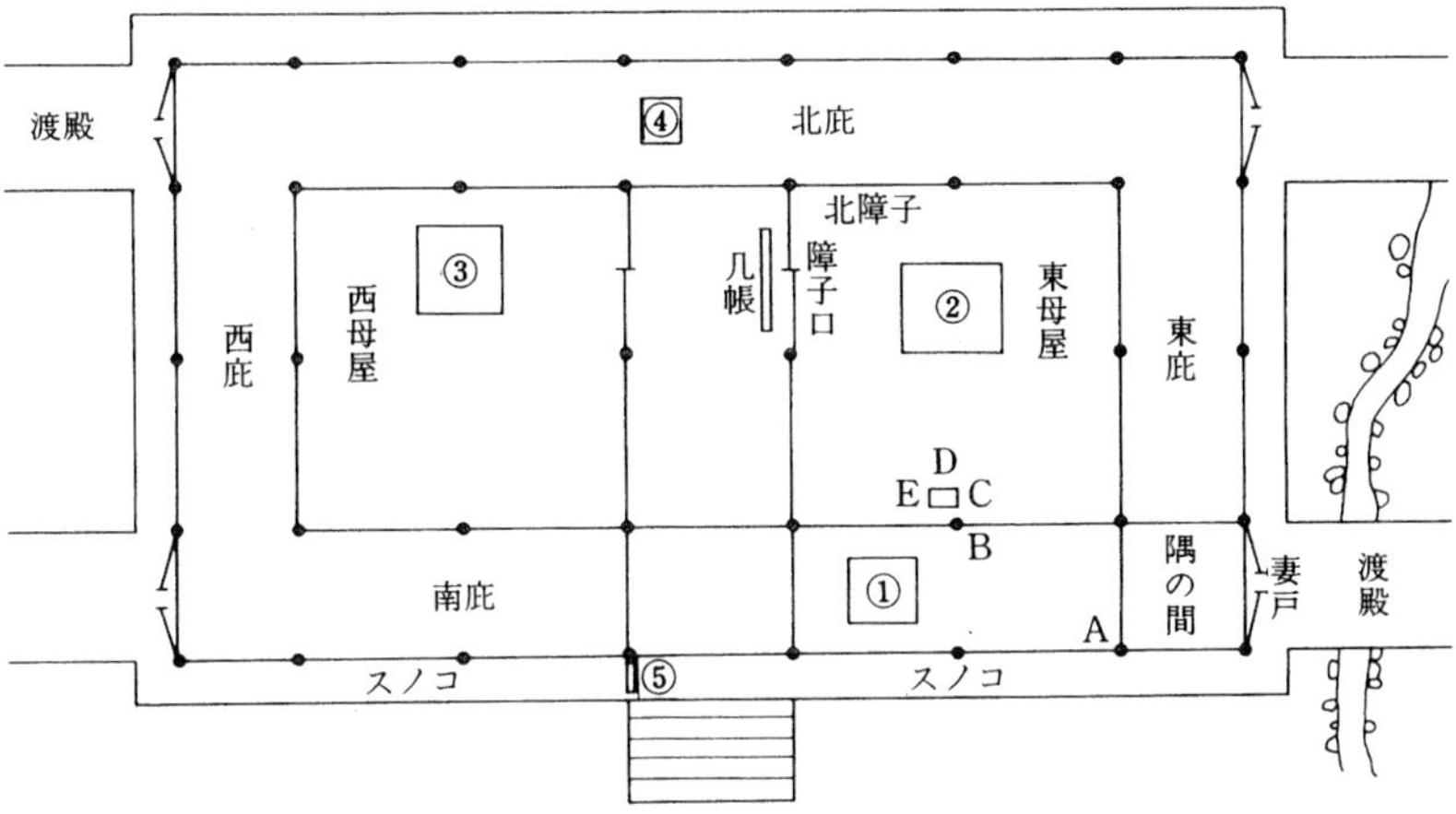

図１　紀伊守の中川邸

〔帚木巻〕 ①端方の御座　②奥なる御座　③空蟬の寝所　④小君の寝所　⑤小障子
〔空蟬巻〕 A格子と簾のはざま　B中の柱　C空蟬　D碁盤　E軒端荻

るいは寝殿北の別棟に置かれていた例がいくつかある。(15)

以上を要するに、この紀伊守邸は五間四面の寝殿に、東西の対屋と渡殿があり、泉水に恵まれた風流な庭をもつ、所謂「如法一町家」と呼ばれるものに近い、堂々とした屋敷であったと考えられる。ただ、「中門」のことが見えないのは、単に記されなかっただけかもしれないが、「柴垣」をめぐらしていたことと共に、中門の廊などをもたない、やつした造りだったとも考えられる。物語の記事から想定されるこの家の寝殿は、図１のようなものであったと私は考える。

注１　当時は庭の遣水などを、鴨川や中川などから引くことがあった。大炊御門大路南・烏丸小路西にあった小野宮邸では、庭の泉水を中川から引いてきていた。水路を掘って中御門大路を西に引き、京の大路小路を通して、水路橋などを設けたりして邸内に引入れたという（小右記・万寿四年九月八日）。作庭記の記事により、地底に箱樋を埋めて「湧泉」として庭に流したとする説もあるが（注７の平山論文参照）、本文に「引入れて」とあり、普通には地上の水路で邸内に引入れ、地上の水路により邸外へ流し出したのである（御堂関白記・長和二年二月二十三日、小右記・長和二年二月二十四日）。

２　書陵部本蜻蛉日記などには、この部分が「ひ一はたなからは」とあって、通説ではこれを「ひろはたなかゝは」と校訂して読んでいる。したがって、この「広幡中川」の語にはなお問題の残るところがある。

3　石田穣二「源氏物語の建築」（『源氏物語論集』桜楓社、一九七一年）参照。石田氏は、寝殿や対屋についていわれる「東面」「西面」の語は、東庇西庇のみをさすものではなく、東の母屋をさすこともあり、さらに東の母屋と東庇を含めていう場合もある例を指摘している。

4　第三章二六六頁参照。

5　源氏物語には「しもの屋」なる語が、「廊どもも倒れ臥し、しもの屋（河内本「下屋」）どものはかなき板葺なりしなどは、骨のみわづかに残りて」（蓬生・五二二頁）とある末摘花邸、「（源氏ノ住居ニ来テモ明石入道ハ）物隔りたるしもの屋（河内本「しもや」）にさぶらふ」（明石・四五二頁）と二例ある。これらは召使用の建物で、そこへの通路も「渡殿」ではなく「廊」なのである。ここの「しも」が下屋と同じものとまではいえないけれども、一般にこの時代の「しも」の語は、主人の御座所に対して女房の局などのある別棟の建物をいうので、ここの「しも」も寝殿とは別の建物である。

6　拙稿「紫式部伝研究の現在」（『源氏物語研究集成第十五巻・源氏物語と紫式部』風間書房、二〇〇一年）参照。

7　石田穣二・清子『源氏物語一・新潮日本古典集成』（新潮社、一九七六年）には、三間四面の指図があり、池浩三の紀伊守邸復元図、および平山育男「〈中川のわたりなる家〉復元考」（ともに『源氏物語の鑑賞と基礎知識』至文堂、二〇〇一年）は三間四面として、敷地は半町としている。

8　注3の石田論文参照。

9　第二章二一〇頁以下参照。

10　注7の池浩三説では、この西の母屋の部分二間は、「塗籠」とか、「塗籠に相当する奥座敷」などとしている。これはどういうものなのか不明であるが、「三間四面のような小さな寝殿では、塗籠といっても土壁は設けないで、……はめ殺し式の障子で仕切られていた」ともある。しかし、「塗籠」の語は、厚板や壁で強固に密閉された空間であることを示すもので、障子などで仕切ったものをこの語でいうのは無理であろう。「塗籠」の語の用例はすべてそれである。ずっと後世になっても、『慕帰絵』に見える寺院の寝所などは、「塗籠」の様式を受継ぐものと考えられるが、厚板や壁で密閉され、出入口の戸は小さく、内側から鎖す形になっている。『続日本の絵巻9・慕帰絵』（中央公論社）二一頁・六七頁・七〇頁参照。

11　拙稿「紫式部伝研究の現在」（『源氏物語研究集成第十五巻・源氏物語と紫式部』風間書房、二〇〇一年）二七二頁参照。

12　当時の用語の「帳台」は、「浜床ヲバ常帳台謂之」（類聚雑要抄・四）などとあり、浜床のことであった。高貴な女性の寝所は単に「（御）帳」と呼び、その帳の内に置かれる浜床を「帳台」といったのである。「帳」「帳台」「ゆか」の語については、拙稿「帳と帳台」（『源氏研究』第七号、翰林書房、二〇〇二年）参照。

13　「板敷」の語は源氏物語には見えないが、「あばらなる板敷に臥せりて」（伊勢物語）などと見える。「板敷」は室内に板を張った板間をいい、現代語の「ユカ」にあたるものである（太田博太郎「〈板敷〉について」『日本建築の特質』岩波書店、一九八三年）。ただし、平安時代語の「ゆか」には、この室内に張った「板敷」をいった明確な用例は探せない。漢字「床」で表記された例は、「ゆか」か「とこ」か不明であるが、古代語の「とこ」は「寝台」をいうともされる（小川光暘『寝所と寝具の歴史』雄山閣出版、一九七三年）。

14　注11の拙稿の第一節参照。

15　第二章四節参照。

二　宇治八宮の山荘

1　宇治川畔の山荘

宇治十帖の物語が展開される宇治の八宮の山荘は、当時の高級貴族が郊外に営んだ別荘の様子を、よくうかがわせるものである。

京から宇治へゆく普通の道は、法性寺のあたりから大和大路を南下し、木幡山（いまの桃山）を越えて三室戸を経て宇治橋に至るものである。宇治橋の辺りまでは、当時車で直行したときには、ほぼ二時間ばかりの距離であった[1]。

八宮邸は宇治川の東岸、つまり京側にあり、川をはさんで西岸には夕霧の宇治院があった。また、八宮邸は宇治橋近くにあり、橋を渡る人々の姿が見える位置にあった。

女車の、ことごとしきさまにはあらぬ一つ、荒ましきあづま男の腰に物負へるあまた具して、しも人も数多く頼もしげなる気色にて、橋よりいま渡り来る見ゆ。（宿木・一七八一頁）

水の音なひなつかしからず、宇治橋のいともの古りて見えわたさるる。（総角・一六二九頁）

もっとも、宇治橋の位置は時代によりかなり違っていたから、橋の近くといっても、どの辺りにこの邸が想定されていたのかは判らない。しかし、通行人の多い宇治橋からはやや離れた、上流辺にあったと考えられる。また、宇治橋は古くなっていたという。宇治橋は幾度も架け替えられているが、一条朝初期の橋はかなり古くはなっていたものの架かっていた。「水勢迅逸（速イ）、河梁半傾、臣艤御船、可以供之」（太上法皇御受戒記・寛和二年三月二十一日）と見え、円融院は船で宇治川を渡り、「河西有大納言源朝臣（重信）山家」に入っている。このときの橋は村上朝に架けられたものであろうか。(2)「宇治橋のいともの古りて」とあるのは、当時の読者にとって写実的な記述であったらしいのである。

八宮邸では、宇治川に臨んで廊があり、その廊から川へ下りる階段が設けられていて、舟でも出入りできるようになっていた。薫が、向いの夕霧の宇治院から舟で八宮邸にやって来たときの様子は、

水にのぞきたる廊に造り下ろしたる階《はし》の心ばへなど、さる方にいとをかしうゆゑある宮なれば、人々心して舟より下り給ふ。ここはまた、さまことに、山里びたる網代屏風などの、ことさらに事そぎて、見どころある御室礼を、さる心してかき払ひ、いといたうしなし給へり。（椎本・一五四九〜一五五〇頁）

と記されている。つまり、八宮邸は宇治川畔に建てられていたのである。

2 八宮邸の寝殿の西面・廊・中門

八宮邸の主殿が、「寝殿」と呼ばれる建物であったことは、次の記事からも判る。[3]

所のさまも、あまり川づら近く、顕証にもあれば、なほ寝殿を失ひて、ことざまにも造り替へんの心にてなん、と（薫ガ）宣たまへば、……この寝殿を御覧ずるにつけて、（阿闍梨ガ薫ニ言ウ）御心動きおはしますらん、ひとつにはたいだいしきことなり。（薫ガ弁ニ）……この寝殿は、変へて造るべきやうあり。造り出でんほどは、かの廊にものし給へ。（宿木・一七五九〜一七六〇頁）

この寝殿は、八宮の薨後に宇治山の寺に移築して御堂にされ、その跡に新しく寝殿がたてられたが、「廊」などはそのまま残されていたらしいから、この屋敷の寝殿や廊などの位置は、宿木巻以前とあまり違っていないと考えられる。

さて、薫や浮舟がこの家に来たときには、西側から寝殿に入っている。つまり八宮邸は西が晴の空間の屋敷なのである。

A ア あなたのお前は竹の（河内本「竹のあめる」、別本ノ高松宮家本ナド「竹あめる」）透垣しこめて、みな隔てことなるを、教へ寄せたてまつれり。イ 御供の人は西の廊に呼び据ゑて、この宿直人あひしらふ。（橋姫・一五二二頁）

B この常不軽、そのわたりの里々、京までありきけるを、暁の嵐にわびて、阿闍梨のさぶらふあたりを尋ねて、中門のもとにゐて、いと尊くつく。（総角・一六五六頁）

C （八宮邸ノ方ニ来ル浮舟ノ一行ヲ見テ、薫ハ）おいや、聞きし人なり、とおぼし出でて、人々をばこと方に隠し給ひて、「はや御車入れよ、ここに、エ また人宿り給へど北面になん」といはせ給ふ。車は入れて、オ 廊の西の妻にぞ寄する。この寝殿はまだあらはにて、すだれもかけず、下ろし籠めたる中の二間に立て隔てたる障子の穴より（薫ハ）のぞき給ふ。御ぞの鳴れば脱ぎおきて、直衣・指貫のかぎりを着てぞおはする。……とみにも下りで、尼君に消息して、かくやむごとなげなる人のおはするを、誰ぞ、など案内するなるべし。……つつましげに下るるを見れば、まづ頭つき様体細やかに、あてなるほどはいとよく物思ひ出でられぬべし。胸うちつぶれつつ見給ふ。車は高く、下るる所はくだりたるを、この人々はやすらかに下りなしつれど、いと苦しげになやみて（陽明文庫本「もてなやみて」）、久しく下りてゐざり入る。……四尺の屏風を、この障子に添へて立てたるが上より見ゆる穴なれば、残る所なし。（浮舟ハ）こなたをばうしろめたげに思ひて、あなたざまに向きてぞ添ひ臥しぬ。……あなたの簀子よりわらは来て、「御湯など参らせ給へ」とて、折敷どももとり続きてさし入る。

（宿木・一七八二～一七八四頁）

まずAでは、薫がやって来たとき、八宮家の宿直人は、薫の供人たちをイの「西の廊」に呼入れて応対している。Cは、八宮薨後に寝殿を建て替えてからのものであるが、廊の部分はもとのものを残していたらしいから、オの「廊」はイのそれと同じものであろう。オの「廊の西の妻にぞ寄する」とあるのは、車に乗っていた浮舟は、この廊で下りて内部へ入ってゆくことを示している。この廊は東西棟に建てられているが、その西端が浮舟などの女性が車をつける、やや内輪の出入口であった。この廊には、薫の供人を「呼び据ゑ」るような空間もあった。これは寝殿を立替えるときに、一時弁尼が身を置くことになっていた前記の「かの廊」であろう。

八宮邸ではこの廊の他に、Bのごとくに「中門」があった。そこは常不軽の僧が来たりするところであるから、「廊」よりは晴の出入口になっていて、この中門は寝殿南庭への入口にあると考えられる。「中門」があることからすれば、この屋敷には外郭の門もあった。アの竹の透垣のめぐらされた「あなたのお前」は、後述するように姫君たちの暮している寝殿の東の母屋やその南庇をさし、この中門を入って寝殿南庭に出たとき、寝殿の中央部以東の南庭に設けられていたものであろう。建物のうちの女性の暮す部分の前庭に透垣などの設けられている例は、和泉式部日記などにも見える。

Cのエは、薫が八宮家の人に命じて浮舟一行に言わせた言葉で、邸内には先客があるが、その人は「北面」のやや離れた所にいるので、気詰りなことはない、といったものである。これからすれば薫は北庇にいて、浮舟たちはそこから離れた南庇に入ることになっていたのであろう。薫はこの屋敷の主なので内輪の空間の北庇を用い、客人の浮舟に南面を空けたのである。浮舟方には、他にも客があるが北面を使っている、ということで、あまり気遣いする必要のない身分の客だ、ということを知らせたのである。ここのCは新築後の寝殿のことであるが、もとの寝殿においてもやはり北庇があった可能性が高い。

さて、Cの部分で薫が、カの「下ろし籠めたる中の二間に立て隔てたる障子の穴」から浮舟をのぞいていた、とあるところについての諸注は、すべて前後の文脈関係の説明が不十分で判りにくい。ここの文脈はまず最初に、浮舟が廊で車を降りて、東の母屋の南庇に入り、薫は、その室内の浮舟を南庇を東西に隔てる西の障子の穴からのぞいた、というこの場面の全体的な経過を述べたものなのである。そして、キの部分からは、改めて浮舟が廊で車を下りるところに遡って詳述した、という構文になっている。次いでまた、クの部分からは、薫が障子の穴からのぞいている場面にかえって述べた、という例の当時の記述法なのである。したがって、ここでは薫は最初からカの障子のもとにいたのではない。浮舟が車から下りるあたりまでは、薫はこの廊の東寄りに隠れて、あるいは南庇の格子の隙間などから見ていたのである。もっとも、寝殿の南庇からでは、西方の廊において車を下りる浮舟の姿までを見ることはむつかしいであろうから、ここの薫は廊の東寄りの位置から見ていたのではなかろうか。その後に浮舟一行が入込んできたので、一時北庇に退いて、浮舟が南庇に入ってから、クのように南庇に立て隔てられた障子の西側に行き、東側にいる浮舟をのぞいたのである。カの「中の二間」は、いま薫のいる位置からして奥の、東の母屋の南庇をいうのであろう。薫のいるのは西の母屋の南庇で、そこも二間の空間であるが、その東に接した浮舟のいる二間を、「中の（次の）二間」と呼んだのである。ケの童のやってきた「あなたの簀子」は、その南庇の外側の簀子で、この童は薫からは遠い東の方から来たのである。この「二間」については次項でも述べる。

この廊はもとからある東西棟のもので、桁行も二間ほどの短いものであろう。また、客人のいる寝殿北庇へ通ずるものではなく、浮舟の入った南庇へと続くものであり、ほぼ寝殿南庇の西に接したものとすべきである。ただしこの点も、八宮在世中の寝殿にあっても同様であった、とまでは断定できないが、新しい寝殿の構造も同様と考えて、特に説明に困るところはないのである。

3　寝殿の西の母屋・西庇・客人居・二間

八宮在世のころ、薫がこの邸に来たときには、西の母屋の南庇に入れられていたと考えられる。これは、「（薫ヲ）まだ客人居《まらうどゐ》のかりそめなる方に出だし放ち給へれば」（総角・一六三二頁）と、「客人居」と呼ばれているものと同じ所であろう。八宮は、自分の居間にしていた西の母屋を仏間にしてからは、西庇に住んでいた。したがって、まず薫が入れられる所は西の母屋の南庇か廊かであるが、廊ではあつかいが軽すぎるので南庇ではなかろうか。八宮の留守中に来たときには西庇に入れられ、八宮の亡くなってからも、西庇に入れられている。西庇の方が南庇よりも奥にあたる空間なのであろう。

D　（薫ハ南ノ簀子カラ）とのゐ人のしつらひたる西面コにおはしてながめ給ふ。（橋姫・一五三〇頁）

E （八宮八）御みづからあなたに入り給ひて、せちに（姫君二）そそのかし聞え給ふ。箏の琴をぞいとほのかにかき鳴らしてやみ給ひぬる。……「おのづから、かばかり馴らしそめつる残りは、世籠れるどちに譲りきこえてん」とて、宮は仏の御前に入り給ひぬ。（椎本・一五五五〜一五五六頁）

F あやにくにさしくる日影もまばゆくて、宮のおはせし西の庇に、とのゐ人召し出でておはす。そなたの母屋の仏のお前に、君たちものし給ひけるを、け近からじとて、わが御方に渡り給ふ御けはひ、忍びたれど、おのづからうち身しろき給ふほど近う聞えければ、なほあらじに、こなたに通ふ障子の端の方に、かけ金したる所に、穴の少しあきたるを見おき給へりければ、外《と》に立てたる屏風を引きやりて見給ふ。ここもとに几帳を添へ立てたる、あな口惜し、と思ひてひき帰るをりしも、風の簾《すだれ》をいたう吹き上ぐべかめれば、「あらはにもこそあれ。その几帳（諸本「みきちやう」）押し出でてこそ」といふ人あなり。をこがましきもののうれしうて、見給へば、高きも短きも、几帳を二間の簾《す》（河内本「みす」）に押し寄せて、この障子に向ひて開きたる障子より、あなたに通らんとなりけり。まづ一人たち出でて、几帳よりさしのぞきて、この御供の人々のとかう行き違ひ、涼みあへるを見給ふなりけり。（椎本・一五七九〜一五八〇頁）

Dのコの「西面」も、いまは宮の留守中のことであり、西庇であろう。Eでは、薫と八宮は南庇で対面している。宮は、薫から姫君の琴の音を求められて、自身で東の母屋の姫君たちの居間に出かけて、弾くようにそのかしたので、大君はかすかに一節を弾いた。ここの二人のいたのも西庇かとも考えられるが、宮が西庇から東の母屋へ行くとすれば、西の母屋（仏間）を通って行くであろうし、さらに宮は、後は若い人たち同志で、といって「仏の御前（西の母屋の仏間）」に入ったと、ここで始めて仏間に入っている。また、薫が西庇に、大君が東の母屋にいては、二人の間に宮のいる西の母屋をはさんだ遠い位置になり、この場面に適わしくない。さらにFでは、宮の亡きのちのことであるが、薫はそれまでいたところから「日影もまばゆくて」西庇に入っている。これは、いつもは南庇の客人居に入るのだが、軒の浅い南庇では夏の陽光がさし込むので、このときは西庇に入ったことをことわったのである。つまり、Fのスの記事は、いつもは南庇に入っていたことを暗示している。

Fのセの「そなたの母屋の仏の御前」は、いま薫のいる「西の庇」の側の母屋をいう。つまり西の母屋が仏間になっていて、姫君たちはそこで花を供えたりしていたのであろうが、薫が西庇に入ったので、東の母屋のソの「わが御方」に遠ざかったのである。「そなたの母屋」は、他の母屋に対していったものであり、このいい方からも、寝殿の母屋は東西に二分されていることが判る。タの「こなたに通う障子」は、仏間から西庇への出入口に立てられた障子で、これには内側から「かけ金」をかけるようになっていた。タの語は、西の母屋と西庇の接した柱間二間それぞれに、障子が立てられていたわけではなく、一間（南側か）のみが障子であったことを思わせる。そこが出入口になっていたので、西の母屋からその障子を出た西庇側に、目隠しの「外にたてたる屏風」があり、出入口の母屋側には几帳が立て添えてあった。薫が残念に思っていると、風が南庇と母屋の堺の「簾」を吹き上げたらしくて、この薫がのぞいていた几帳は、あらわな南庇の側に立てよ、と注意した女房がいたらしく、南庇側に移された。風が簾を「吹上ぐべかめれば」とあるのは、薫がのぞく襖障子の穴からは見えなかったからである。

西庇側にあった几帳を移し立てたチの「二間の簾」は、この西の母屋の仏間と、南庇との堺に懸けられた「簾」であることは明らかであろう。つまり、西の母屋に接した南庇は、ここでは「二間」と呼ばれているが、これはまた「まらうど居」ともあったものなのである。薫は普通この「二間」に入れられていたので、いまも薫がいるかと思った女房が、簾が吹上げられて「あらはにもこそあれ」と注意したのである。ここでは「す」「すだれ」の語の使われているが、同じものであろう。あるいはこの両語には違いがあるのかもしれないが、明らかにし得ない。前節のCのカで「下ろし籠めたる中の二間」と、「中の」の語がついていたのは、南庇西側のこの「二間」に続く「次の二間」だからであろう。「二間」の語は、この物語ではいま一例が常陸宮邸について用いられている（末摘花・二一二頁）。多くの議論のある語ではあるが、これも常陸宮の寝殿の母屋に接した南庇の柱間二間の空間、おそらくは末摘花のいた東の母屋の南庇の二間と考えられる。(4) なお、この「二間」や「中の二間」の語からしても、八宮邸の寝殿は西の母屋二間、姫君たちのいた東の母屋も二間のものであった。一般に屋内の空間を意味する「二間」の語は「母屋の庇」をさし、そこが普通は二間であることから生まれたものではなかろうか。「母屋の庇」は、寝殿の場合には南庇や北庇のうち母屋に接した部分を、東庇や西庇と接した部分とは区別していうものである。

南のかたの母屋のひさしにて対面し給へり。（落窪物語・三）

（寛弘五年九月十一日）於上東門院有御産事寝殿北母屋庇為御産所（御産部類記・後一条院）

前者は、末摘花邸の「二間」と同じ位置と考えられる。南庇は客を迎える室として用いられることが多い。後者は、中宮藤原彰子が里第の土御門殿の寝殿で後一条院を出産した位置についての記事である。この北の母屋の庇も二間の空間であったと考えられる。

八宮邸の寝殿においても、母屋の中央部を東西に仕切る障子があった。ツの「この障子に向ひて開きたる障子」がそれである。これはまた、次のⅠのニのように「中の戸」とも呼ばれているが、両者は同じもので、やはり襖障子であろう。「障子」も「戸」と呼ばれることがあった。この「中の戸」は、いま薫がのぞいている、西庇と西の母屋を仕切る「障子」に向合っていたというから、おそらくは母屋の中央の「中の戸」も、南庇寄りにあったらしい。西の母屋の中央やや北寄りには、絵仏や仏像が安置されていたであろうから、出入口の「中の戸」の位置は、南庇に近い方が適当なのである。ただし、この「中の戸」のある寝殿中央部の母屋・庇の構造は、障子が立てられていたことの他は不明である。

G　女君たち……テ仏の御隔てに、障子ばかりを隔てにてぞおはすべかめる。（橋姫・一五一八頁）

H　（八宮ノ）トおはしましし方開けさせ給へれば、塵いたうつもりて、仏のみぞ花の飾り衰へず、行ひ給ひけり、と見ゆるナ御ゆかなど取りやりてかき払ひたり。（椎本・一五七七頁）

I　（大君ハ薫ヲ）こよなくもてなしがたくて、対面し給ふ。ニ仏のおはする中の戸を開けて、御あかしの灯けざやかにかかげさせて、ヌ簾に屏風を添へてぞおはする。外にも御殿油参らすれど、「悩ましうて無礼なるを、あらはに」などいさめて、かたはら臥し給へり。……内には、人々近くなどのたまひおきつれど、さしもて離れ給はざらなむ、と思ふべかめれば、いとしもまもりきこえず。さししぞきつつ、みな寄り臥して、仏の御ともしびかかぐる人もなし。……「心地のかき乱り悩ましく侍るを、ためらひて、暁方にもまた聞えん」とて、入り給ひなむとする気色なり。……（薫ハ）屏風をやをら押し開けて入り給ひぬ。いとむくつけくて、なからばかり入り給へるに引きとどめられて、（総角・一五九三〜一五九五頁）

Gは、西の母屋が仏間になっていて、東の母屋は姫君たちの居間になっているが、その隔ては「障子」だけだ、というのである。Hは、八宮の亡き後の仏間の様子で、八宮はここで勤行していたのだが、ナの「御ゆか」は、その勤行のときに用いた台座である（一八九頁参照）。Iは薫が初めて大君に近づく場面である。大君は、東の母屋からニの「中の戸」を開けて、西の母屋の仏間に出て薫と対面する。薫は西庇にいて、母屋の大君とは、仕切の「簾」とその内側の屏風で隔てられている。薫のいる「外」にも、大君のいる仏間にも御殿油をともして、薫の動きが見えるようにしていたが、大君が薫との対座につらくなって、東の母屋へ去ろうとしたとき、薫は入り込んで大君の衣をもって引留めた。そしてついに、「御かたはらなる短き几帳を、仏の御方にさし隔てて、かりそめに添ひ臥し給へり」ということになって、終夜二人は語り明した。

J　光見えつる方の障子を押し開け給ひて、空のあはれなるをもろ共に見給ふ。女も少しゐざり出で給へるに、ほどもなき軒の近さなれば、忍ぶの露もやうやう光見えもてゆく。（総角・一五九七頁）

このJは仏間の南庇、つまりFの「二間」とあった所である。この後、薫は「障子口まで送りたてまつり給ひて、よべ入りし戸口より出でて、臥し給へれどまどろまれず」とあるのは、大君を仏間から東の母屋への出入口まで送り、また西庇へ出て臥した。ここでは、仏間と東の母屋の仕切は「障子口」とあり、仏間から西庇への仕切は「戸口」とある。これはFの夕に「障子」とあったものである。

これらからすれば、仏間（西の母屋）と東の母屋との間仕切りは「障子」であったが、その障子の東側は、すぐに姫君たちの居間になっていたのか、それとも、紀伊守の中川邸のように、母屋の中央一間が納戸のような空間になっていたのかは不明である。Gには、姫君たちの居間と仏間は、「障子ばかりを隔てにて」とあったが、これは塗籠のような強固な隔てではなかったことをいった、とも考えられる。やはり中央一間は、納戸のような空間になっていたのではなかろうか。この点は次項でもふれる。

一般に、この物語の書かれたころの寝殿では、中央一間に塗籠を設けたり、紀伊守邸のように、納戸のような一間のあるのが普通だったらしいのである。(5) またそれにより、建物を左右対称に構成できることになる。住宅についても、左右対称が崩れてゆくのは、もう少し後になるように思われる。したがって、八宮邸の寝殿は、柱間の短い建物ではあったが、やはり標準的な五間四面の規模のものであったと考えられる。何といっても東宮候補にもなった八宮の住居なのである。

4　寝殿の東の母屋・東庇

東の母屋は、前記のFからもうかがわれるように、姫君たちの居間になっていた。この姫君たちのいる東の母屋に、薫が初めて忍び込んだときの様子が、次のように見える。

K　（薫ハ弁ニ）「今宵ばかり、御殿籠るらむあたりにも、忍びてたばかれ」と宣たまへば、……やをら導き入る。（姫君タチガ）同じ所に御殿籠れるを、うしろめたしと思へど、常のことなれば、ほかほかにともいかが聞えむ。……灯のほのかなるに、袿《うちき》姿にて、いと馴れ顔に几帳の帷子《かたびら》を引き上げて入りぬるを、（大君ハ中君ヲ）いみじくいとほしく、いかにおぼえ給はむと思ひながら、ネあやしき壁の面《つら》に屏風を立てたる後ろのむつかしげなるにゐ給ひぬ。（総角・一六〇七〜一六〇八頁）

薫は、「几帳の帷子を引き上げて」姉妹の寝所に入ったが、これは東の母屋への出入口、おそらくは南庇側にあったものであろう。その気配を察知した大君は中君を残して、ネの「あやしき壁の面に屏風を立てたる後ろのむつかしげなるに」身をひそめた。この壁は、北庇との間仕切とも考えられるが、やはり壁があるとすれば、北庇との仕切であるよりは、西の母屋との仕切ではなかろうか。つまり、この寝殿でも中央部に一間の納戸のような空間があって、そこへの東の母屋側からの出入り口に屏風が立てられていて、大君はそこへ入りこんだのである。「むつかしげなるに」の語も、納戸のような空間をいった、とするのが理解しやすいのである。物語中には「北庇」の語は見えないが、あったとする方が適切であろう。ただし、母屋と北庇の間仕切りは壁ではなく、障子などが普通であろう。(6)壁があったのは、やはり西の母屋側との間仕切りの方が考えやすい。

同様の例が、藤壺の三条宮にも見える。藤壺の御帳に入りこんで一夜を明かした源氏は、女房たちがやって来たために出られなくなった。

明けはてにければ、出で給はずなりぬ。御悩みに驚きて、人々近う参りてしげうまがへば、我にもあらで、塗籠に押し入れられておはす。……(藤壺ハ)昼の御座にゐざり出でておはします。……君は、塗籠の戸の細めに開きたるを、やをら押し開けて、御屏風のはざまにつたひ入り給ひぬ。(賢木・三五〇〜三五一頁)

藤壺の御帳は、当然に寝殿の母屋にある。その母屋に接して塗籠があり、そこは女房も近づき寄りにくい位置である。塗籠と藤壺のいる母屋との出入口は「戸」で、その戸の前には「御屏風」が立てられて戸を隠している。この藤壺邸の塗籠も、北庇とするよりは、母屋の中央部にあったとする方が、よく場面にかなう。八宮邸では「塗籠」ではないが、やはり同じ中央部一間が納戸のような空間になっていて、その出入口に屏風が立てられていたのである。

この八宮邸の寝殿もまた、物語の読者たちにも容易に想起できるような、当時の普通の寝殿の構造として描かれているはずなのである。特殊な部分については、「仏間」などのように、説明的に書かれている。

次に、強くいい寄る薫に困惑した大君が、自分の身代りに中君を薫にと考え、薫の方は、中君を匂宮に取持とうと考えながら、二人の対面する場面がある。
K　さなむと聞ゆれば、さればよ、(薫ハ中君ニ)思ひ移りにけり、と(大君ハ)うれしくて心落ちゐて、かの入り給ふべき道にはあらぬ、庇の障子をいとよう鎖して、対面し給へり。……(薫ハ)障子の中より御袖をとらへて引寄せていみじく恨むれば……(困惑シタ大君ヲ見テ)ゆるしたてまつり給へば、這ひ入りて、さすがに入りもはて給はぬを、(総角・一六一六〜一六一八頁)
二人が対座するノの「庇の障子」は、西の母屋と西庇との仕切の障子である。薫は西庇にいて、大君は仏間にまで出てきて対面している。薫が「障子の中より御袖をとらへて」とあるのは、襖障子を破って手をさし入れて、かけ金を外して入り込んだのであろう。実は同時にこのころ、匂宮が東の母屋の中君のもとに忍び入っていた。

L　宮は、教へきこえつるままに、ハひと夜の戸口に寄りて扇を鳴らし給へば、弁参りて導ききこゆ。

（総角・一六一六頁）

ハの「ひと夜の戸口」は、Kの薫が弁の手引で東の母屋へ入り込んだ戸口で、西の母屋の南庇から、東の母屋の南庇へと通ずる南庇中央部の仕切の障子であろう。薫は匂宮を、かつて自分の入れられていた「まらうど居」、つまり西の「二間」にまず招き入れて、薫自身か忍び込んだときのように、弁に命じて、その東側の障子口から中君の寝所へと導かせたのである。仏間にいる大君がそれに気づかなかった、とあるのは、やはりこの寝殿はかなりの広さのものとして想定されている。

姫君たちのいる東面の様子は、橋姫巻の次の垣間見の場面からもうかがわれる。

M　（Aニ続ク）ヒあなたに通ふべかめる透垣の戸を、少し押し開けて見給へば、月をかしきほどに霧りわたれるを眺めて、簾《すだれ》を短く巻上げて、人々ゐたり。簀子に、いと寒げに身細くなえばめる童一人、同じさまなる大人などゐたり。フ内なる人、一人は柱に少しゐ隠れて、琵琶を前に置きて、撥を手まさぐりにしつつゐたるに、……ヘ添ひ臥したる人は、琴の上にかたぶきかかりて、……また月さし出でなん、とおぼすほどに、奥の方より「人おはす」と告げ聞ゆる人やあらん、簾下ろして皆入りぬ。

（橋姫・一五二二〜一五二三頁）

いま薫のいるのは、おそらく西の中門から寝殿の前庭に入り、さらに寝殿中央部から東へかけての前庭に設けられた「あなたに通ふべかめる透垣の戸」のある位置、すなわち寝殿中央あたりの前庭である。Aには「あなたのお前は、竹の透垣しこめて、みな隔てことなる」とあったが、前庭東寄りは、東の母屋に姫君たちが住んでいるので、竹の透垣が廻らしてある。薫は、その戸口から東の母屋の南庇や簀子にいる人々を見ている。

姫君たちは月を眺めていたところで、童や大人が簀子にいるとあるから、姫君たちも南庇（Cのカ「中の二間」）にまで出てきているのであろう。フの「内なる人」は姫君たちで、簀子にいる童などに対して、南庇の室内にいる。「一人は柱に少しゐ隠れて」とあるのは、簀子と南庇の仕切にある柱の蔭になっているのである。(7) そして、南庇にいるこの人（中君）は、西南の薫の位置から見て、柱に隠れているというのであるから、少なくとも南庇は二間以上あることになる。また、中君が南庇の東端の隅の間にいることは考えられないから、東の母屋に接した部分の南庇は、二間分なければならない。つまりこれは、この場面を書いているときの作者が、東の母屋を二間あるものと想定して描いていたことを暗示する。勿論、これだけで東の母屋は二間あったとするわけではないが、少なくとも根拠の一つにはし得るであろう。作者は最初から八宮邸について、細部にいたるまでかなり具体的に想定して描いていることは、ここからうかがわれるのである。

また、この寝殿には東庇もあった。

K　御忌みはてても、みづから詣で給へり。（姫君タチハ）東の庇のくだりたる方にやつれておはするに、近うたち寄り給ひて、古人召し出でたり。（椎本・一五六六頁）

姫君たちは、父宮の喪に服している時期なので、それまで居間にしていた東の母屋から出て、東庇の板敷を落した所で暮している。「東の庇のくだりたる方」は、東庇を所謂「土殿」にして過していることをいうのであろう。小野の山荘にいた落葉宮は、母御息所の亡くなるとともに、「西の庇をやつして、宮おはします」（夕霧・一三四三頁）とある。落葉宮は、この山荘では西の母屋を居間にしていたのだが、西庇に移って母の喪に籠っているのである。(8) この風習は、中国の「倚廬」の制にならったものである。服喪中に近親者たちの籠る「土殿」の様子については、次のように見える。

（藤原道長ノ喪中）余紆（佇）立西門内、坐二后中門北掖土殿、仍不進中門辺、（小右記・万寿四年十二月十七日）

（三条院の崩御後）さべき所々の板どもはなちて、宮々つちどのにおはしまし、東宮もさやうにておはしますほど、（栄花物語・木綿しで）

前者では、后位にある人も中門の廊に移ったり、室の板敷をとり外して、土間に暮したりしていたのである。「東の庇のくだりたる方にやつれておはする」は、そうしたあり方をいうのであろう。

以上を要するに、八宮の山荘は簡略な造であり、柱間も短い建物ではあったが、五間四面のものと想定されている、と私は考える。これは、中川の紀伊守邸でも同様であったが、この物語中に描かれている住宅は、ほぼ似た構造になっているように思われる。物語がこうした住宅を書くについては、まず読者にとっても理解しやすい、当時一般的であった構造をもとにしたのだ、物語だからこそ、当時の典型的な住宅を想定して書いた、と考えられるのである。資料の乏しい一条朝ごろの住宅建築に関しても、この物語から得られる知見は多いのである。

注1　京から宇治への所要時間を記したものは多いが、途中で休憩したり、稲荷社に詣でたりする、などのことがなくて直行した場合には、ほぼ一刻（二時間）程度であった。「巳剋令出立……午剋着御宇治川辺」（康平記・康平五年二月五日）、「辰時許下向……巳時許過宇治」（中右記・嘉保二年二月五日）、「辰二剋進発……巳始至宇治橋妻」（長秋記・長承三年五月十三日）、「（出京）巳刻……午刻着御宇治橋」（兵範記・保元二年正月十二日）、「辰剋着布衣参宇治……巳剋至于宇治」（山槐記・保元四年三月三日）等、例が多い。

2　貞信公記・天暦二年九月二十五日「故観宿僧都弟子等申、以同弟子峯鑒令預造宇治橋」とあるが、この架橋計画が実行されたのか否かは不明である。蜻蛉日記の作者は、安和元年ごろ初瀬詣でをしたが、そのときには往復ともに宇治川を船に車を載せて渡っている。これは橋が流失していたからかもしれないが、橋があっても、貴人はわざわざ船で渡ることがあったらしい。そうした宇治川渡りがいつごろから始ったのか、という問題があるが、やはり都の貴族には、船で渡るのが風雅な渡川法だと考えられていたらしい。仁平元年（一一五一）に宇治橋は洪水により流失したけれども（台記別記・仁平元年六月十日）、直後の同三年には架橋されていて、春日詣でに奈良へ向っていた左大臣藤原頼長は、本人のみ船で渡り（兵範記・仁平三年十一月二十六日）、同四年二月に頼長長男の兼長が春日祭の上卿として奈良に下ったときには、兼長は船で渡り、雑人たちは橋を渡っている（兵範記・仁平四年二月三十日）。御幸などでも同様である（兵範記・保元三年十月十七日）。

3　八宮邸の寝殿の規模構造については、玉上琢弥『源氏物語評釈・第十巻』（角川書店、一九六七年）二九六頁他には西の母屋についての指図があり、全体は五間四面と考えられている。石田穣二・清水好子『源氏物語・六―新潮日本古典集成―』（新潮社、一九八二年）二五八頁にも五間四面とする。また、池浩三『宇治十帖の舞台』（『源氏物語の鑑賞と基礎知識・椎本』（至文堂、二〇〇一年）では三間四面とする。図3参照。また池説では、八宮邸の西の廊の部分は、寝殿の南庇から延びる廊と、北庇から延びる廊の二つがある、所謂「二棟廊」を想定しているが、この物語の時代には「二棟廊」なるものが存在した例が探せない。「二棟廊」の語が現れるのは院政期ごろからである。池氏想定図には、源氏物語絵巻に描かれた建物も多く参照されているが、これもまた院政期の住宅であり、この物語を読むときに適用するには慎重でなければならない点が多い。源氏物語の成立した一条朝から院政期にかけての時期は、住宅建築様式についても大きな変遷が認められて、様相が違っているのである。

4　「二間」については、一二二頁以下をも参照。なお、注3の池説ではこの「二間」を仏間としているが、それは物語の本文からしても無理なことは、これまで述べたごとくである。

5　拙稿「落葉宮の小野の山荘」（『源氏物語の鑑賞と基礎知識・夕霧』至文堂、二〇〇二年）参照。

6　源氏物語絵巻の柏木（二）の場面は、寝殿の西の母屋に寝ている柏木と、見舞にきた夕霧を、西庇の側からの視点で描いたものである。西の母屋と南庇の間仕切りは、西の一間が壁で、次の間に障子二枚が立てられていて、その障子の南庇側に修法のための経机が置かれている。このように院政期になると、母屋と庇が一部分壁で隔てられる場合もあったらしいが、すぐにそれを源氏物語の時代に適用できるか、という問題がある。注3参照。

7　この場面は源氏物語絵巻に描かれて有名である。絵巻では、南庇の三間分が見え、さらに右手奥まで続いているように描かれている。したがって、この絵巻の庇は東庇ではあり得ず、月を見るのにふさわしく南庇である。また、南庇三間分が描かれていることは、それに接した東の母屋が、少なくとも桁行二間のものと想定されていることを暗示する。やはり絵師も、五間四面程度の規模の寝殿を考えていたのであろう。ただし絵巻では、簀子には高欄もないし、かつ簀子の板の張り方も、下長押に平行に張られていて、下長押に直角に板を張った他の都の大邸宅の簀子と比べると、意識して質素に描かれている。太田博太郎「エンとスノコ」

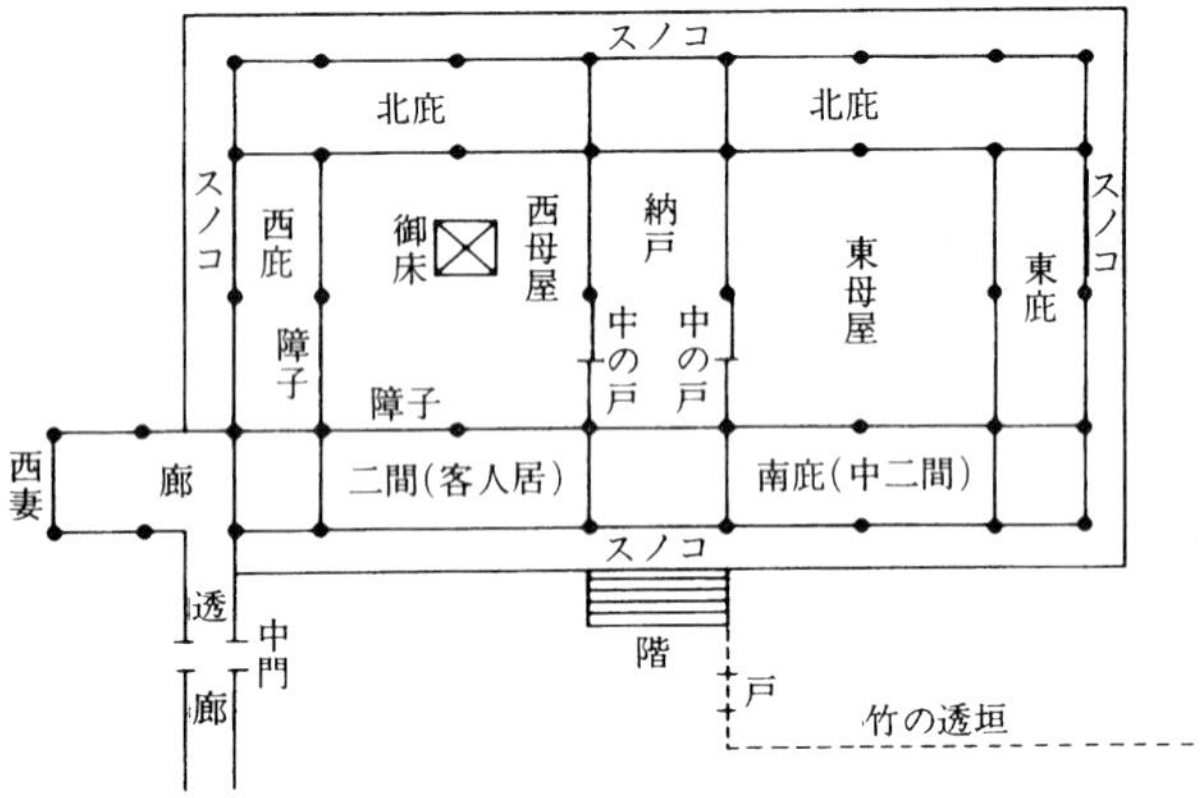

図2　八宮の山荘（増田想定図）

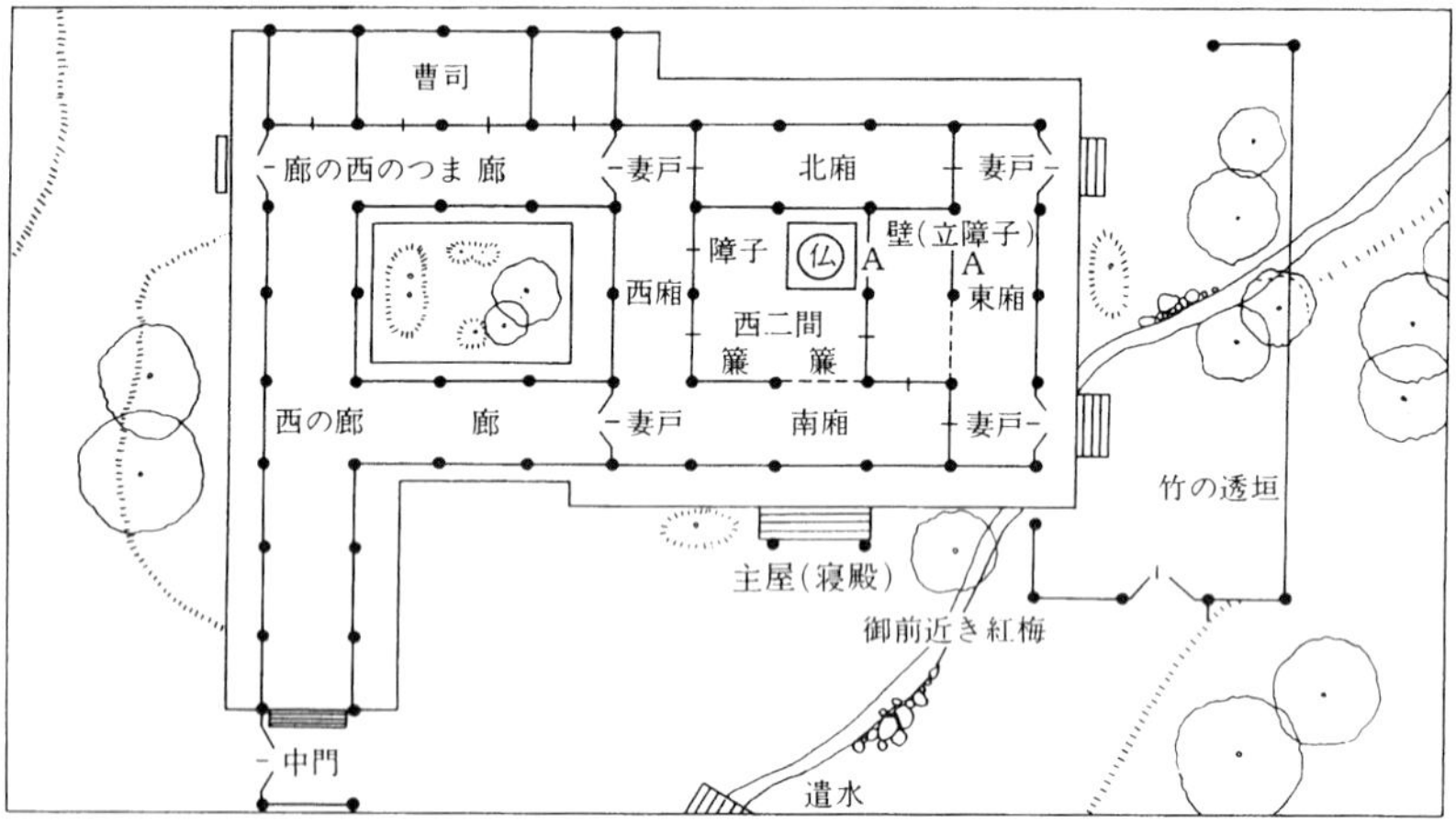

図3　宇治の山荘想定平面図（考証作図　池浩三）

（『日本建築の特質』岩波書店、一九八三年）参照。

8　注5参照。

三　源氏物語の建築—寝殿の構造・柱間・中戸・二間・塗籠・土御門殿の寝殿—

1　源氏物語の空間認識

源氏物語の描写が、細部にいたるまですぐれて写実的な場面の多いことは、一読した者の誰しも心づくところであろう。人々の心理描写は勿論のこと、場面を構成している人物の位置関係などについても、よく状況が細部にまで的確に思い浮かべられるように記されている。分けても私が注意したいのは、この物語のことばの空間認識あるいは空間感覚とでもいうべきもので、その場面における人々の姿態や、その人物が眼や耳や肌で感じ、知覚しているその場の空間的な広がりや奥行きが、そこに身をおく人物と同じような新鮮な感覚性をもって、形象されているところの多いことである。

例えば帚木巻に次の場面がある。方違えのために中川の紀伊守の新邸へ出かけた光源氏が、主人の饗応などをうけた後、寝所にあてられた寝殿の東の母屋に臥して、眠られぬままに周囲の物音に耳を澄ましているところである。この紀伊守邸の寝殿は五間四面で、中央の一間が納戸のような空間になっていて、それを挟んで東の母屋と西の母屋に二分され、母屋の西側には空蟬が寝ている、という構造になっていたらしい(1)。したがって、いま源氏の寝所になっている東の母屋は、桁行二間梁行二間の広さと考えられる。

君は解けても寝られ給はず、いたづら臥し、とおぼさるるに御目さめて、この北の障子のあなたに人の気配するを、こなたやかくいふ人の隠れたる方ならむ、あはれや、と御心とどめて、やをら起きて立ち聞き給へば、ありつる子の声にて、「物けたまはる、いづくにおはしますぞ」とかれたる声のをかしきにていへば、「ここにぞ臥したる、まらうどは寝給ひぬるか、いかに近からむと思ひつるを、されどけ遠かりけり」といふ。寝たりける声のしどけなき、いとよく似かよひたれば、いもうとと聞き給ひつ。「庇にぞ御殿籠りぬる、音に聞きつる御有様を見たてまつりつる、げにこそめでたかりけれ」とみそかにいふ。「昼ならましかば、のぞきて見たてまつりてまし」とねぶたげにいひて、顔引き入れつる声す。ねたう、心とどめても問ひ聞けかし、とあぢけなくおぼす。「まろは端に寝侍らん、あな暗」とて、灯かかげなどすべし。女君は、ただこの障子口筋かひたるほどにぞ臥したるべき。「中将の君はいづくぞ、人げ遠き心地して物おそろし」といふなれば、長押のしもに人々臥していらへすなり。（帚木・六七〜六八頁）

ここでは、人々の寝静まった夜中ということもあって、すべての場面描写は源氏の耳に聞こえてくる音を通じてなされている。目の冴えたまま寝所に臥していた源氏は、北庇との間仕切の襖障子の向こうの人の気配が気になって、身を起こして障子に近づき耳を澄ませた。北庇の小君が「かれたる声」で姉に呼びかけたのは、眠っている客人を目覚めさせないために、わざと抑制した声を出したからである。小君が、源氏は庇で寝ている、といっているのは、最初源氏は南庇に仮初めに臥して酔いを醒ましていたのだが、いまは近くの母屋との障子のそばにいるのを、小君は知らなかったのである。空蝉の声が「寝たりける声のしどけなき」というのは、寝床に横たわったままの姿勢で返事をしたからであろう。「顔引き入れつる声す」というのも、空蝉の声がさらにくぐもったので、眠ろうとして顔に衾を引きかけたからだと思ったのであろう。空蝉が「ただこの障子口筋かひたるほどにぞ臥したるべき」というのは、いま源氏は東の母屋の北庇との間仕切の障子のそばにいるから、西側の母屋へと通ずる「障子口」を対称線にして、空蟬は西の母屋のやや南寄りにいるらしいと推定したのである。この「障子口」が、東西の母屋を行き来するためのものであることは、「かけ金をこころみに引きあけ給へれば、あなたよりは鎖さざりけり」とあって、両側にかけ金のあることからも判る。庇と母屋の間仕切りの障子では、夕霧巻の小野の山荘で、夕霧に追われた落葉宮が、西の母屋から北庇へと逃げたとき、「障子はあなたより鎖すべき方なかりければ」とあって、庇の側からは鎖をかけられないようになっていた。建物の主は母屋にいるのが原則であり、たまたま庇に出ることがあっても、庇の側から、母屋との間仕切りの障子に鎖をおろしたりすることはないからである。空蟬の侍女たちが「長押のしもに」臥しているとの推定も、侍女たちは庇に寝るという一般の慣習を思ったこともあろうけれど、やはり空蟬の声よりも侍女の声の聞こえてくる位置の低いこと、より遠いことになどよるのであろう。侍女たちは空蟬の寝ている母屋よりも一段低い西庇に寝ているのである。

こうした聴覚による鋭敏な空間認識は、いつも暗く静寂な夜の時間を過ごした、当時の人々の日常生活によるところが多いこともあるかも知れない。しかしながら、枕草子の描写の空間認識などと比べても、やはりこの物語の空間感覚は特別だ、と考えられるのである。この中川邸での描写に限らず、他にもこうした聴覚による空間認識の鋭敏さを思わせる描写は数多い。ところが、この物語を読むわれわれの側が、当時の住宅の細部や人々の住生活についての知識の浅いために、物語の描写を深く具体的に理解できずにいるところが多いように思われる。本文の注釈という作業の第一の意味はそれを明らかにすること、つまり当時の人々と同程度に、記述されている内容を理解できるように説明することにあると思うが、そうした基礎的な側面についても、いまだ不十分なのである。以下では、この物語に描かれている住宅に関する幾つかの問題について、ふれてみたい。

母屋の床に比べて庇の床が一段低くなり、簀子はさらに一段低くなっていたことについては、源氏物語絵巻に多くの画証がある。ただし、東屋第一段は中君の住む二条院の西の対の場面で、その南の母屋と南庇・西庇を南孫庇の側からする視点で描いたものと考えられるが、この南庇・西庇と南孫庇の板敷には段差がない。また、母屋と庇の床に段差のないものも、柏木第三段の六条院や鈴虫第二段の冷泉院に例がある。これについては、上皇御所などに行われる特別な様式であり、源氏が六条院を建てたのは、まだ准太上天皇になる以前の太政大臣のときであるが、そのころから源氏は上皇御所を僭上したのだ、とする玉上琢弥氏の説がある[2]。もっとも鈴虫第三段は、これを母屋と庇の部分が描かれているのだとすると、母屋の板敷がそのまま庇にまで延びて、一枚の板で母屋と庇を通して張ってあるように見える。あるいはこれは、対の南庇と孫庇であると考えることができるかもしれない。しかし、母屋と庇の床が同じ高さになっている例は、この源氏物語絵巻の二例の他にもある。どれほど古くさかのぼれるのかは判らないが、少なくとも院政期には、紫野の斎院の客殿も同様の構造になっていた。山槐記・仁安二年四月九日条には斎院の客殿の指図が見えるが、そこに「客殿母屋、并四面庇無高下、同面也」という記載がある。わずかな例では何ともいえないが、あるいは、冷泉院や斎院の客殿などの建物では種々の儀式を行う必要上、母屋と庇の床に段差を設けない造りのものがあったのかもしれない。その場合でも、十二世紀初めの成立とされる源氏物語絵巻の例を、一条朝ごろのこの物語にすぐに適用してよいか、という問題は残る。院政期の様子をもとに描かれた絵巻を、そのままこの物語に適用するができない部分も多くあるに違いない。

一条朝から院政期にかけては貴族社会の大きな変革期にあたるが、それは住宅建築などについても認められるものである。所謂寝殿造様式も、院政期に入ると「民部卿新造六角東洞院一町家也。東西対、東西中門、如法一町之作也」（中右記・元永二年三月二十一日）などと、「如法一町宅作」（中右記・元永元年正月二十日）と呼ばれる、寝殿を中心とした左右対称構成の伝統的な様式の家屋構成が見られる一方で、「中寝殿」（中右記・寛治八年十二月二十七日）、「寝殿并西寝殿」（中右記・長治二年正月一日）、「寝殿之西又新立小寝殿」（中右記・承徳元年十月十七日。なお、この「小」は、小さなということではなくて、「小一条」などの「小」と同じく、もとのもの、古くからのものに対する「新しい」といった意と考えられる）などと新しい建物構成の屋敷が多くなってくる。それは建物の配置だけではなく、建物の細部についても、例えば「寝殿・対・渡殿などは、作り合ひ、檜皮葺きあはする事も、この院（花山院）のし出でさせ給へる也。昔はべちべちにて、あはひに樋かけてぞ侍りし。内裏はいまにさてこそは侍めれ」（岩瀬本大鏡・三・伊尹伝）といった新しい技法が生まれてきて、大きく変化した部分も多くあったであろう。源氏物語絵巻では、室内は原則として畳が敷き詰められているが、これなどは明らかに一条朝ごろとは異なった新しい住み方なのである。

2　建物の大きさ——寝殿の母屋・庇の柱間——

さて、中川の紀伊守邸で源氏が西側の母屋にいる空蟬の声を聞いているとき、源氏は女たちからどれほど隔ったところにいたのであろうか。いまこの寝殿の母屋の桁行を柱間五間であったとして、二人は中央の馬道めいた一間を隔てて、ほぼ柱間三間ばかりの距離をおいていたかと考えられる。ただし、当時の建物の柱間の長さには一定の基準はなく、その建物の規模や質などにより長さが異なっていたから、同じく柱間三間といっても個々の建物には大きく差があった。

これを考えるについてまず第一に参考になるのは、平安京内の住宅遺跡の発掘調査報告である。それらによれば、内裏の建物などの特別な高級建築を別にして、寝殿と対屋をもつ規模の貴族住宅と考えられる建物では、その柱間はほぼ八尺から一〇尺程度であったらしい。平安前期のものとされる右京六条一坊九・十町にあった高級貴族の住宅遺跡の発掘調査例では、寝殿というべき主殿は、東西棟の五間四面の建物で、これは桁行の柱間は九尺、梁行の柱間は九・五尺、庇の出の長さは各一二尺であり、柱の痕跡の直径は三〇センチであった。この住宅では、敷地南寄りに立てられたこの主殿を囲んで東西北に対屋と呼ぶべき建物がとりまき、十世紀以後に発達する所謂寝殿造住宅の原型、と考えられているものである。また、この主殿以外に十六棟ばかりの建物の柱跡が発掘されているが、それらの柱間は、桁行八尺のもの十一例、八・六尺のもの一例、七尺のもの二例、六尺のもの一例、五・五尺のもの一例であり、梁行の柱間については、八尺のもの十三例、八・五尺のもの一例、七・五尺のもの一例、不明一例である。(3) さらに、これらの建物をつなぐ廊・渡殿などについても、その桁行・梁行の柱間の長さは、それらの建物を統一する構造上からして当然でもあるが、ほぼ八尺である。この住宅の場合、寝殿の南庭には池はなかった。十世紀末に皇居になった一条院にも南庭には池はなかったが、南庭に池を設けるのは、やはり寝殿造様式の完成してくる十世紀後半からのものであるらしい。

また、やはり平安前期の高級貴族の住宅と考えられる、右京一条三坊九町にあった住宅遺跡では、寝殿というべき主殿は七間二面（南北、および南孫庇）で、桁行・梁行の柱間および庇の出の長さはともに二・九七メートル《メートル》（一〇尺）であった。ただし、南孫庇は三・八六メートル《メートル》（一三尺）である。この東西棟の寝殿には東側と西側と北側に対屋があった。東対は南北棟で推定五間、この東対の北側には南北棟の推定五間の東北対がある。西対も南北棟で五間一面（西）、この西対の北側に、やはり南北棟の五間一面（西）の西北対があった。これらの対屋の場合についても、桁行梁行ともに柱間はほぼ一〇尺である。後期になると、柱間はこれらよりもやや広いものも現れる。この住宅の場合にも、南庭には池の存在した痕跡はなかった。(4)

一条朝ごろの住宅における柱間の長さの確例を示し得ないのは残念であるが、後の院政期の例については次のようなものがある。

①　今夜依仰、与民部卿・頭弁、行向院御願（領カ）西六条殿実検、是依可有行幸儀也……此亭寝殿已八尺間也、不足為南殿、不可有遷御由、民部卿議定已了、（中右記・康和五年十月二十日）

②　次人々行向南殿、可被立御帳事被相議、此六条殿寝殿纔八尺五寸間也、被立御帳甚狭少也、節会之時甚見苦也、雖然又何為哉、（中右記・永久二年八月二十五日）

③　参関白殿（藤原基通）六条北堀川西（指図）庇張八尺、三間四面寝殿也、（山槐記・治承四年二月十一日）

④　参内閑院、去夜自五条殿還御……次参東宮五条殿……今日猶見御所体、東宮昼御座只三ケ間也、東一間為出御路、次間有御帳、次間立大床子者、自余御厨子等不可立之上、無供膳路、雖一夜不可叶、然者、兼可令渡替中宮御所之処、間数雖多五間四面屋也、但母屋、一丈四尺、庇張八尺立御帳并師子形、御後無路、（山槐記・治承四年二月十七日）

⑤　今日閑院……予以下就標中門北腋三ケ間無板敷、北第二間溜内当中央置宣命版、白石也……大内宣陽殿庇一丈四尺歟、此中門廊梁間一丈二尺、雖相近何不重行哉、標皆不立、只置地也、地固歟予不知（達幸故実抄所引山槐記・寿永二年四月五日）

①は、白河院御領の西六条殿を御方違所としようとしたが、ここの寝殿が八尺間の狭いものなので、南殿にあてて諸儀式に使用することができず遷御をやめた、というのである。②は、同じ八月三日に皇居の大炊殿が焼けて、小六条院に遷幸されたが、この小六条院の寝殿は、八尺五寸間の狭いものだったので節会ができない、というのである。③は、この日関白藤原基通の弟忠良が六条殿で元服したが、その儀式の指図中の記載に「庇張八尺、三間四面寝殿也」とある。母屋三間の長さは不明であるが、四面の庇の梁間は八尺という狭い小さな寝殿であった。④の五条殿の五間四面の寝殿母屋は一丈四尺、庇の張は八尺であったが、それでも中宮御所にするには狭かったという。⑤は閑院内裏での任内大臣の儀式についての記事である。内裏の建物では宣陽殿の庇の梁間は一丈四尺ばかりあるのに、この

閑院では、それに代用しようとする中門廊の梁間が一丈二尺と少し狭くて、二人が重行できない、ということなのであろう。里内裏に用いるほどの屋敷では、一丈二尺間でも儀式を行うのには不十分で、少なくとも一丈四尺間を必要としたらしい。これについては次のような例もある。

此日大饗装束始也。……見座体、南庇今一尺一丈一尺也、仍不足也狭之間、（座後）不可有其路、（玉葉・文治二年十月二十五日）

渡大炊御門亭、件家元左大臣領也……入門見屋家体太狭少寝殿母屋一丈二尺庇九尺、甚凡卑也法皇被作加数屋之間、於事得便宜（玉葉・文治四年八月四日）

つまりこれらも、一丈二尺間の寝殿では「甚凡卑」であり、皇居や法皇御所用には不足であって、一丈一尺間の庇でも、大饗などの大きな儀式を行うには狭くて不便である、という当時の一般的な見解を示すものであろう。

以上の例からするならば、一般貴族住宅の寝殿の柱間については八尺（約二・四メートル）から広くて一丈二尺（約三・六メートル）ぐらいであり、その範囲内で居住者の身分や建物の規模材質などにより差があった、ということになるのであろう。具体例が少ないので不明なところが多いが、柱間の長さからしても、一丈四尺以上はあったらしい内裏の建築は、一般住宅と比べて格段に豪壮なものであったと考えられる。ただし、内裏の建物も、古来いつも同じ規模が維持されてきたわけでもなかった。長保三年の内裏焼亡に際しての造宮では、殿舎の数を減らしたり寸法を減じ、また高さを少し減らして再建すべきことが議せられている（百錬抄・長保三年十一月二十五日）。高級貴族の住宅でも、一丈四尺間以上の寝殿をもつものが数多くあったとは考えにくいが、摂関家などの邸宅では、里内裏になることを考慮に入れて、時にはそうした広い柱間の寝殿を作ることがあったらしい。

紀伊守の中川邸は、身分に応じた敷地の広さや、その他の建築規制のない京外に建てられたものであり、東西の対屋をもつ規模で、その身分にしては評判になるほどの立派な新邸であったから、少なくとも八尺間程度の寝殿であったと考えられる。前述した源氏が空蝉の声を聞く距離は、八尺間で三間ばかり離れていたとすれば、約七・二メートルばかりである。したがって、源氏が耳を澄ませば、空蟬のささやき声が明確に聞こえてきてもおかしくない距離である。

こうした受領階級の屋敷に対して、臣下の住宅ではあっても最高級建築の源氏の六条院などでは、やはり少くとも一丈四尺間ぐらいの寝殿が想定されている、とすべきであろう。

光源氏の六条院については、既に幾つかの復原図までが作られている。それらの中では、私は玉上琢弥・大林組の想定図が、細部についての説明にも根拠を示してより詳しく、他より適切なものに見える。(5) ただし、これらには太田静六氏のものを除いて、六条院には南門を設けてないことなど、再考すべき点もまだ多いように思う。もっとも、池浩三氏の想定図には、南門らしきものが小さく見えるけれども、その門の内側の庭の部分の想定は、これが門として使用できる形にはなっていない。物語には六条院の「南門」のことは見えず、また当時の屋敷で実際に南門を使用している例も多くはないが、やはり一町家の屋敷ともなれば、一般に南門が設けられていたとすべきであろう。里内裏となった一条院にも「南門」(権記・長保元年七月十三日)や「南中門」(権記・寛弘六年正月二日)があり、道長の土御門殿には「南大門」(御堂関白記・寛弘四年三月十六日)があって、行幸にこの門が用いられたこともある(小右記・長和三年五月十六日)。六条院と同じく四町を占める大邸宅の高陽院にも南門があり、行幸のときには御輿がこの南門から入って、南庭の山路を経て東対に着いたこともあったのである(左経記・長元四年十二月二十九日)。東三条殿には院政期になっても「東三条南四足門」(台記・保延二年十二月十三日)があり、重要な儀式のときに用いることがあった。源氏の六条院の南は六条大路であり、当然ながら大路に面して南門が開かれているはずである。

さて、従来の説に対して玉上・大林組説をより適切とする理由の一つは、想定図の基準となるべき建物の柱間を、具体的に考慮して建物が配置されている点である。他は出発点としてもっとも重要な柱間が問題にされていない。玉上・大林組説では、寝殿はすべて七間四面、対屋は五間四面として、それらの柱間は「母屋二・七メートル《メートル》(九尺)、庇三・六メートル（一二尺）」、対屋は「母屋二・四メートル（八尺）、庇三・〇メートル（一〇尺）」、その他の建物については「二・四メートル（八尺）」と想定して、復原されている。このうち、寝殿の母屋七間というのは、一条朝ごろの一般住宅では確例を見ないほどに大規模なものであるが、源氏の権勢からすればあり得る想定ではある。しかしながら、その七間の大寝殿の母屋が九尺間、庇が一二尺間というのは、やはり不均衡に狭すぎるように思われる。前述してきたように院政期の例からすれば、七間の母屋を想定するからには、一丈四尺間ぐらいのものを考えるべきであろう。ただし、そのときには母屋の間に対応して、庇や対屋や渡殿などの間もまた、それに近い柱間のものであければ均衡を失うであろうから、その場合一町（一辺約一二〇メートル）の東西の幅の大部分を建物が占めてしまうことになる。これは物語であるから、七間四面の母屋を設定して、そうした細部の不整合は無視してもかまわないとすることもできるが、やはり敷地と建物の均衡からすれば、寝殿は一丈四尺間程度の五間四面とする方が、より妥当ではあるまいか。

3　寝殿の構造――中の戸・塗籠・二間――

イ　中の戸・中の障子・間仕切り

この物語では、寝殿の母屋を東西に二分して、二人が住み分けている例が多い。花散里の屋敷では、東の母屋の姉の麗景殿女御と西の花散里、桃園宮における東の母屋の女五宮と西の朝顔斎院、内裏の承香殿では「馬道」をはさんで東の玉蔓尚侍と西の式部卿宮女御、六条院の南町では東の母屋の桐壺の御方（明石姫君）と西の女三宮、小野の山荘における東の母御息所と西の落葉宮、竹河巻の玉蔓邸の寝殿では、東の母屋の姫君と西の中君などである。宇治の八宮の山荘では、西の母屋を仏間にしていたので、父宮は西庇に住み、東の母屋に姫宮たちが住んでいた。紀伊守の中川邸では、主君の源氏と継母の空蟬を東西の母屋においたのも、それらと同様のあり方ということができる。これらではいずれも上位者が東の母屋にいる。(6) 紀伊守邸でも、おそらくはもとは継母の空蝉が東の母屋にいたのを、源氏がやって来るというので、空蝉は東の母屋を譲って西の母屋に移っていたのであろう。

ところで、これら寝殿の母屋を東西に二分して二人が住む場合、その母屋の東西の間仕切りはどうなっているのであろうか。紀伊守の中川邸では、空蝉のいる西の母屋で灯をともして人々の動くのが、「灯ともしたる透き影、障子の上漏りたるに」とあり、東西の隔てに障子があった。この障子の上部からは、隣の火影がもれて見えるというものであるから、その間仕切りは天井にまでは及ばないものである。そのあとで源氏は、西側の間仕切りの障子に手をかけてみると、

かけ金を試みに引きあけ給へれば、あなたよりは鎖さざりけり。几帳を障子口には立てて、灯はほの暗きに、見給へば、唐櫃だつ物どもを置きたれば、乱りがはしき中を分け入り給へれば、気配しつる所に入り給へれば（尾州河内本「わけいりたまふ、けはひしつるほとによりたまへれは」）、ただ一人いとささやかにて臥したり。（帚木・六八頁）

ということで、西の母屋に入り込んでいる。源氏が障子を開けて入った所には、「唐櫃だつ物ども」が乱雑に置かれていたというのであるから、そこは納戸のように使われているらしい。そこと空蝉の臥す所との間には、さらに間仕切りがあったか否かは不明である。間仕切りはなくて、「灯はほの暗きに」というのは、空蝉の臥す所の灯だとも考えられるが、源氏のいた東の母屋の灯火が、開けた障子口からさしている、ともできるのである。私は、この納戸のような空間は、寝殿の中央に東西の母屋を隔てる馬道のような一間があり、そこを物置に使っているのだと考える。

玉蔓が曹司にした内裏承香殿の場合は、西の式部卿宮の女御の曹司との間には馬道がある。仁寿殿や弘徽殿なども同様であるが、内裏の殿舎には中央に馬道を通して母屋を二分したものが多い。内裏以外でも、天暦四年七月二十三日立太子のことがあった東宮御所の東一条殿では、「北対馬道間、為女史以下候所、同対馬道西母屋庇各一間、為彼女

御厠人候所」(九暦)と、北対は中央を南北に通る馬道をはさんで東の母屋と西の母屋に分かれていて、馬道も女史などの候所になっている。後の例では、天喜二年二月四条宮が里内裏になったとき、「北対をめんだう(馬道)あけて、西には中宮、そなたの廊かけておはします。東には皇后宮おはします」(栄花物語・根合)と、やはり北対の母屋が、馬道をはさんで東西に二分されている。

光源氏の六条院南町では、当初その寝殿の東の母屋には紫上が、西の母屋には明石姫君が住んでいた。野分の朝、紫上が東庇に出て庭を見ているとき、西の明石姫君のもとにいた源氏が、「西の御方より内の御障子ひき開けて渡り給ふ」(野分八六五頁)とあるのは、東西の母屋を隔てる障子であろう。この「内の御障子」は、また「中の戸」とも呼ばれることがある。後に女三宮が降嫁してきてこの寝殿の西の母屋に住むと、東の母屋は桐壺の御方(明石姫君)の里下がりしたときの御所になり、紫上は東の対に移されることになった。桐壺の御方が退出してきたので、紫上は東の母屋へ参上して対面することになるが、そのついでに西の母屋にいる「姫宮(女三宮)にも中のとあけて聞こえむ」(若菜上・一〇七五頁)と源氏に頼んで、「中のとあけて(阿里莫本「中のさうしをあけて」)、宮にも対面し給へり」ということになる。またこの「中の戸」のことは、「院は姫宮の御方におはしけるを、中の御障子より(東の母屋へ)ふと渡り給へれば」(若菜上・一一〇二頁)とも記されていて、「中の御障子」とも呼ばれている。これらの「内の御障子」「中の御障子」「中の戸」は、みな同じものをさしていることは明らかである。玉蔓邸の寝殿では、東の母屋にいる姉娘と西の母屋に住むその妹について、「夜昼もろ共にならひ給ひて、中の戸ばかり隔てたる西東をだにいぶせきものにし給ひて、かたみに渡り通ひおはするを」(竹河・一四八四頁)と記されている。一般に二つの母屋を隔てる間仕切りは、「中の戸」または「なかと」と呼ばれることが多い。「なかと」の例は、後にあげる宇津保物語国譲中巻にもあるが、「母屋のなかとより通りて、帳のそばなる屏風よりのぞき給へば」(狭衣・四)などと見える。これらの「中の戸」

は遣戸かと思われるが、遣戸なども障屏具として「障子」と呼ばれることもあったのである。「中の戸」は、母屋の内部の間仕切りに設けられたものは、枢戸などではなく、やはり遣戸と考えられる。中央に塗籠（馬道）のある場合は、枢戸のものもあったかもしれない。中川の紀伊守邸の「障子」もあるいは遣戸なのかもしれない。これらはみな寝殿の母屋を東西に隔てる戸と考えられ、東西の母屋を行き来するためのものである。

宇治の八宮邸では、薫の訪れたときの様子について次のように記されている。

宮のおはせし西の庇に、宿直人召し出でておはす。そなたの母屋の仏の御まへに君たちものし給ひけるを、け近からじとて、わが御方に渡り給ふ御気配、忍びたれど、おのづからうち身じろき給ふほど近う聞こえければ、なほあらじに、こなたに通ふ障子の端の方に、かけ金したる所に、穴の少しあきたるを見おき給へりければ、とに立てたる屏風を引きやりて見給ふ。ここもとに几帳を添へ立てたる、あな口惜しと思ひてひき帰るをりしも、風の簾だれをいたう吹き上ぐべかめれば、あらはにもこそあれ、その几帳おし出でてこそ、といふ人あなり。をこがましきものの嬉しうて、見給へば、高きも短きも、几帳を二間の簾におし寄せて、この障子に向かひて開きたる障子より、あなたに通らんとなりけり。（椎本・一五七九〜一五八〇頁）

西庇にいる薫が、仏間の西の母屋との間仕切りの障子の穴からのぞいている描写である。この八宮邸の寝殿の母屋は五間四面と考えられる。(7) この場面では、西の母屋の仏間にいた姫君たちが、薫がのぞき見している「この障子に向かひて開きたる障子」を通って、自分たちの居間の東の母屋へ移ろうとしている。「几帳を二間の簾におし寄せて」とあるのは、風が仏間の南側の簾だれを吹き上げたので、薫がのぞいている障子の仏間側に立てられていた几帳を、その南側の風の吹き入る簾だれの方へ移したのである。「二間の簾」とあるのは、仏間に接して二間ある南庇との間仕切りに懸けられた簾である。これは仏間（西の母屋）もまた二間であったことを示している。この南庇の「二間」

面では

のことについは改めて後に述べる。東西の母屋の間仕切りになっているこの「障子」はまた、大君が薫に対面する場

大方にてはありがたくあはれなる人の御心なれば、こよなくもてなしがたくて、対面し給ふ。仏のおはする中の戸を開けて、みあかしの火けざやかにかかげさせて、簾だれに屏風を添へてぞおはする。とにも御殿油参らすれど、悩ましうて無礼なるを、あらはに、などいさめて、かたはら臥し給へり。（総角・一五九三頁）

と、「中の戸」とも呼ばれている。やはりこれも遣戸であろうか。この場面では、大君は東の母屋から「中の戸」を開けて西の母屋（仏間）に出てきて、西庇にいる薫と、障子・簾だれ・屏風を隔てにして対面している。大君のいる仏間にも、薫のいる西庇にも火をともして対面するのは、男に入り込まれないための用心で、蜻蛉日記下巻の作者と右馬頭との対面の場面にも例がある。

庇の部分もまた、「障子」で間仕切られることがある。

庇の中の御障子を放ちて、こなたかなた御几帳ばかりをけぢめにて、中の間は院のおはしますべきおましよそひたり。（若菜下・一一四九頁）

ただし、庇の場合にはこのように「庇の中の御障子」と明記されている。したがって、特にことわられていない「中の御障子」は、母屋における隔てをいうのである。(8) ここで「庇の中の御障子」と呼ぶのは、南庇の中央部、つまり階の間にあたるところにあるからだと考えられる。そして、源氏の御座の設けられている南庇の「中の間」は、「中の御障子」を取り払った代わりに、東側と西側に二基の几帳を置いて隔てられている。ここでは、南庇中央部の階の間にあたる一間を間仕切る、東側と西側の障子が「中の御障子」と呼ばれている。つまり、母屋についても単に「中の戸」とあっても、それは東西の母屋を隔てるのが障子一枚とは限らず、中央部の馬道のような一間の東西両側

の戸を、それぞれの側の母屋からして「中の戸」と呼ぶことがあった、と考えられるのである。

東西の母屋の隔ての「障子」のことは、いずれもその建物の主、または主筋の人の移動に際して記されているものだから、「母屋の中の障子」と特にことわる必要がない。主人の母屋から母屋への移動には、庇を用いたりしないのである。この若菜下巻の場面では、女楽のために紫上・女三宮・明石女御など多くの方々が参集し、伴奏の男の童たちも呼ばれて簀子にひかえていたので、特別に庇の障子などを取り払って広い場を設けたのである。源氏の座が「中の間」とあるのは、南庇の中央部の階の間にあたるところであろう。このように源氏以下の高貴な人々が庇にいるのは、例外的な場合なのである。枕草子「清涼殿の丑寅のすみの北の隔てなる御障子」の段では、清涼殿の「上の御局」の中宮定子のもとにいた帝は、「昼の御座」の方に整えられた御膳の座につくために、「中の戸より渡らせ給ふ。御供に、庇より大納言御送りに参り給ひて」と記されている。帝は、上の御局から母屋の夜御殿の「中の戸」を通って昼の御座へ行き、お供をする臣下の伊周は、庇の「二間」を経て移ったことをいう。ここは清涼殿という特殊な場合ではあるが、帝は母屋を移動して庇は通らなかった。また、後述するように紫式部日記の土御門殿行幸の段では、土御門殿の寝殿の東の母屋の御座にいる帝のもとに、道長が若宮を抱いて帝に見せにきた後、「母屋の中の戸より西に、殿の上おはするかたにぞ、若宮はおはしまさせ給ふ」と見える。若宮は、帝の御前から乳母に抱かれて、西の母屋にいる外祖母倫子のもとへ、「中の戸」を通って移されたのである。

ところで、これらの例の東西の母屋の間仕切りには、「内の御障子」「中の戸」が用いられていて、この戸一枚で東西の母屋が隔てられているかのように見える。ただし、紀伊守の中川邸では、母屋の中央に馬道のような一間をおいて、母屋が東西に二分されていた。間仕切りの「障子」は、母屋の中央部の梁間二間にわたってあったのか否かは不明であるが、「障子口」の語からすれば、一間分だけが障子になっていたように思われる。当時の襖障子は、院政期ごろにおいても、一柱間につき二枚づつを立て、その柱間内でのみ移動させるものが普通であったことは、源氏物語絵巻などからも判る。「ちがへ遣戸」（元良親王集）というのも同様のものであろう。したがって、中川邸の「障子口」などは、北側あるいは中央部にあり、南一間または両端部は、板または壁になっていたのではなかろうか。中央の一間が塗籠のようになっていたとすれば、そこへの出入口は遣戸一枚、または障子一間の方がのぞましい。宇津保物語には次のような例がある。

ぬりこべ（塗籠）はなくて、なる（「か」カ）をたてて、東の方には北方、西には中納言と、いとことことしう（「うとうとしう」カ）て女も召し使ひ給はず、使ひつけ給へるをのこをのみ召使ひ給ひつつおはす。

（前田本、国譲中・一四八三頁）

源実正とその妻が、中の戸を隔てて寝殿の東西の母屋に、よそよそしく住んでいるさまである。ここは本文上の問題は残るが、「塗籠はなくて中戸を立てて」と、存在しない塗籠のことをわざわざ持ち出していっているのは、一般にその位置には塗籠のあるところなのだが、この寝殿では塗籠はなくて、中戸を立てただけで東西の母屋の間仕切りとしている、というのであろう。これも、寝殿の母屋の中央部に塗籠を設けることが多かったことを示す例と考えられる。

一条朝ごろの例では、一条院内裏の東西の対の内部は、

五節舞姫等参帳台試也、東台南母屋二間并東西庇等部隔為右大将五節所、同対艮為太皇太后大夫五節所、母間（「屋」カ）二間為舞殿、塗籠為師曹司、西対塗籠南為済家朝臣五節所、北（「塗籠北也」ノ注記アリ）為生昌朝臣五節所、

（権記・長保元年十一月二十二日）

となっていた。東対では、南半分が右大将の五節所、北の母屋は舞殿で、舞の師の曹司になった塗籠は、この南北の

母屋の中間、つまり馬道の位置にあったのではなかろうか。西対では、母屋を南北に分ける、やはり中央の馬道などのある位置に、塗籠があった。

寝殿対屋ともに、当時の母屋は五間七間などと奇数間であるから、このように母屋の中央部一間が馬道や塗籠になっていると、それをはさんで建物の東西部、あるいは南北を対称的に構成することができるのである。これは、中央に馬道を通すのが古い型式であり、やがて馬道が実質的な機能を失うとともに、その空間を塗籠や納戸などにしたのではなかろうか。そして次の段階で、古代の左右対称性重視の思想が衰えてくるとともに、この中央一間の空間が失われて、内裏清涼殿のような左右非対称の構造になっていったと考えられる。現行の指図類にあるような清涼殿の構造は、いつから始まったものかは不明であるが、清涼殿が天皇の常の御所となったのは天暦朝であり、その後にも幾度も立て替えられて、一条朝以前の様子はほとんど知られていない。現在想定されている構造は、必ずしも古い様式を残すものとは思われないのである。

この母屋の中央部一間の空間が失われて、左右の母屋が戸一枚で隔てられるようになると、やがてこの戸は「棟分戸」「棟別障子」と呼ばれるようになってくる。

参皇太后宮（藤妍子ノ枇杷殿）、……行（大饗ノ）御装束事、其儀東対母屋三間・西廂等敷満長筵等、棟別戸懸簾、西廂北隔并南廂東北等隔各一間、母屋東三間皆立障子、以四尺屏風九帖、始自西廂北隔障子西端、至于南廂東隔障子南端立渡皆副障子并棟別簾等云々　（左経記・万寿二年正月二十二日）

（後一条院ノ遺骸ヲ上東門院ニ移ス）令装束彼院東対……南廂両面端畳等為僧座、又西廂敷同畳等、為近習僧俗上宿座、又棟分戸北以東西北廂及北渡殿等為女房候所、　（左経記類聚雑例・長元九年四月二十二日）

これらの「棟分戸」というのは、母屋の「中の戸」などと同じく、母屋の中央部で母屋を二分する戸、ということなのであろう。

源氏物語においては、六条院に関して「塗籠」の語は用いられていない。六条院南町の「中の戸」も、その奥に塗籠のような空間をもっているようには見えない。しかしながら、それは六条院に塗籠がなかったというわけではないであろう。

ロ　塗籠とその用途

塗籠については、夕霧の巻の落葉宮に関わって多く見える。まず宮の小野の山荘では寝殿の中央部、馬道を通したりする位置にあったのではないかと思われる。この山荘では落葉宮は西の母屋に、母御息所は北庇にいる。主の御息所が東の母屋ではなく北庇にいるのは、修法のために僧侶を招いていて、「寝殿とおぼしき東の放出に」壇を築いていたからである。ここの「放出」の実態はよく判らないが、(9)東の母屋から南庇にかけて障子などが取り払われていたのであろうか。そのため、東の母屋は不断経などの僧たちの場になっていたらしい。夕霧と落葉宮の事を聞き知った御息所は、宮に北庇の自分のもとに来るようにといい、「中の塗籠の戸あけあはせて渡り給へる」（夕霧・一三二八頁）ということになる。この「中の塗籠の戸」とあるのは、東西の母屋を隔てる位置に一間あったからであろう。御息所はこのときには北庇にいたけれども、本来は東の母屋がその居場所なのであり、母娘二人の住む東西の母屋を分かつ位置にあるので、「中の塗籠」と呼ばれたのだと考えられる。また「あけあはせて」とあるのは、この塗籠へは東西の両母屋から各入口があり、その両側の戸を開け合せたことをいうのである。(10)

落葉宮の本邸の一条宮でも、寝殿の母屋に塗籠があった。一条宮に帰ってからも夕霧に迫られて困惑した宮は、「塗籠におまし一つ敷かせ給ひて、内よりさして御殿籠りにけり」（夕霧・一三五九頁）ということになるが、宮の女房が夕霧に語らわれてしまって「人通はし給ふ塗籠の北の口より入れたてまつりてけり」（夕霧・一三六七頁）という結果になる。この塗籠には侍女を出入りさせる「北の口」があった。もし塗籠が北庇にあるならば、その「北の口」は、北の簀子に面して開いていることになるが、宮がそんな端近な位置にある塗籠に閉じこもるとは考えにくいし、塗籠の性格からしても簀子に出入口があるとは思われないので、やはり母屋にあったと思われる。「北の口」は北庇からの入り口であろう。この一条邸の塗籠については

塗籠も、ことにこまかなる物多うもあらで、香の御唐櫃、御厨子などばかりあるは、こなたかなたにかき寄せて、け近うしつらひてぞおはしける。内は暗き心地すれど、朝日さし出でたる気配もりきたるに、（夕霧・一三六九頁）

と見える。これも塗籠が納戸のように用いられていたことを示す例である。「朝日さし出でたる気配」というのは、塗籠に張りめぐらされた板の隙間から、外側（母屋や庇）の明るくなった様子がもれてくるのである。塗籠は寝所に用いられることもあるが、落葉宮邸のそれは日常的な寝所であったとは思われない[11]。

一条朝ごろの塗籠の様子をよく示す例は、中宮藤原定子の里第のそれであろう。長徳二年四月に定子の兄伊周・隆家らの流罪のことが決まったが、伊周や隆家は姿を隠し、定子の里第の二条北宮に隠れたとの噂があったので、検非違使らが宮を捜索した。その有様を小右記には次のように記している。

五月一日……権帥・出雲権守共候中宮御所、不可出云々、仍降宣旨、撤破夜大殿戸、仍不堪其責、隆家出来云々、権帥伊周逃隠、令宮司捜於御在所及所々、已無其実者

二日……中宮権大夫扶義談云、昨日后宮乗給扶義車懸下簾、其後使官人等参上御所、捜検夜大殿及疑所々、放組入・板敷等、皆実検云々、奉為后無限之大恥也……

五日……（平倫範）又云、朔日依宣旨、官人及宮司等破皇后夜御殿扉、々太厚不能忽破、仍突破戸腋壁板令開扉、

女人悲泣連声、

この事件のとき、中宮定子は二条大路南・室町西の里第の二条宮にいた。この一町の南半分には、もと父道隆が新宅を設けていたがすぐに焼失した。定子の御所は、この町の北半分を占めていたので、南にある父の二条殿に対して、「二条北宮」と呼ばれたのである。伊周は、その定子の御在所二条北宮の西対に住んでいた。(12)この中宮の里第の「夜御殿」はすこぶる強固な密室であった。内部に入って「太厚」い扉を閉ざすと、外部からは容易に入ることができず、検非違使たちは扉のわきの「壁・板」を「突破」って内側に入り扉を開いた。そして天井の「組入」を放ち、床の「板敷」をはがして捜索したという。これは「皇后夜御殿」と呼ばれているから、定子の寝所用と考えられていたもので、その構造からすれば、当時の所謂「塗籠」、あるいは「戸屋」と呼ぶべきものであった。(13)中宮が里第にいるときには、いつもここを寝所としたのか否かは不明であるが、少なくとも人々は、これを中宮の寝所用と認めていたのである。周囲には板や壁をめぐらし、天井も組入で覆われているすこぶる頑丈な密室であった。(14)竹取物語には、かぐや姫を天人に奪われまいとして、「おうな塗籠の内にかぐや姫をいだかへてをり。翁も塗籠の戸さして、戸口にをり」と見えるが、これらは塗籠が屋内ではもっとも外部から入り込みにくい所、と考えられていたことを示す。

ここでは「皇后夜御殿」とあって、「塗籠」の語が使われていないが、その実態は「塗籠」と呼んでもよいものであることは明らかであろう。後世のものながら、栄華物語・浦々別巻はこの事件について

(帝カラ)あさましき事なり。宮(定子)をさるべう隠し奉りて、塗籠を開けて組入のかみなども見よ、とある宣旨しきりに添ふ。……この検非違使どものみにあらず、えもいはぬ人して、この塗籠をわりののしる音もゆゆしうあさましう心憂し。

と記していて、小右記に「夜御殿」とあったものを「塗籠」と呼んでいる。これを「塗籠」と呼んだ文献が当時他に

あったのであろうか。

八 「二間」の位置

当時の寝殿内の間をいう語で、いまだ十分には説明されていないものの一つに「二間」がある。末摘花邸の「二間」については次のように記されている。大輔命婦が、源氏を末摘花に逢わせようとして寝殿内に招き入れ、末摘花には、せめて男の話だけでもお聞きなさいませ、という場面である。

さすがに、人のいふことは強うもいなびぬ御心にて、いらへ聞こえで、「ただ聞けとあらば、格子などさしてはありなむ」と宣たまふ。「簀子などは便なう侍りなむ、おしたちてあはあはしき御心などは、よも」など、いとよくいひなして、二間のきはなる障子、手づからいと強くさして御しとねうち置きひきつくろふ。

（末摘花・二一二頁）

末摘花は最初、源氏を簀子に座らせて、格子はさしたままでならよかろう、と考えていたが、命婦がそれでは源氏に失礼だというので、庇に入れて逢うことになった。「二間のきはなる障子」というのは、源氏の入れられた南庇が「二間」と呼ばれている所であり、その南庇と末摘花のいる母屋との間仕切りの襖障子をいうのであろう。ここでも落葉宮の小野の山荘の場合と同じように、母屋と庇の間仕切りの障子は、母屋の側から錠を鎖すことができるようになっている。

このとき末摘花は母屋にいて、源氏の入れられた「二間」が、南庇にあるとすることには問題がないと思うが、ここでは何故「南庇」とはいわずに、「二間」といったのであろうか。この「二間」が、柱間二つ分という単なる長さをいう語ではなくて、末摘花のいる母屋に接した、南庇の柱間二つ分の広がりをもった空間をさしていることは明らかであろう。当時の人々には、このように「二間のきはなる障子」といっただけで、その位置関係が十分に理解できたのである。これについては早く萩原広道の『源氏物語評釈』補説に長沢伴雄の説を引いて、二間は高貴な人の屋敷にはみな設けるもので、仏神をまつったり貴人を入れて応対する所だ、といっている。これは、二間の機能を主とした説明であり、その位置については具体的に示されていない。

「二間」の語でよく知られているものは、内裏清涼殿の東庇にあって、母屋にある夜御殿の東側に柱間二間を接した空間である。これは院政期においては「二間　敷畳二帖、北間向妻戸敷阿闍梨座一半帖、南間如御講之時懸御本尊寄障子也」(禁秘抄・上)などとあって、夜居の僧が伺候する所とされ、仏事などが行われる場に用いられたものである。現在の注にも、「二間」を仏間などとするものが多いのは、この清涼殿の二間からの類推であろう。清涼殿のこの「二間」は固有名詞的に用いられている。里内裏の一条院においても「二間」と呼ばれる間があった。

院御法事也……以中殿(清涼殿ニアテル)為御堂、撤母屋西放出四間及西庇等南面并南北庇御簾御障子、又二間御障子同撤之、為僧座……中宮御座本上御壺寝二間東、并東廂　入夜撤堂荘厳……猶奉安置三尊、其東立仏台、奉懸御仏仏台者、日者在二間御念仏間也、御仏隆円僧都仏也、即是日者所奉懸、又安仏殿　(権記・寛弘八年八月二日)

この「二間」の東に接して、清涼殿と同じく中宮の「上御壺寝」があった。この「二間」は、日ごろ帝の「御念誦間」であり、仏の図像が懸けられていたというから、既に一条朝ごろから、清涼殿の「二間」は仏間として使用されていたのである。

ただし、内裏におけるこうした固有名詞的な「二間」の他に、末摘花邸の源氏の入れられたような一般住宅の「二間」もあったのである。前述した宇治の八宮邸においても、仏間になっていた西の母屋の南側に接した南庇との間仕切りの御簾が、「几帳を、二間の簾に押し寄せて」(椎本・一五八〇頁)と記されていた。この「二間」は、姫君たちのいる仏間の外側、南庇の側に懸けられたものであり、「二間」は南庇についていっている。母屋と庇を隔てる御簾は庇側に懸けられることについては、源氏物語絵巻にも多くの例が見える。ここの「二間」の語は、姫君たちのいる母屋の仏間が二間であることを意味するものではなく、母屋に接した庇二間（この場合は南庇）の空間、をいったものなのである。後述する「母屋の庇」の二間分の空間がこれにあたる。

要するに、屋内の空間をさす「二間」の語は、特に清涼殿の「二間」をさす場合もあるけれども、一般には、母屋に接している庇の二間分をさす語と考えられる。清涼殿の「二間」もこれである。当時の寝殿は五間四面のものが標準であり、その東西の母屋は中央の一間をはさんで桁行各二間であったから、その各母屋に接した南や北の庇も二間であり、「二間」の語は、それら南北の庇をいう語であった。あるいはこの「二間」は、清涼殿のそれのように、二間分だけが母屋側とだけでなく庇内でも、障子などで間仕切りされていたのかもしれない。次にとりあげる土御門殿の寝殿では、中宮の御産所となった東の母屋の北庇の「二間」は、東側と西側にも間仕切りがあったように思われる。さすれば一層「二間」の語が用いられ易くなるであろう。

4　中宮彰子の土御門殿の寝殿

この物語の書かれた一条朝ごろに実在した寝殿のうちでは、一条院と中宮藤原彰子の里第とした土御門殿の寝殿が、その構造を知るについて比較的多くの資料が残されていて、当時の寝殿の構造や細部の使用法を考えるについて参考になるところが多い。

まず、土御門殿の寝殿の規模については、角田文衛氏の五間四面説と、萩谷朴氏の母屋の桁行七間とする説がある。他にも、太田静六氏がこの邸宅のあり方や、時代による変遷を詳細に考察されているが、一条朝ごろの寝殿の規模については明記されていない。もっとも、太田氏の復原図を見ると、この寝殿を七間四面と考えられているらしい。[15] 私は、この土御門殿の寝殿は五間四面とするのがよいのではないか、と考える。その理由は以下にも述べてゆくが、いま寝殿・東西の対屋・渡殿などの母屋・庇の柱間を、一丈二尺間としても、それを萩谷氏の寝殿の母屋七間とする想定図にあてはめると、東対の東孫庇から西対の西の細殿までの、東西の建物部分の幅だけでも、一〇〇メートルほどになってしまう。これでは、一町（一辺約一二〇メートル）の敷地の中では収まりがすこぶるわるいのである。その点では、五間四面とする角田氏の復原図の方がより妥当であろう。ただし、角田氏の想定図にも細部には不審な点が多くある。

角田氏の想定図で疑問に思われる一つは、この寝殿の東西の母屋がいずれも塗籠になっていた、とされる点である。塗籠だったとする根拠は、「中宮御在所塗籠内犬産」（百錬抄・寛弘五年八月）とある記事であるが、これだけからして「中宮の御在所は寝殿の塗籠であった」とするのはやはり無理であろう。「中宮御在所」の語は、狭義には「中宮の御座のある所」をいうが、広義には「中宮のおいでになる屋敷」、つまり土御門殿ということであり、この記事からすぐには中宮が母屋の塗籠にいた、ということにはならない。実は、前記の百錬抄の記事は、「近曽中宮御在所塗籠内犬産、亦為恠云々。先年予住二条第之間、寝殿内犬産、無異」（小右記・寛弘五年八月十八日）にもとづいている。藤原実資の二条第の寝殿内でも、犬の産をすることがあったというのであるから、この土御門殿でも同様のことがあっても不思議ではない。しかしながら、紫式部日記にも見えるように、この八月中旬ごろの土御門殿は中宮出産を目前にして、寝殿や中宮の御座の周りには、女房や殿上人たちが夜昼多数つめていた時期であり、そんなときに中宮の御座のある東の母屋内へ犬が入り込み、しかも出産するまで人々に気づかれなかったとは考えにくい。したがって、この犬の出産した塗籠は、中宮御座のある東の母屋以外の場所にあったもの、とすべきであろう。さらにまた、「塗籠」というからには、その内部は周囲を壁や厚板や扉で隔てられた所であるはずであるが、以下に述べるように、この東の母屋は、南庇とも北庇とも隔ての障子などが取り払われて使用されるような、一般の母屋と変わらない開放的な空間であった。母屋が塗籠構造であったとすればそんなことはできないであろう。そもそも、寝殿の東西の母屋が共に塗籠であるような屋敷では、大饗などさまざまな儀式を行う場がなくなり、またそんな屋敷の例は他に探せないのである。少なくとも、この寝殿の東の母屋が塗籠構造であったことを思わせる痕跡は、当時の文献には見つけられない。

紫式部日記には、中宮彰子の出産前後の御在所であった東の母屋、および北庇の有様が次のように記されている。

十日の、まだほのぼのとするに、御しつらひかはる。白き御帳に移らせ給ふ。……御帳の東おもては、内の女房参りつどひてさぶらふ。西には、御物怪うつりたる人々、御屏風ひとよろひを引きつぼね、つぼね口には几帳を立てつつ、験者あづかりあづかりののしりゐたり。南には、やんごとなき僧正、僧都かさなりゐて……北の御障子と御帳とのはざま、いとせばきほどに、四十余人ぞのちに数ふればゐたりける。（書陵部本紫日記）

この記事からするならば、中宮は九月十日の暁方に、東の母屋にあった尋常の御帳から出て、御産用の白木の御帳に一時移っている。白木の御帳の立てられていた場所は、東の母屋に接した北庇である。しかし、この段の御帳の周囲をとりまいている人々の様子についての記事は、北庇の白木の御帳に移る以前のことでなければならない。この点については以下に述べる。

白木の御帳に移る十日の暁までは、中宮の御座所の東の母屋に設けられた尋常の御帳を中心にして、人々が周りにつめていた。御帳の東側には内裏の女房たち、西側には物怪をかり出す験者たち、および屏風で囲った中に物怪を移すよりましの女たち、南側には修法の僧正・僧都ら、北側には紫式部など中宮の女房たちがいた。この女房たちは、「北の御障子と御帳とのはざま」にいたのであるから、それは北庇の白木の御帳に移る以前でなければならない。「北の御障子」は母屋と北庇の間仕切りであるから、母屋にいたときのことである。白木の御帳に移ったときには、この

「北の御障子」は取り払われている。御帳の背後の狭い所に「四十余人」もいたというのは、やや多すぎるようにも思われるが、五日の夜の産養には「御帳の東おもて二間ばかりに、三十余人ゐなみたりし」ともあり、座り得たのであろう。一般に当時の人々の居住空間は非常に狭いが、いまの場合は特別なのである。中宮の御帳のあった東の母屋は、この寝殿は梁行桁行が共に一丈二尺間（三・六メートル）であったとして、東の母屋は二間としてほぼ二丈四尺平方である。中宮の御帳はどれほどの大きさであったのかは判らないが、やや後世のものでは

康平三年八月……高陽院（内裏）御帳三基内、南殿御帳方一丈、高七尺五寸居加土間定、柱高七尺一寸、土居厚四寸、浜床方一丈三寸……清涼殿并夜御殿御帳方九尺、柱高六尺七寸土居厚四寸、凡高七尺一寸、浜床弘方九尺三寸高九寸、　（類聚雑要抄・四）

敷唐両面地鋪……其上居黒漆帳台方七尺、高七八寸許　（兵範記・仁平二年三月六日）

有立太子事……御帳一基高七尺、弘九尺、金銅金物、無帳台　（山槐記・久寿二年九月二十三日）

といった例がある。御帳にも、用いる人や場により多少の差があろうが、方七尺から一丈程度といったところであろう。いまは中宮用であるから、方一丈あったとして、その御帳を母屋の中央よりやや南に寄せて置いても、御帳の背後の北庇との幅は六尺余りである。しかし、このとき既に北庇との間仕切りの障子が外されていたとすれば、御帳の北側に四十人の女房が座ることもあながち不可能ともいえないであろう。

次いで、翌十一日の暁の有様は次のように記されている。

十一日の暁も、北の御障子二間放ちて、庇に移らせ給ふ。御簾などもえ懸けあへねば、御几帳をおし重ねておはします。僧正、きやうてふ（定澄カ）僧都、法務僧都などさぶらひて、加持まゐる……人げ多くこみては、いとど御心地も苦しうおはしますらむ、とて南東おもてに出ださせ給うて、さるべき限り、この二間のもとにはさぶ

らふ。殿の上、讃岐の宰相の君、くらの命婦、御几帳の内に、仁和寺の僧都の君、三井寺の内供の君も召し入れたり。……いま一間にゐたる人々、大納言の君、小少将の君、宮の内侍、弁の内侍、中務の君、大輔の命婦、大式部のおもと、殿の宣旨よ、いと年経たる人々の限りにて、心をまどはしたる気色どものいとことわりなるに、まだ見奉り慣るるほどなけれど、たくひなくいみじと心一つにおぼゆ。また、この後ろのきはに立てたる几帳のとに、内侍のかみの中務のめのと、姫君の少納言のめのと、いと姫君の小式部のめのとなどおし入り来て、御帳二つが後ろの細道を、え人も通らず……たひらかにせさせ給ひて、後の事まだしきほど、さばかり広き母屋、南の庇、高欄のほどまで立ち込みたる僧も俗も、いまひとよりとよみてぬかをつく

ここの「十一日の暁も」は、諸本「十一日の暁に」とあり、書陵部本は改定した本文の可能性も残るが、「暁も」の方が十日の記事をうけて整合する。萩谷氏は「暁に」の本文により、十日の暁に母屋のそれまでいた尋常の御帳から、同じく母屋内のその東にあった白木の御帳に移り、さらに十一日の暁に北庇に移ったのだとされる。だが、前述したように、この白木の御帳は御産用のものであるから、産所になった北庇に設けられたとしなければならない。萩谷説だと、御産のことのあった北庇には、その白木の御帳がなかったということになってしまう。ここは「暁に」の本文であっても、中宮は、十日にも北庇の白木の御帳に移ったのだが、しばらくしてまたもとの母屋の御帳に返り、改めて十一日の暁に北庇の白木の御帳に移ったことをいっている、とすべきなのである。御産部類記の不知記Bには「十一日……於上東門院有御産事 寝殿北母屋庇為御産所 先是自十日暁更、有御気色、仍彼日寅刻、撤尋常御帳、立白木御帳」とある。これは、十日の暁方に突然中宮に御気色があり、そのために十日寅刻に急いで北庇に白木の御帳を立てて御産所とし、中宮を移したのである。これが日記の「白き御帳に移らせ給ふ」に対応している。ところが、しばらくして中宮の御気色がおさまったので、またもと母屋の御帳に返っていたのであろう。この不知記Bの記事をそう考えるな

らば、「十一日の暁も」の本文ともよく照応する。

なお、中宮という高貴な身分の人が、わざわざ母屋にある御座所から出て、北庇のような所に御産所を設けることになったについては、栄花物語に「同じ屋なれど、所かへさせ給ふやうあり」(初花巻)と、何か理由があったように記されている。実はそのわけは、九月十一日は日遊の神が母屋にあるときだったので、それを避けて北庇を産所としたらしいのである。[16] 后宮御産当日次第によれば、日遊が屋内にあるときには、北の「母屋庇」に産所を設けることになっていたという。そして、日遊は「自癸巳日至己酉日十七日、在屋内、又戊己日居屋舎内……又婦人産期之時、避母屋移庇間、無咎也」(暦林問答集・釈日遊)と移動するのであるが、この九月十一日は「戊辰」の日であったから、産所を北庇に設けたのである。十日は日遊がまだ屋内にはいない日であったが、御産が十一日の戊の日にまで延びることを考慮して、北庇に白木の御帳を立てたのであろう。母屋を避けて庇に移ればさしつかえなかったのである。

不知記Bに御産所を「寝殿北母屋庇」と記しているのは、「寝殿ノ北ノ、母屋ノ庇」のことで、北側にある母屋の庇(いまの場合は東の母屋の北側に面した庇)の意である。この「母屋の庇」の語は、「南の方の母屋の庇にて対面し給へり」(落窪物語・三)、「母屋の庇に御座よそひて入れ奉る」(源氏物語・柏木・一二五五頁)、「上達部座、在西対南母屋庇」(小右記・寛弘八年十二月七日)などと用いられる。いまの場合、北庇のうち、東庇などと接する端の間を除いた、東の母屋二間に直接している北庇の二間である。そこはまた「さるべき限り、この二間のもとにはさぶらふ」とある所である。「二間」については前述したが、これも東の母屋の桁行が二間であったことの傍証である。

白木の御帳は、この北庇の二間のうち奥の西側の間にあったと考えられる。出産が近づいたとき、その白木の御帳の間には道長のほかに、殿の上や宰相の君や仁和寺の僧都などがいた。「御几帳の内に」とあるのは、「御簾などもえ懸けあへねば、御几帳をおし重ねて」とあったのをうけたもので、この白木の御帳の置かれた二間は、几帳を御簾の代わりにしていたのである。「二間」のうちの、御帳の間の東側の「いま一間に」は、大納言の君や小少将の君らの高級女房がいた。紫式部は、それら「いと年経たる人々」と共にいたので、自分はまだ中宮に「見奉り慣」れてはいないが、それらの人々と同じく「たぐひなくいみじと心一つにおぼ」えた、というのであろう。その他の女房たちは、北庇の東端の間やその南の東庇側に出されていた。

「この後ろのきはに立てたる几帳」は、紫式部らのいる北庇の二間のうちの東側の間の東際にあるものであろう。「御」が付けられていないから、中宮の近くにある几帳ではなく、紫式部らのそばにあるものである。中務の乳母らは、その几帳の背面にまで入り込んで来ている。この乳母たちは「さるべき限り」には入らなかったが、道長の娘たちの乳母ということで別格だったので、北庇の二間東端の几帳の後にまで、様子を見に入り込んだのである。「御帳二つが後ろの細道」は、母屋にある尋常の御帳の後（母屋の北際）と、その北側の北庇にある白木の御帳の後（北庇の北際）をいっている。人々が出入りするには、そのどちらかの御帳の背後を分けて行く他ないが、そこにも人々が込み合って座っているので通る余地がない、というのである。柱間の長さのところで前記した「立御帳并師子形、御後無路」（山槐記・治承四年二月十七日）、「南庇……狭之間、（座後）不可有其路」（玉葉・文治二年十月二十五日）とあったのは、これと同じ有様をいったものである。萩谷氏はこの「御帳二つが後ろの細道」の語から、二つの御帳が母屋に並列されている、と考えられたのであろう。この二つの御帳は母屋と北庇にあったが、隔ての障子がとり外されていたので、紫式部のいる所から見えるのである。「さばかり広き母屋、南の庇、高欄のほど」の「さばかり広き」も、「母屋」のみにかかるのではなく、建具が払われて南庇から簀子までが広く見渡せることをいう。

紫式部らがいたこの北庇の「いま一間」は、御産がすんでからは新生児の御湯殿が設けられたところである。御産部類記に引く不知記Bには「戌刻有御湯殿事、寝殿東母屋廂為御湯殿所」とある。これだけだと、北庇とも南庇とも解することができるが、その湯殿の「御湯」は、「従寝殿艮角小階供之、侍長二人伝舁、伝女房」とある。寝殿の東北角にある階から供して女房に伝えたのは、北庇に湯殿が設けられていたからである。不知記Aには、読書の博士・鳴弦らも、御湯を運んでき史生たちと「自同道参入」と記されているから、読書のこともやはり北庇で行われたらしい。この湯殿の位置は、紫式部の局のあった渡殿の位置とも関係するが、角田氏は北庇の東端、紫式部らのひかえていた間よりもさらに東とされ、萩谷氏は東庇の南端とされているが（注15の著書四四二頁）、不知記Bの「寝殿東母屋廂為御湯殿所」というのは、前述したように寝殿の東の母屋に接した、南庇か北庇のことであり、ここでは北庇である。寝殿の東庇や西庇について「母屋の庇」といった例は探せない。

さて、以上の寝殿の有様からしても、東の母屋が塗籠であったとは考えられないし、北庇の二間もまた塗籠ではあり得ないことは明らかであろう。この東の母屋には、塗籠のもつ密封された空間という性格が認められず、他と同じように開放的なのである。少なくともこの東の母屋は、犬が産をしたという塗籠ではない。

ついで、十月十六日に天皇を迎え入れたときのこの寝殿の東の母屋の様子は、次のように記されている。

御帳の西おもてにおましをしつらひて、南の庇の東の間に御倚子を立てたる、それより一間隔てて東にあれたる際に、北南の妻に御簾をかけ隔てて、女房のゐたる南の柱もとより、簾だれを少し引き上げて、内侍二人出づ……殿、若君いだき奉り給ひて、お前にゐて奉り給ふ。上、いだき移し奉らせ給ふほど、いささか泣かせ給ふ御声、いと若し。弁の宰相の君、御佩刀とりて参り給へり。母屋の中とより西に、殿の上おはするかたにぞ、若君はおはしまさせ給ふ。

このときの天皇の御座は、東の母屋にあった中宮の「御帳の西おもて」に設けられた。ただしその位置は、東の母屋内の西寄りにあったのか、それとも角田説の想定するように、この寝殿にも中央部に馬道のような空間が一間あって、帝の御座はそこに設けられたのかについては明らかではない。角田氏は、若宮をその御座で帝に見せた後、若宮を連れ出した「母屋の中と」を、この馬道の中央に、棟の方向と同じく東西方向に立てられた戸、馬道を南北に二分する戸、と考えられ、萩谷氏も池氏もそれに従っている。しかし、「母屋の中と」は、前述したごとくに、ここに馬道めいた一間があったか否かはべつにしても、東西の母屋を隔てる南北方向に立てられた戸でなければならない。

出産後の中宮の御座所は、「十月十よ日までも御帳いでさせ給はず。西のそばなるおましに、夜も昼もさぶらふ」と記されていて、御帳の他にも「西のそばなるおまし」があり、さらにその周りには女房たちのひかえる広さをもつところであった。これは東の母屋のことであろう。したがって、東の母屋には御帳の「西のそばなるおまし」の位置に、帝の御座を設け得る余地があったのである。不知記Bによれば、帝にこの御座で「朝干飯膳」も供されている。この行幸は、中宮や若宮に対面するためのものであったから、帝の御座は中宮の御帳の近くがのぞましく、馬道のような一間だけの狭い、中宮の御帳とも隔たった場であったとは考えにくい。やはり帝の御座は、東の母屋内にあったと私は思う。不知記Bによれば、この御座にある帝のもとへ道長が若宮を抱いてきて見せ、帝はしばらく若君を懐に抱いた。紫式部日記では、若君はその後「母屋の中戸より西に、殿の上おはするかたに」移されたとある。これも帝や若君が東の母屋にいたことを思わせる。ただし、この「中戸」の西は馬道かどうかは不明である。

不知記Bによれば、ついでこの母屋の御座で朝干飯膳が供され、それから御簾をかかげよとの仰せがあって、「褰南庇五間如旧」と南庇の五間の御簾がまた巻き上げられた。そして二人の蔵人が「御倚子（小右記ニハ「申剋巻寝殿簾、供大床子」トアリ）」を舁いで寝殿にのぼり、「立面《（ママ）》第四間」ということがあって、帝は南庇の御座に出御した。この部分は、記述の順序がかなり違うが、紫式部日記の「南の庇の東の間に御倚子を立てたる」とあるのに対応すると考えらる。南庇の御簾五間を巻き上げたというのは、南庇の東から第五間までの御簾、つまりこの寝殿の母屋を五間とする立場からすれば、南庇東端の一間を加えて、中央の階の間の西隣の間（西の母屋の東側の一間）までの御簾が巻き上げられたことになる。七間説からすれば、南庇東端から中央の階の間までの御簾が巻き上げられたことになる(17)。

母屋七間の寝殿では、こうしたときにはどのように御簾を上げ下げするのか、いま適切な例が探せないが、後世のものながら次のような場合がある。高倉帝から安徳帝に譲位のことがあった日の新帝の御所五条東洞院亭である。

母屋東五ヶ間七間四面、寝殿也、并東廂切妻准清涼殿、母屋南御簾巡打簾代、懸御簾也四面懸壁代巻之……母屋南面六ヶ間……南廂南面六ヶ間、同東向戸……御簾巻之……母屋東第四間南階間也立御帳、　（山槐記・治承四年二月二十一日）

つまりこの場合は、七間の寝殿において、母屋の中央の階の間にあたるところに御帳を立てたりするときには、母屋の東五間に壁代を懸け、南庇の東側六間（階の間の一間西隣まで）の御簾を巻いているのである。御帳や御倚子のある間までのみの御簾を巻くよりも、その一間西までを巻く方がよく納得される。したがって、いま問題の土御門殿行幸のときも同様に、帝の御座のある間よりもさらに一間西までの御簾が上げ下げされた、とすることの方が合理的である。前記の「褰南庇五間如旧」の記事も、母屋七間説よりは五間とする方がよく整合するのである。

ついで、御倚子の立てられたのが「第四間」、つまり南庇の東から数えて第四間であったとすれば、母屋五間説では中央の階の間にあたる。帝の御倚子の設けられる位置としては、この南庇の中央の間が適わしいのである。寛弘三年九月二十一日の土御門行幸のときには、「依行幸、御装束寝殿、上御在所南御簾上五間、当階間立御倚子、廂・簀子等敷長筵」（御堂関白記）とあり、南庇の御簾五間を巻き上げ、御倚子は中央の「階間」に立てられている。これも、南庇の東から第四間が階の間であり、そこに御倚子が立てられたので、御簾はその一間西の第五間までが上げられたのだ、と考えられる。その前例にならって、階の間に御倚子を立てたことは十分あり得るのである。

ところが紫式部日記には、「南庇の東の間に御倚子をたてたる」とあって、これは階の間ではなく、南庇中央（階の間）のすぐ東の間をいっているように見える。日記ではさらに続けて、「それより一間隔てて、東のあれたる際に、北南の妻に、御簾をかけ隔てて、女房のゐたる南の柱もとより、簾だれを少し引きあげて、内侍二人出づ」とある。これは、南庇の御倚子のおかれた間から一間隔てた南庇の東端の間に女房たちがいたことをいうが、そこは萩谷氏もいわれるように、東庇南端の隅の間（南庇と東庇とが交わる間）である。「東のあれたる際に……内侍二人出づ」とある部分は、不知記Bに「内侍二人出自東妻簾中」とあるのともよく対応している。つまり、南庇の御倚子の立てられた位置から一間隔てた東の間に女房たちがいたが、そこは南庇の東端であるから、御倚子は南庇の東から数えて第三間にあった、ということになる。要するに、紫式部日記では、この寝殿は母屋五間、東の母屋は二間として特に矛盾するところはない。むしろ母屋七間とすると、説明しにくい点が多くある。

この寝殿の母屋七間、東の母屋三間説の主要な根拠は、不知記Bに「立面第四間」とあるのを、御倚子が南庇の東から第四間（階の間の東）に立てられた、と解することによっている。実は御産部類記のこの部分については、大日本史料は「立面御四間」として、「脱アラン」と注記している。また、図書寮叢刊本のように、もと「立面第四間」であったとしても、このままの文面では解しにくいところなのである。いま紫式部日記の記事自体には特に矛盾がないとすれば、不知記Bのこの部分には何か誤脱か、記述の不十分なところがあるのではなかろうか。

不知記Bによれば、帝はこの南庇の御倚子について、南の簀子に召した公卿たちと南庭の舞楽などを見た後に酒饌のことがあり、再び母屋の御座に入御してから右大臣を召したが、そのことについて「大臣参、候御簾前（南庇第三間、鋪円座為其座）」と記している。これは、東の母屋内の帝の御座のある間の南正面の南庇と考えられる。そこはもと帝の御倚子のあった間であるが、このときには撤去されていたのであろう。

これらを要するに、土御門殿の寝殿は五間四面であり、その内部の構造は図4に示したようなものであったか、と

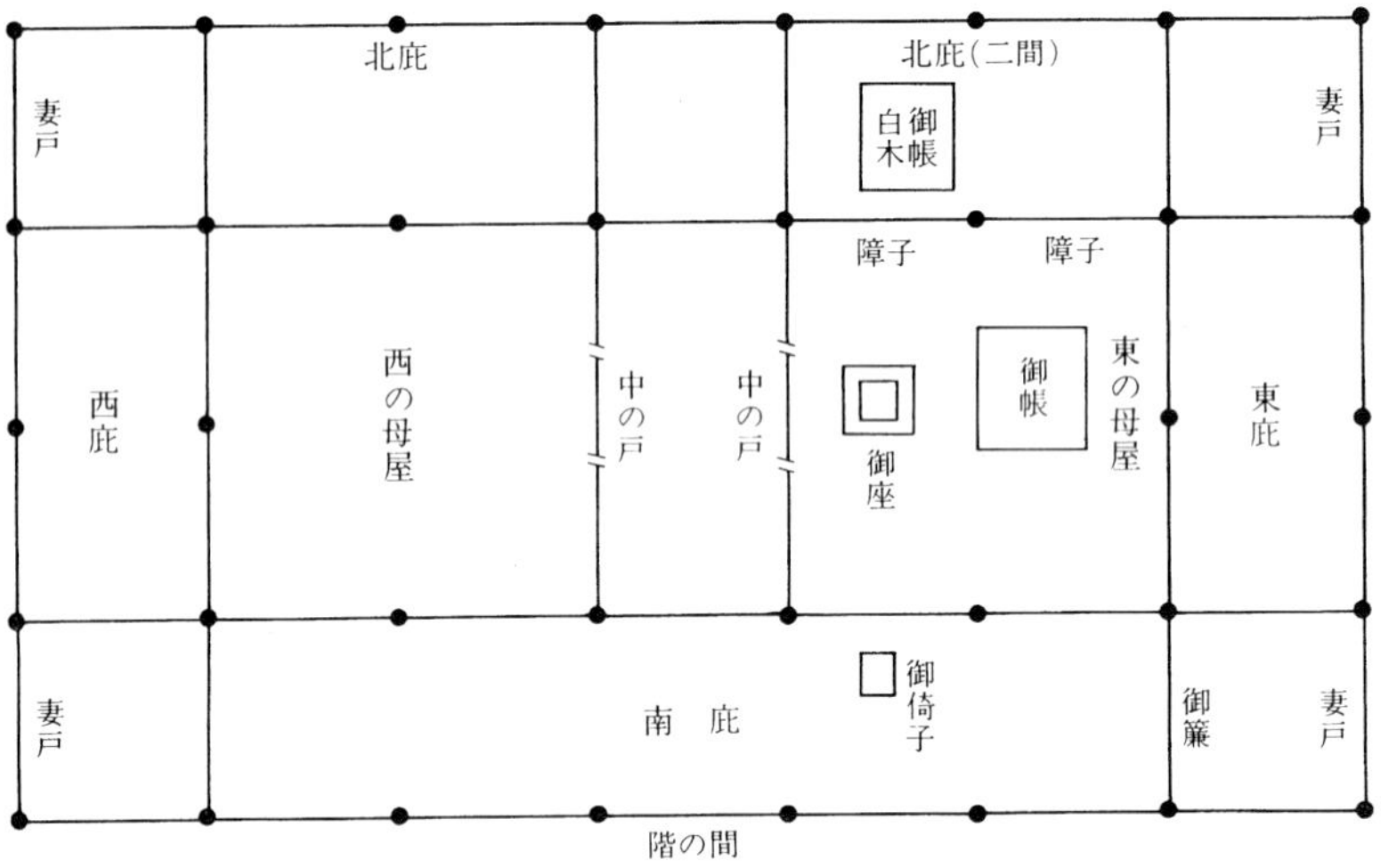

図4　土御門殿の寝殿（想定図）

考えられる。

注1　ここの紀伊守の中川邸の寝殿は五間四面で、母屋の中央に一間の馬道にあたる空間があり、それを挟んで東西に母屋が二つに分けられ、源氏が東の母屋、空蝉が西の母屋にいる。馬道にあたる部分は物置のように使われているらしい。本章第一節参照。なお、この場面における人々の位置関係については、池浩三『源氏物語―その住まいの世界―』（中央公論美術出版、一九八九年）は「源氏は東廂に、彼女（空蝉）は寝殿の母屋の北側に寝ていた」（一六二頁）とする。しかし、主筋の高貴な源氏の寝所を庇に設けることは考えられない。本文に注意すれば明らかなように、最初源氏は「端つ方のおましに仮なるやうにて御殿籠れば」とあり、一時酔いを醒ますために南庇に涼みがてら寝ていたと考えられるが、そこは「端つ方のおまし」に「仮なるように」寝ていただけであり、別に母屋にも寝所が設けられていたのである。前後にも、源氏の御座所が母屋にあることを思わせる記事は多い。

2　玉上琢弥「〈六条院復原図〉覆考―「母屋」と「廂」、西二の対、ぬりごめ―」（『源氏物語講座』第一巻、勉誠社、一九九一年）参照。

3　京都市埋蔵文化財研究所『平安京右京六条一坊―平安時代前期邸宅跡の調査―』（京都市埋蔵文化財研究所調査報告第一一冊、一九九二年）参照。

4　京都府教育委員会「平安京跡（右京一条三坊九・十町）昭和五五年度発掘調査概要」（『埋蔵文化財発掘調査概報』第一分冊、一九八一

年）、網伸也「平安時代初期の大規模宅地造成について」（『研究紀要』第一号、京都市埋蔵文化財研究所、一九九四年）参照。なお、これらに記述されている建物の規模は、当然ながら柱穴の位置から推定されたものであるが、寝殿には東西の庇がなかったとされていることについては、再考の余地があるように思う。これは、南北棟の東対や西対に南北の庇がない、とされている点についても同様で、棟と同じ方向の両面にも庇のあった可能性が残るのではなかろうか。その場合、寝殿は七間二面ではなく、五間四面になる。また、南孝雄「平安京掘立柱建物の特性―庇付き建物の展開―」（『研究紀要』第一号、京都市埋蔵文化財研究所、一九九四年）は、これら初期の建物に比べて、後期の建物には柱間の広いものが多くなる傾向が認められるとする。

5　六条院の構造の想定図についてはこれまでいろいろの試みがあるが、代表的なものに太田静六「『源氏物語』に現れる源氏の邸宅」（『寝殿造の研究』第三章第六節、吉川弘文館、一九八七年）、池浩三（前掲、注1）、玉上琢弥・大林組「光源氏六条院の考証復元」（『源氏物語（季刊大林三四号）』大林組広報室、一九九一年）などがある。

6　石田穣二「源氏物語の建築」（『源氏物語論集』桜楓社、一九七一年）。なお、他に石田氏は「東面」「西面」の語が、東西の母屋をいうこともあり東西の庇をいうこともあり、また寝殿の中央部からして東西の母屋および庇をふくめて指すこともあるのに注意している。

7　八宮の宇治の山荘については、本章第二節参照。

8　この「内の御障子」「中の御障子」「中の戸」について、池浩三氏は「南廂を東西に隔てる障子」とされている（前掲注1、二〇七頁）。しかし、この屋敷の主の源氏が西の母屋から東の母屋へ移るのに、どうしてわざわざ一度南庇に出てからまた東の母屋に入る必要があろうか。同様にして、紫上と女三宮、玉蔓の姫君と中君などについても、庇を通って行き来する理由は考えられない。

9　注6の石田氏の論文参照。

10　池浩三氏は、小野の山荘では落葉宮は「西面（西廂）」にいて、「その北廂に母御息所がいた」とする（前掲注1、一八三頁）。しかし、宮が西庇にいたとすれば、夕霧は簀子にいて宮に対したことになるが、「宮の御方の簾の前に入れたてまつり」とあり、簀子では「入れたてまつる」とはいわないし、また宮のもとに入り込んだ夕霧を避けて宮が「北の御障子のとに」出たときに、「障子はあなたより鎖すべき方なかりければ」とあるのは、簀子と西庇の間仕切りが「障子」になってしまう。この障子は、宮のいた西の母屋と北庇の間仕切りだからこそ、外の北庇側からは鎖せなかったのである。また、「中の塗籠の戸開けあはせて」についても、塗籠は西の母屋にあったとして、「塗籠の西廂側の戸と北廂側の戸を開けて」の意とされているが、前述の理由からして無理であろう。御息所は自分の居間というべき東の母屋が修法で騒がしいので一時的に東の母屋の北庇に移っていたのである。宮と御息所の居場所とが少し離れていることも明記されている。御息所や宮が自分の山荘にいて、わざわざ母屋をあけて庇にいる理由はない。

11　里内裏では、母屋にある塗籠がよく帝の「夜大殿」に用いられることがある。「参堀川殿……西対為清涼殿……塗籠内立御帳、為夜大殿」（帥記・承暦四年五月十一日）、「（東三条殿）塗籠中為夜御殿」（兵範記・保元二年七月五日）、「（閑院）東対為清涼殿、塗籠戸以南四間為昼御座……塗籠戸内為夜御殿」（兵範記・仁安三年二月十九日）。また、塗籠の機能は、後世になるほどに納戸、あるいは蔵的なものになっていくように思われる。「人々云、（醍醐ノ座主ノ）没後、見塗籠中、斑布六段、黄金一両外、全無物云々」（長秋記・大治四年四月六日）、「伝聞、高倉宮猶不御座、仍破塗籠見之、全不御坐、有辛櫃二合、一合有鏁、一合不入得御装束開蓋云々」（山槐記・治承四年五月十六日）などはそれである。

12　中宮定子の里第の「二条院（宮）」は、二条大路南・室町西にあった。この屋敷は「二条北宮」（小右記・長徳二年四月二十四日）とも呼ばれることがあったために、二条大路の北にあったと誤解されることが多いが（太田静六「関白藤原道隆・中宮定子時代の小二条殿と二条第」『寝殿造の研究』第三章、二九〇頁）、これが「北宮」と呼ばれたのは、この一町の南半分に道隆の二条殿があり、北半分に定子の屋敷が新築されたからである。この「二条北宮」には、中宮の後見者として兄の伊周が住んだので、父道隆の「二条殿」に対して「小二条」（日本紀略・正暦五年八月二十八日）と呼ばれることもある。二九六頁注9参照。これも藤原教通の「小二条」と混同されることが多い。伊周は九州から帰京後にもここに住んでいた。藤原伊周の邸宅については、本書の序章「藤原伊周の生涯」参照。

13　この当時、塗籠と同じように周囲を壁や板で密封した室と考えられるものに「戸屋」と呼ばれるものがある。これは落窪物語などにも見え、現在のテキスト類ではいずれも「部屋」と表記されているが、当時の表記はすべて「戸屋」であり、「部屋」の表記は中世以後のものであって、その内容もかなり違う。「戸屋」は「信順等四人籠戸屋、以看督長令守護也」（小右記・長徳二年五月二日）など、多く罪人などを監禁する所として見えるが、だからといって粗末な空間ではなく、一条天皇の女御の曹司にも「暗戸屋曹司」（権記・長保二年八月二十日）があった。また、寛弘二年十一月十五日の内裏焼亡で神鏡も焼け、焼け損じた鏡を辛櫃に納めて太政官の松本曹司に安置していたが、それを東三条殿に移すとき「以申奉入新辛櫃間、奉置戸屋内、明光如燿、鏡日景在塗籠内、奉遷」（御堂関白記・寛弘二年十二月九日）という有様だったという。この記事は判りにくいが、松本曹司には「戸屋」があり、それはまた「塗籠」とも呼ばれたことを示すのではなかろうか。

なお、塗籠の有様をよくうかがわせるものに、後世のものながら慕帰絵詞の中に、寺院内の塗籠を描いた場面が幾つかあり、寝所や収納庫に用いられているさまを見ることができる。

14 「組入」は、格子を組んでその上に板を張ったりしたもので、貞丈雑記・一四には「天井《テンジャウ》は（図省略）如此井桁の形を作るゆへ天井と云」とある。塗籠などのような密室だけではなく、一般の室にも天井が張られることがあったらしいことは「文室為義来云、一昨子剋一宮（敦康親王）御方天井上有投多瓦礫之声、甚奇怪也」（権記・寛弘八年五月九日）、「予参督殿、今夜可渡給寝殿、此宅先年焼亡之後聊以造立寝殿、今日僅成功……戌剋置鎮於梁上并組入上」（春記・長久元年十二月十日）などから判る。

15 一条朝における土御門殿寝殿については、五間四面とする角田文衛「土御門殿と紫式部―寛弘・長和年間の土御門殿をめぐって―」（『紫式部の身辺』至文堂、一九六五年）の説と、母屋七間とする萩谷朴『紫式部日記全注釈』（角川書店、一九七一年）の説とが対立している。この両説については、角田氏の母屋五間説によりながらも、さらに寝殿に北孫庇を想定したり、東の母屋のみが塗籠であったとする池浩三氏の説（注1の著書）や、萩谷氏の母屋七間説によりながら部分的に修正した山本利達氏の説（注16）など、いまだに諸氏の見解が一致しないままになっている。西の母屋について、これが塗籠であったとするのは、検討する資料がなくて否定も肯定もできないが、池氏の東の母屋のみが塗籠であったとする説は、その根拠として角田氏のあげられた百錬抄の記事のみがあげられているが（注1の著書一三八頁）、やはり無理である。萩谷説には、その「土御門殿（第一期）想定復原図」その他に、この寝殿の母屋を、東西の桁行七間、南北の梁間を四間とするなど、いろいろ無理な想定も多い。当時の建物の母屋の梁行はすべて二間であり、四間というのはあり得ない。また、中宮の御産所になった北庇が塗籠であったとされているが、その根拠はあげられていない。他に、太田静六「藤原道長の土御門殿」（『寝殿造の研究』第三章、吉川弘文館、一九八七年）は、第一期の土御門殿の寝殿について、具体的に大きさを検討されてはいないが、その「第一期土御門殿復原図」（一六三頁）からすれば、母屋七間と想定されているらしい。

16 山本利達『紫式部日記攷』（清文堂出版、一九九二年）の「日遊」の項参照。

17 この記事について、山本利達氏は、「南廂五間の御簾が、御座の正面に当たっており、その南に南階があった」として、帝の御座は南庇の階の間にあり、その階の間の御簾だけがあげられたことをいうのだとし、この点も母屋七間の根拠に考えている（注16の著書、四七頁）。しかし不知記には「南廂五間」とあって、「南廂第五間」ではない。仮に「五間」が「第五間」の意であり、第五間が帝の御座の正面の間にあたっていても、その一間のみの御簾を上げ下げするというのは不審であり、正面の一間だけではなく、せめてその東西各一間の御簾も上げ下げするのではなかろうか。これは、母屋五間説からすれば、この日使用されたのは寝殿の東半分であるが、南庇の御簾は東第一間から中央の一間西までの五間が上げ下げされた、ということになる。

四　近江君の「おほみ大壺とり」考——大壺・虎子・樋殿——

はじめに

源氏物語の近江君は端役ながら独特の魅力をもっている。身分高い人々の肩の凝るような重々しい場で、近江君がその直截な物言いで一言いうと、下層貴族の飾らない健康な生活感覚やたくましさ、といったこの人の住む世界がたちまち鮮やかに現出する。近江君の物言いの一例は次のようなものである。弘徽殿女御にあずけられた近江君が、笑い者になっているのを気にした父大臣が、親や女御を物笑いにするような言動はつつしめ、と遠回しに注意しかけて言葉をとどめてしまったのに対して、近江君が答える場面である。

（父内大臣ノ）宣ひさしつる御気色の恥づかしきも見知らず、「何か、そは、ことごとしく思ひ給ひてまじらひ侍らばこそ、ところ狭からめ、おほみおほつぼとりにも仕うまつりなむ」と聞こえ給へば、（大臣ハ）え念じ給はで、うち笑ひ給ひて、「似つかはしからぬ役ななり、かくたまさかに会へる親の孝せむの心あらば、この物宣ふ声を少しのどめて聞かせ給へらば、さらに命も延びなむかし」と、をこめい給へるおとどにて、ほほえみて宣ふ。
（常夏・八四四〜八四五頁）

ここで近江君は、姉女御のもとで暮らすのは気詰まりだろう、と父大臣がいうのを受けて、「なあに、こんなこと。大臣の娘であり女御の妹だというので、ものものしく振る舞おうと存じて交じらいをしますのなら、窮屈なことでしょうが、私は、御大壺とりでも何にでもお仕えるつもりです」と応じている。この「おほみおほつぼとり」の語が、父大臣を笑い出させてしまった、というのである。この部分について大成に掲げる諸本の異文は、横山本「おほほ（「ほ」一字補入）つとり」、池田本「おほみおほ（「おほ」二字補入）つほとり」、別本では、陽明文庫本・保坂本「おほんおほつほとり」、国冬本「おほむつほとり」とあるが、「おほつぼとり」の部分は諸本ほぼ同文である。

まず、この「おほみおほつぼとり」とは何であろうか。この語は源氏物語以外にはいまだ探し得ない。以下この語と、それに関連する若干の語について考えてみたい。

1 「大壺」と、大壺を置く「急所」

この「おほみおほつほとり」について、源氏物語の古注では次のような説明がある。

〔河海抄（国文注釈全書本）〕尿壺《オホツボ》、私云、しとつゝもつ者をおほつぼもちのじちやうと云々

〔花鳥余情〕延喜斎院式云、大壺一合云々、今案、小便つゝの事なり

〔岷江入楚〕（箋）私云、尿筒やうの事なり、おほみとは、御大口おほみおほぐちと云也、御帯を、おほみおびといふがごとし

なお、河海抄には「ひすましめく者（玉蔓巻）」を「大つぼかふる物の名也」、「ひすましわらは（常夏巻）」について、「厠長女、洗女などとてある也、さやうの物歟、行幸の後騎にも在之、まるかふる下女也」としている。これらを要するに、「おほみ」は接頭語であり、「おほつぼ」は「尿筒」で、高貴な人に「尿筒」をもって従う下女をいうとする

のである。ただし、この役は普通「樋洗《ひすまし》」「洗人《すましびと》」とか「御厠人《みかはやうど》」などの名で見えるが、「大壺とり」の語は使われないのである。さらにまた、後述するごとくに「大壺」も正確には「尿筒」ではない。まず「おほつぼ」については、和名抄に次の説明がある。

褻器　周礼注云、褻器褻音思烈反謂清器虎子之属也今案俗語、虎子、於保都保、清器、師乃波古（十巻本和名抄）

箋注は、和名抄が「虎子」を「於保都保」、「清器」を「師乃波古」と訓むのは誤りで、「虎子即小便器、大壺蓋大便器也」としている。「褻器」には「設褻器所（兵範記・仁安三年十月十九日）」の例もある。もと「虎子」「大壺」「樋」が別物であったことについては

雕木《エリキ》一脚長一尺七寸、広一尺三寸、高一尺一寸、木工寮造之、樋一合高九寸、径九寸五分、虎子《ヲホツホ》一合料、漆二升四合雕木八合、樋一升二合、虎子四合……野宮装束……雕木一具、大壺一合、（国史大系本延喜内匠寮式）

などと見え、「樋」「虎子」「大壺」はそれぞれ区別されていることからも判る。なお、この国史大系本が、「虎子」に「ヲホツホ」の訓を付すのは、和名抄などによったものらしいが、「虎子」はやはり「おほつぼ」ではなく、延喜式当時に「虎子」を「おほつぼ」と訓んだとは考えにくい。「樋」や「虎子」は木製の漆器であり、「大壺」は、もと土器の壺だったのであろう。また、樋には虎子よりも大量の漆が用いられているから、樋の方がかなり高級品であった。また「雕木」とあるのは、延喜斎宮式の初斎院装束の条などに、「雕木一具、大壺一合」と一組になっていることが見える。そして斎宮の路頭行列などでも

伊勢初斎宮禊日也……次行具辛櫃、大盤水樽等類也、……抑行烈（列カ）之中有樋台称雕木令行烈云々、此事如何、後日、失也、不具之由、重実示之、（永昌記・保安五年四月二十三日）

とあって、「雕木」と称する「樋台」を持つ者が、行列に加わることがあった。雕木は、樋を使用するときに用いる

台である。後世のものながら調度歌合においては、「人つほ」と「おひのたい」をよんだ歌が番わされている。安斎随筆には、この「おひのたい」を「御樋の台」として、「是れはシノハコをまたぐ踏台なり、木履はその代りなり（巻五）」といっている。ただし、「雕木」の名からすれは、尻部をのせるところに穴を彫ったもので、樋を使用するときに腰をかける台のことではなかろうか。

大嘗会悠紀所　注進御物目録事……彫木一脚在桶并纁綱敷物等、大壺一口在□　（兵範記・仁安三年十二月十日）

この大嘗宮で用いられる彫木では「桶」が付属しているが、この「桶」は「樋」にあたるものであろう。古く春日祭の斎女や賀茂祭の斎王の行列にあっては、

斎女輦在中路、……駕馬童女左右各二人次之男女従同上、清器韓櫃在中路次之今良二人相分在後従之、廁人掃守在道左右次之、（儀式・春日祭儀）

などと「清器韓櫃」を持つ役が従うことになっていた。その中には「樋箱」や「雕木」が納められていたのであろう。さて、延喜式では「大壺」と「樋」は区別されていたように、「大壺」はやはり土器の「壺」であり、木製品である「虎子」や「樋の箱」などとは違う。寛仁二年の藤原道長の土御門殿改築に際して、源頼光が豪華な調度品一式を献上して世間の噂になったが、その中には

御大壺一雙、御桶（樋カ）一具、尾箒二枚、（小右記・寛仁二年六月二十日）

などがあった。「御大壺一雙、御桶（樋）一具」と「御」の付せられているのは、道長夫妻用に各二つあったということであろう。この「御桶」は、「御樋」の誤写かも知れないが、「黒塗鉢三口、白木杓一支、黒塗盤三枚大、樋桶一口」（平安遺文二八五二号、保元元年十月二日・越前国牛原荘節器支配符案）などとある樋用の桶とも考えられる。「大壺」も「樋」と同じく室内でも用いられた。まず宴会の場などで用いられた次の例がある。

尊者のやすみ所とて、外記・史の座のそばなどびんぎの所一間に、御簾をかけまはして、高麗の畳一帖を敷きて、大臣の尊者のをりはおほ壺を置き、大納言のには、板に穴をゑるなり、　（雅亮装束抄・一・大饗のこと）

（藤原頼長ノ大饗）北渡殿……母屋北面……其内西北立四尺屛風二帖、敷高麗縁帖一枚遍西屛風南北妻敷之、□大壺二口北屛風前西辺東西相並置之、為尊者急所、同間北廂西北二面垂簾北面以北為面、西面以東為面、彫穴於板敷其穴自本有之、為納言参議急所、
（台記・仁平二年正月二十七日）

西北渡殿……東第一間、南東二面垂御簾……其内寄西敷高麗帖一枚、副西北両方御簾立四尺屛風二帖、為急所屛風内乾角置大壺、北庇四ケ間并西遣戸垂簾、北庇東第一間西入仮鴨柯、懸隔御簾也
（兵範記・仁平二年正月二十五日）

（東三条殿ノ大饗装束）西北渡殿西三箇間東第一間急所不敷……上官座東一間、四方懸御簾……其中副西簾立四尺屛風二帖北妻頗折東方其前敷高麗縁畳一枚、為急所不置大壺近例也、……急所北庇板敷彫穴之本在、
（兵範記・保元二年八月十七日）

雅亮装束抄では、大饗に大臣が尊者（来賓）として来る場合には、外記などの座の近くに「急所（休憩所）」を儲けて、そこに「大壺」を置き、大納言や参議の「急所」には、そこの板敷の板に穴を開けておくのだという。源雅亮は頼長の許にも出入りしていた人である。仁平二年正月の頼長が東三条殿で行った朱器大饗についても、前記の台記や兵範記の記事によれば、雅亮装束抄のいうごとくに大饗の場を装束している。大饗の主客たちの座は寝殿であったが、その北方の渡殿の母屋の北側に尊者の「急所」を設けて、そこに「大壺二口」を置き、その西廂に納言や参議の「急所」を設けている。この納言や参議の急所にあてられた間の板敷には、穴の彫ってある板の部分があったというから、この北の渡殿の一隅は、もともとそうした便所用にと作られていたものらしい。納言用にはその常設の便所をあてたのである。五年後の第四例の保元二年八月の大饗でも、同じ場所が急所にあてられ、そこには大壺は置かずに、北庇の板敷にもとから「穴」が彫られていたのが用いられたという。当然ながら、その板敷の穴の下には、やはり大壺な

どの便器が置かれていたのに違いない。そうしたあり方で思い合わせられるのは、

或宮ばらの女房、みそか法師をもちて、よなよな局へ入れけり。ある夜、法師しとのしたかりければ、いづくにか穴ある、と女房に尋ねければ、その棹（衣桁ニ用イルモノカ）の下にこそ穴は侍れ、さぐりてし給へ、と教へければ、この法師はひ寄りてさぐるに、穴にさぐりあひにけり、（古今著聞集・十六）

という話である。かなり後世の例ながら、宮仕女房の局の片隅にも「あな」と呼ばれる簡単な便所があったことを示している。この場合にも穴の下には、当然に大壺などが置かれていたに違いない。ただし、女房たちの局には常にこうした「穴」の設備があったとも考えにくい。内裏女房の場合について次の例がある。

うちわたりに夜更けてあるきけるに、かたちよしといはれける人のうちとけてしとしけるを聞きて、しはぶきをしたりければ、恥ぢて入りにけり、またの日つかはしける

かたちこそ人にすぐれめ何となくしとすることもをかしかりけり（散木奇歌集・九）

「入りにけり」とあることからすれば、屋外でのことである。これは特殊な場合かもしれないが、女性も庭先などで用を足すこともあったのである。(1)

前記の台記などに「急所」とあるのは、「休所」と表記されることもある。便器などの設備をもつ一種の休憩所であろう。雅亮装束抄には「やすみ所」とあるが、「急所」と表記されることが多いのは、この語は音読するのが普通だったのであろう。

（踏歌）今日内弁斉信、公任卿示送云、承内弁事之後、召外記授笏、外記取自（白）笏、進退惟容（谷）、度々見給、或以官人令押、或於御書所急所等間自押之、未見外記取白笏出入例、抑いかゝせしめ給らん……報云、於急所令押之例也、（小右記・寛仁三年正月十六日）

今夜秋除目初也……（六条殿ノ関白藤忠実ノ）御直廬東桟敷屋也、……母屋奥東北西懸御簾、北西立廻四尺屏風……西庇為休所、（中右記・嘉承二年十二月二十一日）

小右記の例は、踏歌の内弁を勤めた藤原斉信が、儀式次第を記した紙を押した笏を外記に渡すべきなのに、何も書かれていない笏を渡したのを見た藤原公任が、官人に式次第の紙を笏に押させるべきか、御書所の「急所」などにおいて自分自身で押すべきかを、筆者に聞いてきた、というのである。御書所にも「急所」があったらしい。

さて、大壺は帳の内など寝所に置かれることもある。これは後述するように「虎子箱」の場合でも同様である。

（従二位藤原光子、源有仁ヲ婿ニトル）行向二位経営所上皇御所大炊殿、母屋第三間立帳、……帳中敷繧繝畳三枚、南方置沈枕一双、跡方置大壺、同方柱懸鏡并懸角等、……同廊遣戸東敷紫端帖二枚二行、其東間為御樋殿有大壺、紙置台等、

（長秋記・元永二年十月二十一日）

この例では、夫婦の帳の内部とともに、廊に設けられていた「樋殿」にも「大壺」が置かれていた。またそこには紙を置く台もあった。樋殿に置かれた「大壺」というのは、箱ということもあり得るが、やはり土器の壺の可能性もあるように思う。あるいはこの時期になると、「大壺」の語は壺や箱を合わせて、広く便器をいう用法が行われていたのだ、とも考えられる。後世のものではあるが、後宇多院が東宮のころに病気になったときの記事がある。

御身の色なども事のほかに黄に見えければ、いとあやしうて、御大つぼを召し寄せて御覧ぜらる。紙をひたして見せらるるに、いみじう濃く出でたる黄蘗《きはだ》の色なり。（増鏡・八・飛鳥川）

この場合は箱であろうか。ここで「御大つぼ」と「御」がつけられているのは、東宮用だからである。近江君の言葉に皆が笑ったのは、一つには便器の大壺にまで「おほみ」の語をつけたからだ、とする説もあるが、このように「御大つぼ」と「御」をつけることもあった。近江君が失笑をかったのは、やはりその「大壺とり」という露骨な語

を使ったことにあったらしい。いま「大壺とり」の用例は探せなかったが、次の例がある。

今日中納言中将師家拝賀……路頭行列……御車……雨皮持仕丁賜装束、友次云々、笠持舎人当番勤之、大壺持舎人久重、

(山槐記・治承三年十月二十五日)

この「大壺持舎人」は、主人の行列に大壺をもって従う役であるが、それに対して「大壺とり」は、「とる」の語からしても、日常的に主人が大壺を使用するときの世話をする係をいうのではないか、と考えられる。もっともこれについては

主人の女房他行する時は、下女虎子を持ちて供するを、おほつぼ持ちと云ふなり。男はしと筒持ちと云ふ。此の役は公人朝夕人など勤むるなり。しと云ふは小便のことなり。しと筒と虎子一つ物にあらざれども、同類なり。

(安斎随筆・巻五)

などと、女性の場合は「おほつぼ持ち」、男性の場合は「しと筒持ち」と区別した、という説もある。「しと筒」は当然男性用である。ただしここでも「大壺もち」であり、「大壺とり」とはいっていない。

2 「樋」「しと筒」「虎子の箱」

「樋」は、木製の漆塗りのものが普通であったらしいことは、延喜式にも見えていたが、今昔物語集巻三十第一話の例の平中説話では、本院侍従の樋洗が洗いに行こうともって出た樋は、「箱」と呼ばれて「香染ノ薄物」で包まれ、「琴漆(金漆)」を塗ったものであったという。これは平中をからかうための特別製だったのであろうが、そうした豪華なものもあったのである。

延喜内匠寮式に見える「樋」は、その形状が「樋 高九寸、径九寸五分」と表示されている。これは椀などの口が円形のものは

「大椀径八寸六分深三寸」などと、深さと口径とを表示し、箱などの方形のものは「櫛筥四合各長一尺一寸五分、広一尺三寸、深一寸五分」と、長さ・広さ・深さ（高さ）を表示する記載法からすれば、この「樋」は口が円形の筒型（あるいは桶型）のものだったのではないか。憶測すれば、古くは壺が用いられていたのが、後に室内用などにそれを模した木製のものが作られた、といった事情も考えられるのである。この点については次の例がある。

政始……於南所替沓之間、俄欲小便、無其所、前駆以長自懐取出大費献之、不堪感、帰宅後賜紅単、

（台記・久安二年正月十五日）

頼長は、外記庁の南所で俄に尿意を催したがその場所がなく、そのとき前駆の以長が懐中から「大費」を取り出して渡した、というのである。この「大費」は、あるいは「大樋」の当て字かと考えられる。ただし、このとき前駆の役を勤めていた以長が、かなり大きな樋の箱を懐中にしていたとは考えにくいので、竹筒のごときものかと考えられる。とすれば、この「大費」は河海抄などに「尿壺」とか「しと筒」「小便つつ」とあるものと同様の物であろう。前駆としての以長が、日ごろから頼長のための「大費」を所持して従う役であれば、頼長は特に禄を賜うことはしないであろうから、以長の「大費」は自分用のものか、主人のこうした場合に備えての彼の特別の配慮だったのである。

さて「しと筒」は、単に「つつ」とも呼ばれることがある。

一笠の事　公家武家共以無替、晴の時、白袋けしやう皮あり、笠持常白丁也、立烏帽子打懸着也、しと筒腰にさす也、

（布衣記）

水瓶ヲバ入手洗力者持之、鼻広居柳筥持之、筒者、竹二筋許切テ上ヲ削、口五寸許下以畨張也、是白丁仕丁相添傘持之、

（海人藻芥）

このように中世には、行列のとき「筒」は笠持の白丁が手にもったり腰にさしたりしたらしい。ただし、山槐記で

は「笠持」と「大壺持」は別人であった。こうした晴の行列だけではなく、男衾三郎絵詞の釣殿での歌会の場面には、簀子に控えている少年の左腰に差している竹筒らしきものが、「尿筒」と考えられる。また信貴山縁起絵巻には、待賢門を入ろうとする僧とその稚児に従う童子が、やはり左の腰に竹筒らしきものを差しているが、これが「尿筒」だとされている（『新修日本絵巻物全集』3、角川書店、宮次男氏解説）。さらに天狗草紙絵巻には、一遍上人の尿を「よろつのやまひ（万病）のくすり」だというので、一遍の股に筒を差し入れて受けようとしている尼が描かれている。

それに対して「虎子の箱」については、

この母屋庇の物の具にて、こしのはこといふものあり、その躰うるはしきかぶりの筥の大きさにて、四角なり、蒔絵あり、かぶりの筥にとりたがふべしといへども、かぶりの筥にはかぶりをすふべき台あり、この筥は婿取に置くべし、此の筥にふくさのものを縫ひ合せたるを、入れて置くべきなり、もし姫君の御料か、置く所は帳のうしろ、もしは近き辺りの塗籠の内なり、（雅亮装束抄・二）

虎子筥其躰四方、下在牙縁蓋也、又有台云々、以上物等紫檀地、螺鈿、或蒔絵或加螺鈿以金銀白鑞螺、為置口筋螺物、無定様、只在意略耳……（帳内ノ）御装束儀……以枕筥置帳内枕上、虎子筥置御帳跡方隠所云々……注前香壺筥等納物并虎子筥事等、依右府御説所注載也、（類聚雑要抄・二）

などと見える。方形の箱で蒔絵などをしていたのである。婿取のときなどに帳の内に置くことは大壺と同様である。「こしのはこ」は「しのはこ」とも呼ばれ、「尿筥」とも表記されることもある（前田本字類抄）。「私筥一口」（類聚雑要抄・三）などとあるのも、やはり「しのはこ」とよむのであろう。これらは後世の院政期の例なので、虎子箱は早くからこうした型式に一定していたともいえないかもしれない。安斎随筆は「虎子」を「糞を入るるヲカハなり（巻一八）」とする。

小舎人□秋成盗麝香、其物出来、六臍納尿筥、埋古東宮、依秋成申掘出、其残是近江国、使官人随身件厶馳向訖者、（小右記・長和三年二月十八日）

この例では、盗んだ麝香を「尿筥」に納めて、昔の東宮の地に埋め隠したというのであるから、密封性が高く丈夫な作りのものであった。

3　「樋殿」「かはや」「隠所」

「樋殿」は所謂便所であるが、「殿」の語をもつことからすれば、もと一棟の建物だったのであろう。しかし、渡殿や廊の一部をこれに当てて用いるのが普通である。「大壺」の条にあげた大炊殿の場合も廊にあった。平安京内裏では「華芳坊南面築墻外、東隅」（大内裏図考証）のものが知られているが、里内裏では、

遷御内大臣二条第……北渡殿為御湯殿并御樋殿、（春記・長暦四年十月二十二日）

参堀川殿……以北渡殿為御湯殿并御樋殿、（師記・承暦四年五月十一日）

御所西北子午廊……其西造加三間廊、一間立棚備御菓子、中間用塗籠、甲冑以下物具美紙三百帖納之、第三間為御樋殿、（兵範記・久寿二年二月二十五日）

などと、寝殿の北側の渡殿や廊などに設けられている例が多い。これは一般の住宅でも同様であったと考えられる。

或人云、今度（鳥羽法皇ノ）御熊野詣毎事不吉、御上道去月廿四日夜、於内原御宿、夜中御屋形焼亡御樋殿燈付、油単云々（兵範記・仁平二年四月十四日）

つとめて、おとど、ひのとのにおはしけるままに、落窪をさしのぞいて見給へば、（落窪物語・一）

前者の例は、法皇が美福門院と熊野詣の帰途、内原（紀三井寺付近）の宿所でのことであるが、こうした旅先の宿に

おいても、寝所とは離れたところに樋殿が設けられ、夜通し燈火がともされていたのである。後者の落窪の姫君の住んだ中納言邸の「落窪」は、「寝殿の放出のまた一間」(巻二)にあったから、樋殿はその放出の一間にある落窪のさらに先の方にあったのであろう。「放出」も、廊などと同様に、寝殿から延ばした細い建物であり、ここは寝殿の西北にあったかと考えられる。源氏物語の空蟬巻には、光源氏が空蟬をもとめて中川の紀伊守邸の寝殿内に忍び込んだときの話がある。源氏は空蟬に逃げられて寝殿の妻戸から出ると、後を追うように老女が出てきたので、「渡殿の口に」隠れていると、老女は同僚の女房かと思って近づいて声をかけたが、下痢をしていたので、「あな腹、あな腹」といって通り過ぎたことが記されている。これも渡殿の先の方に、あるいは東の簀子を北にいった先の廊などに樋殿があったと考えられる。夜間においても、女房たちは寝所から出て樋殿へいったのである。なお、落窪の例では諸本「ひのとの」とあるが、「ひどの」の例もある。

ある説経師の請用して、ことにめでたく尊く説法せむとしけるに、はこのしたかりければ、事いそがしくなりて、よろづ急ぎて、布施もとりたらず帰りて、物脱ぎちらして、急ぎひどのへ行きたりけるに、(今物語・五二)

これからすれば、用便を意味する「箱す」という語もあった。この説経師の家でも、やはり居間とは少し離れたところに樋殿があったのである。

主上極重御、仍候御前、御樋殿ニ渡給程、於道不覚御也、返々不便、(殿暦・嘉承二年七月六日)

これは、堀河天皇が堀河殿で崩御する直前のことで、帝はそれ以前から衰弱して帳内に伏せっていたが、そんな場合でも「御樋殿ニ渡ル」ことをしていたのである。

「樋殿」は「御装物所謂御樋殿也又称御樋殿」(侍中群要・五)などと見え、「よそものどころ」(名目抄)とも呼ばれることがあった。「化粧間」というのもこれであろう。

（高陽院行幸）馬場殿不懸御簾、女官不候、与寝殿不幾歟、只艮角一間懸御簾為御粧物所、（小右記・万寿元年九月十九日）

今日改元後政始也……到外記局乾角、令召使擁笠、右少弁基親立仮粧間、左大史中原能光……等列立、（吉記・寿永三年四月二十日）

これらも建物の東北隅または西北隅に設けられたらしい。

平安時代の樋殿が、このようにして建物の片隅や渡殿や廊に設けられていたのに対して、「かはや」はどうであろうか。「かはや」を「川屋」とする説は、「高野山一山、呼東司曰河屋」（下学集）などと見える。東司は便所である。これについては安斎随筆に「物部茂卿が説に、高野山にて厠を作るに穢物を川へ流し去る様に作るゆゑ、川屋と云ふなるべし、と云へり。然れどもそれは高野山に限りて、外へ通ぜず」（巻五）と、徂徠などの「川屋」説に反対している。だが、この「川屋」説は、高野山に限らず広く適用でき、平安中期にもこうした型式の「かはや」があったことについては、次の例がある。

み山のしりへに、くさぐさ物おほしたる中に立て石あり、水のしりはかはやなり
音にきくたてしまかとぞ思ひぬるからき水にもつけてみるかな（小馬命婦集）

これは小馬命婦が東山辺へ出歩いたときのことで、貴族の山荘らしい所での例である。「立て石」のある庭や遣水があり、流れの末の方に「かはや」があった。「からき水」の語からしても、これが「川屋」であることは明らかである。一般の寺院などにおいても

又、大門ノワキノ河屋ノシドケナキ、モタイナキコト也、籌ノヒシトチリタルミグルシキ事也、（却廃忘記・上）

などの例がある。いまの京都の東福寺にも山門のすぐ西側に大棟の廁屋があるが、明恵上人も寺院の大門の腋にある

川屋で、辺り一面に籌木が散っている見苦しい様を見ることがよくあったのであろう。籌は尻をぬぐう竹篦木篦のたぐいである。貴族の場合には、紙を用いることもあったらしいことについては前述した。

こうした流水による水洗式の廁が、古くから一般の住宅においても用いられていたことについては、発掘遺跡の例がある。平城京左京二条二坊五坪東面で、築地の外側の道路側溝から水を取り入れる斜行溝と、築地内側に添って木樋が引かれた遺構が発掘された。これは、道路側溝から屋敷内に水を引いて便所の水洗に用い、それをまた外の側溝へ排水した跡であり、その邸内の築地に接した部分に樋殿が設けられていたのであろうと推定されている。[2] こうした型式の便所は平安京においても行われていたらしい。都の大路小路の側溝から邸内に水を引いて、その水で汚物を邸外へ流出せしめて道路を損なうことを制止した、斉衡二年九月十九日・太政官符（類聚三代格・一六・堤堰溝渠事）はそれを暗示している。

近渠之家、大穿水門、好絶溝流、垣基因茲頽毀、道上為之湿悪、公私之煩莫不縁此、如此之類重加禁止、但无害公私者、聴置樋引水、不得因茲流出汚穢、湿損道路、若有違犯之者、職司一切築塞莫令更通、

同旨の格や官符は幾度も出ているが、大路に面した邸宅では、側溝の水を屋敷内に引き入れるために溝をふさぐので、道路が水浸しになって困る、公私に害のないときは樋を設けて水を引き入れることは認めるが、汚穢を流し出すのは禁止するというもので、この「汚穢」は樋殿の排出物などではないか、というのである。[3] 当時貴族の邸宅の遺水は、その水源を中川など邸外から水路を設けて取り入れ、また邸外へ排出していたから、この水流を「かはや」に用いたことは十分にあり得る。

清通朝臣申云、有如触穢、事故説孝朝臣家付遺水童流入、而家者見之、付水払出、其払者即不申着座、件事昨日、件男中（申）出事今日、前之小式部曹司人々往来云々、件事可為触穢哉、（御堂関白記・長和二年二月二十三日）

左相府被参石清水事、依播磨守宅穢去廿日死児流入彼宅、々人以杖推流、即彼宅人着座左府停止、（小右記・長和二年二月二十四日）

これは、藤原説孝宅の遺水に童の死体が流入し、発見した家人が遺水中の死体を杖でそのまま推し流したが、その家人はその事を報告せずに道長邸で着座した、これにより道長邸は死穢にそまったのではないか、というのである。説孝邸では、児童の死体が外から流入し、またそれを邸外へ推し出すような大きさと水量の遺水があったのである。したがって、こうした遺水の末に「かはや」を設けたことが考えられる。

廁はまた「隠所」と呼ばれることもあった。

落北屋打橋間、損左方足、前後不覚、（御堂関白記・長和四年閏六月十九日）

申剋許従内示送云、参左府祗候間、自廁被還之路被倒、御足踏損、辛苦無極、（小右記・長和四年閏六月十九日）

資平云、今朝左府御足今日頗宜、然而二十日許不可被出仕之由、有被命信（従イ）隠所被帰之間、踏誤座階落臥地上、已以不覚、（小右記・長和四年閏六月十九日）

道長が「落北屋打橋」と記したのを、小右記は「廁」から帰る途中「座階落臥地上」とある。詳細は不明ながら、そこへ渡るには打橋を用いていることからすれば、この「廁」は寝殿の北側にある別棟であり、ここの「北屋」も「川屋」であった可能性は残るのである。

注1　保立道久『中世の愛と従属』（平凡社、一九八九年）の「甕と坪の風景」の章に中世の便所について詳しい考察があり、『一遍聖絵』などの簀子に手水桶を設けた寺院の絵は、庭で用を足したことを示すとする。

2　「左京二条二坊五坪東辺の調査」（奈良国立文化財研究所『一九八九年度　平城宮跡発掘調査部発掘調査概報』、一九九〇年）、黒崎直・松井章・金原正明「科学的に解明された古代宮都のトイレ」（『月刊文化財』三五〇号、一九九二年）。

3　高橋昌明「よごれの京都・御霊会・武士」（『新しい歴史学のために』一九九号、一九九〇年）。

第三章　平安京の風景

一　河原院哀史

1　源融の風流と「やつし」

六条の京極大路東、鴨川べりにあった源融の河原院は、陸奥の塩竈の浦を移して、海人の塩を焼くさまの風景で知られていた。その豪壮な風流は、後世までも「川原ノ院ハ融ノ左大臣ノ造リテ住給ケル家ナリ。陸奥ノ国ノ塩竈ノ形ヲ造テ、潮ノ水ヲ汲入テ、池ニ湛ヘタリケリ。様々ニ微妙ク可咲キ事ノ限ヲ造テ住給ケルヲ」（今昔物語集・二七・二）、「池ニ毎月ニ塩三十斛ヲ入テ海底ノ魚虫ヲ令住之由、清輔所注也」（顕昭古今註）などと語り伝えられて有名である。河原院の塩釜のことは、既に早く伊勢物語八十一段にも描かれているが、陸奥の塩竈の海浜を模したその庭は、河原院の姿を代表するものであった。

河原院以前にも広大な池水をもつ庭園は幾つかある。淳和天皇の後院として造営され、ついでその后の正子内親王が住み、後に寺院にされた淳和院（西院）も、広々とした池水で知られていた。松の茂ったその中島は、素性法師の「音に聞く松がうら島けふぞ見るむべも心あるあまは住みけり」（後撰集・一〇九三）の歌からすれば、やはり陸奥の松島に見立てられていたらしい。この淳和院の広い池の南には、「南池院」や「松院」があった。(1)ここもまた院政期に至るまで文人たちの遊んだ勝景で、「柳堤、松島、竹編メル牆」（本朝無題詩・六・西院亭即事・藤原敦光）といった風景があった。

嵯峨院や淳和院といった郊外の帝王の別業には、当時の貴族たち一般に深く根づいていた隠遁生活への志向をうかがうことができる。それらに対して融の河原院は、郊外とはいえ京の内とも見なし得る地に設けられ、その点からもこの別業は単純な隠遁志向とのみはいえない性格がある。河原院は、後世にはその塩釜の煙でのみ有名であるが、当時においては、海人の塩焼く姿もさることながら、何よりもまず京洛の地に設けられた池水の景の壮大さにより、人目を驚かせ心をひきつけたのだ、と私は思う。後世には院政期の城南鳥羽離宮などの例もあるが、遙かに見渡す広大な水景には、卑俗な世界にある他ない人々の心を、遙か無限の彼方へとあこがれさせる何かがあった。

ところで、融はその栄華を誇る別邸の庭に、何故に遙か遠くの陸奥の塩竈という鄙の風景を移し、塩を焼くという卑賤の民の生業のさまを模したのであろうか。

意匠をこらした河原院の庭に、塩竈の浦という辺境の風景がとりいれられたことには、九世紀前半における朝廷の陸奥経営の強化方策が、新しい豊かな植民地の風物について、広く貴族社会の関心を高めることになった、という当時の一般的な事情のあったことがまず考えられる。同時期の伊勢物語の主人公の東下りの話も、これと根を同じうするものであろう。古今集以後の歌枕にも、見た人はあまりいないはずの陸奥の地名が、他に比べて多い。嵯峨天皇の西郊の広大な離宮、淳和天皇の西院などの後院、源氏では融の河原院や栖霞観、といった皇族のあいつぐ大建築の造営は、何よりもこの新植民地経営の成果によるところが大きかった。融が四町もある別邸の庭に、陸奥の海浜の姿を移したひとつには、その壮大な風流により、賜姓源氏の存在を誇示する意図もあったであろうが、また一面では、そこに現出させた風景が、塩焼く賤しの海人の姿であったというのは、融の風流の中にも、単にその勢力や財力を誇るだけではなく、やはりこの時代の貴族たちに共通する世俗出離の傾向をひめた、一種の「やつし」の姿勢をも認めることができる。

2 「白砂青松」の風景

この河原院や淳和院に限らず、古代の貴族たちの邸宅の庭が、必ず白砂青松の海浜の光景を模して作られたことについては、いわゆる「移天縮地」といった、単なるミクロ・コスモスを求めたことを超えて、より深い動機があったにちがいない。

拾翠楽……承和ノ大嘗会ノ時、豊楽殿ノ前ニ海浜ヲ作リ、此曲ヲ奏ス。砂石ヲ集メ、樹木ヲ殖ヱ、山阜之形ヲ成シ、縹布を敷キ、萍蓼ヲ散シ、海渚之躰ヲ像ドル。船ヲ其ノ中ニ引キ、海人ノ藻ヲ拾フニ似ス。（教訓抄・六）

これは仁明朝の大嘗会のときの様子を記したものである。このように大嘗会という国家の大儀の場にも、白砂青松の海浜の風景が参加すべき十分な理由があったのである。さらに、平安貴族たちが好んで儀式の場を飾った洲浜には、水辺の景を模するだけではなく、必ず白砂が敷かれ樹木が植えられていた。

洲浜ノ長サ八尺、広サ六尺許リ……辛埼ノ沙ヲ以テ之ヲ敷ク。但シ所々ニ水精ヲ以テ加ヘ敷ク也。水ノ底ニ白鑞を敷キ、水ヲ湛フル也。（九暦・天暦七年十月二十八日・殿上菊合）

案二脚ノ上ニ小キ台ヲ置ク。其上ニ奇岩・恠石・嘉樹・芳草・白砂・緑水ヲ作ル。（江家次第・二・卯杖）

白砂青松の海浜の景を移すことは、これら室内で用いる洲浜に限らず、内裏の殿舎をはじめとして、貴族たちの日常生活をおくっていたその屋敷の寝殿前庭などにまで、白砂が敷きつめられていて、絶えず雑草をとり除き新しい砂を入れて、海浜の風景を保持して、心を慰め目をたのしませたのである。

前栽植ゑさせ給ひて、砂子ひかせけるに、家人にもあらぬ人の砂子おこせたれば
ありそみの浜にはあらぬ庭にても数しられねば忘れてぞつむ　（伊勢集・二二二）

女ひとり住む所は、……池などある所も水草ゐ、庭なども、蓬に茂りなどこそせねども、ところどころ砂子の中より青き草うち見え、さびしげなるこそあはれなれ、（枕草子・女ひとり住む所は）

これら日常の居所だけではなく、天皇の行幸時や、賀茂祭の見物のために大路の傍らに設けた桟敷仮屋など、臨時に身をおく外部の場においても、次の例のように、その座所の前には白砂が敷きつめられ、青松が植えられることになっていたのである。

一条大路に檜皮の桟敷いといかめしうて、御前にみな砂子しかせ、前栽植ゑさせ、久しう住み給ふべきやうにしつらひ給ふ。（落窪物語・二）

（関白賀茂詣）斎院、本院ニ於テ御桟敷ヲ儲テ御見物ノ事有リ。……御座桟ノ前ニ白沙ヲ敷キ翠松ヲ立ツ。風流古今ニ冠絶ス。（中右記・寛治八年四月十四日）

（春日行幸路検分のため）波々曽之毛利（祝園杜）ノ南ノ駄餉所ヲ見ル。松枝ヲ切リ立ツルコト、其数少キノ上、又未ダ掃治ニ及バズ。仍テ弁侍ヲシテ、緑松ヲ立テ白沙ヲ敷カシムベキノ由、国ノ行事ニ仰ス、テヘリ。（中右記・承徳元年三月二十七日）

石清水行幸……桂河ノ西ノ駄餉所ニ於テ暫ク祗候ス。右衛門督検非違使別当、源納言、下官相共ニ暫ク御輿ヲ待チ奉ル。白沙ヲ敷キ青松ヲ（「植」脱歟）、御輿所ト為ス。（中右記・康和五年十一月五日）

平安末期にもなると、大嘗会の場に用いる洲浜も「悠紀方標山并御挿頭花等本文事……洲浜、瀛州在東海之東〃〃〃〃」（兵範記・仁安三年九月一日）と、東海の仙境の姿を明示した漢籍本文に基づいて作られることになり、さらに後世

になれば、洲浜はもっぱら蓬萊の島台とも呼ばれるような、白砂青松に鶴亀などのいる、蓬萊島としての姿に固定化してゆく。もとは単に海浜の景をかたどっただけの洲浜が、いかめしく蓬萊の島に結びつけて考えられるようになったというよりは、すでに古代の人々の心においても、遙かな白砂青松の光景の彼方に、仙境のさまを幻視していたことの顕在化、明確化したものにちがいない。中世の人々の、仙境のコスモスとしての蓬萊島、という知識的なレヴェルを越えて、白砂が広がり、目にしみる翠松が立ちならび、無限の彼方へと広がる海辺の風景には人の心を深く和ませるものがあり、人々が日ごろ身を置くこの世から抜け出して、遙かな世界へといざなってゆく何かがあった。果てしない海に向かって白砂青松のつらなる丹後のあの海浜を、古代の人たちが「天の橋立」と呼んだことにも、[2] 明らかにそれが認められる。浦島もこの海浜から常世へとわたっていったのである。故郷の常世を流離した人々が、「海上の道」をたどってきた往古の郷愁の記憶とまではいわないにしても、人の心を俗世から遙か遠くにやり、遊ばせ慰める契機となるものを強くもっていた。

古代の人たちが、天人のあま下ってきて遊ぶのを見た駿河の有度浜、あるいは紀州の吹上の浜などの地が、[3] 広々とした果てしなく続く白砂や、青々とした松林の海浜であることと、それは無関係ではないであろう。

3　河原院の風景

河原院は、その塩釜の煙のたなびく風景が和歌に多くよまれたために、後世には塩を焼いたことばかりが有名になったが、その庭が当時の人々の心をひきつけたのは、何よりもまず広大な海浜を模した池水のさまであり、広々とした白砂の岸辺に茂る松樹の姿であった。

海浜の景の欠如した平安京に住む貴族たちにとって、河原院の庭は融の在世中から人々の心をひいたであろうが、われわれが知り得るのは、融の亡き後の荒廃した河原院のさまである。古今集には、融亡きあとの河原院を詠んだ紀貫之の次の歌がある。

　河原の左のおほいまうちぎみの身まかりてののち、かの家にまかりてありけるに、塩釜といふ所のさまをつくれりけるを見てよめる

君まさで煙たえにし塩釜のうらさびしくも見えわたるかな　（古今集・哀傷・八五二）

この歌は、歌仙家集本貫之集の詞書には、「河原の大臣うせ給ひてのちにいたりて、塩釜といひしところのさまのあれたるを見てよめる」とある。河原院に限らず平安京のそこかしこには、栄華を極めた高貴の人の豪邸であったものが、その主の亡くなるや維持する人もなく、荒廃したままの姿をさらしているものが多くあった。豊屋峻宇を起す人があっても、「其ノ住ムコト纔ニ二三年、古人ノ云ク、造ル者ハ居ラズト」（慶滋保胤・池亭記）という廃墟の大邸宅の例は、河原院や源高明の西宮などの他にも多い。融の河原院は、特に人目をおどろかす風流を誇った豪邸であっただけに、その荒廃のさまは、深く人々の心を感傷させるところがあったのである。

河原院の庭は、後世には陸奥の塩釜の浦を模して塩を焼いた、ということで知られているが、この庭にはただ塩釜の浦と見立てられるような海浜の景が移されていただけではなく、その中には「浮島」「まがきの島」などをふくめた、陸奥の海浜の勝景のさまが大きく取入れられていたのである。円融朝ごろと考えられる歌に、次のものがある。

　この河原院に、昔、むつの国に、塩釜の浦、うきしもかきのしま（「うきしま、まがきのしま」カ）うつし造られたりければ、おとどかくれたまひて後、躬恒貫之などきつつよめりければ、それがいとかぎりなければ、

　　人のよまぬを、心みにとて、しのびによめる

年古りてあまそなれたる塩釜の浦のけぶりはまだぞのこれる

うきしま
沖つ波たててただよふ浮島は昔の風のなごりなりけり　(安法集・一三、一四)
貫之や躬恒ら歌人たちは、融の亡き後にも河原院に出入りして、荒れた庭のさまに昔の主を偲び、感傷していたのである。この「まがきの島」は、後世には世阿弥作の能の『融』にも姿を見せている。後述のごとくに、源融の亡き後に寺とされた河原院の片隅には、融の裔の安法法師が住みついていた。安法は源融の曽孫とされ、俗名を趁といい、適の子、懇の兄である(日本往生極楽記)。安法の晩年の永観元年(九八三)から五年あまり四天王寺別当になったことがあり(四天王寺別当次第)、家集にも天王寺で詠んだ歌がある。後述のごとく安法は、河原院の西の対に住みついていた。この安法のもとには、清原元輔・平兼盛・大中臣能宣・源兼澄・恵慶ら同世代の歌人たちが集まって歌会を開いたり、親しく交わりを結んでいたことはよく知られている。(4)次にあげる恵慶法師の歌は、前記の安法の歌と同時期のものであろう。恵慶は種姓不明だが、播磨講師などを勤めたという花山朝ごろの僧であった(中古歌仙三十六人伝)。
河原院にて、塩釜、浮島、といふ題を人々よむに、浮島
わたのはらしほ満つほどの浮島を定めなき世にたとへてぞみる
塩釜
あまもなくうらのさびしき塩釜は人の心をやくばかりなり　(恵慶集・一四二、一四三)
この塩釜の浦など陸奥の海浜を模した風景は、邸域の東部から南部にかけて広がる庭の壮大な池の一部であったらしい。その池畔にはまた池亭もあった。橘在列の「右親衛源亜将軍(源英明カ)忝見賜新詩、不勝再拝敢献鄙懐」の詩の自注には、「近曽将軍有河原院池亭之詩、詩中有〈青草湖図波写得、白蘋洲様岸相伝〉之句」(内閣文庫本扶桑集・七)とある。また、この池水の面には、遠く南の稲荷山が姿を映したりした。

稲荷山のかげの池に浮かべるを見て、はしの君よませ給ひけるに、人々よむ

池のおもにかげを映せば稲荷山みつのみまきに波や寄すらん　（安法集・三五）

その庭には広大な池があっただけではなく、松や檜などの樹木の鬱蒼と茂った大きな山も築かれていて、四町に及ぶ閑静な邸域の、林泉に富んだ庭の景は別天地をなしていた。延長四年（九二六）七月の宇多院の融のために行った法会での紀在昌による諷誦文には

河原院ハ故左大臣ノ旧宅也。林泉、隣ヲトシ、喧囂、境ヲ隔ツ。地ヲ択ビテ構フ。東都ノ東ニ在リト雖モ、門ヲ入リテ以テ居レバ、北山ノ北ニ遁ルルガ如シ。是ヲ以テ年来、風煙ノ幽趣ヲ尋ネテ、禅定ノ閑棲ト為ス。

（本朝文粋・十四）

などの語がある。河原院は融の亡きあと寺にされて、その高楼や庭も年月とともに荒廃していったが、天禄年間（九七〇〜九七三）の源順の賦によれば、なお次のような有様であった。

夜、月殿ニ登レバ、蘭路ノ清、嘲ル可ク、晴レテ仙台ヲ望メバ、蓬瀛ノ遠キ至ルガ如シ。是ヲ以テ、四運転ズト雖モ、一賞忒《たが》フ無シ。春ハ梅ヲ孟陬ニ玩ビ、秋ハ藕ヲ夷則ニ折リ、九夏三伏ノ暑キ月ニハ、竹、錯午ノ風ヲ含ミ、玄冬、素雪ノ寒キ朝ニハ、松、君子ノ徳ヲ彰ス。……猶ホ、山ノ貌ハ嵩ヲ畳ミ、岸ノ勢ハ海ヲ縮ム。人物ハ変レドモ、煙霞ハ変ル無ク、時世ハ改レドモ、風流ハ改ラズ。蘆錐ノ沙ヲ穿チテ抽ヅル日、波鷗、波ニ戯レ、葉錦ノ水ヲ照ラシテ浮カブ時、綵鴛、綵ヲ添フ。……嗟乎、黄閣早ク閟《と》ヂ、翠微登リ易シ。脚ニ信セテ彼ノ繊草ヲ蹈ミ、手ヲ舒ベテ此ノ垂藤ヲ控ク。何ヲカ携エテ来リ遊ブヲ得シ、屈曲横首ノ杖、誰ニ向ヒテカ往事ヲ談ゼン、一両白眉ノ僧。

（本朝文粋・一・奉同源澄才子河原院賦）

十世紀後半のこの時期においても、なお高楼が姿をとどめ、春の梅、秋の池の藕、夏には竹林を吹く風、冬の雪中

の松と、まさに四面四季の庭というべき佳景をもっていたのである。この順の賦にも、水辺の景とともに松のことが記されているが、早く源英明の詩にも、「池冷シクシテ水ハ三伏ノ夏無シ、松高クシテ風ハ一声ノ秋有リ」[5]（和漢朗詠集・夏）の句があった。この詩は、十世紀前半ごろ河原院に住んでいたという、唐僧の長秀の房で詠んだものだと伝える（和漢朗詠集・永済註）。水と松は、河原院の代表的景物だったのである。

「源澄才子」は、応和三年の善秀才宅詩合によるに、源為憲の大学寮での字である。順や安法と同時代の為憲にも「河原院賦」があって、新撰朗詠には「隠映タル朝霧ノ断ユル時、南流ニ鷗浴ス、瞳朧タル秋ノ月ノ傾ク処、西堂ニ人稀ナリ」の句が見える。松もまた和歌にもよくよまれた。

……あさぢ原、荒れたるやどにとどまりて、つれづれとこの有様を見れば、岸の松かたぶきて、古き風伝ふるもあはれなり。庭の苔残りて、昔の跡見えぬもかなし。東を見れば、山の桜霞の間よりにほひ、南をのぞめば、松木ひろふ山がつのゆきかふもいそがし。……ぬしなき荒れたるやど

うゑおきし松も岩ねもかはらぬに昔の人はいづちなるらん　（恵慶集・一六八）

天元二年、大風ふき大水いでて、みな木もなく、池もうづもれてのち、きみのとへるよむ

松もなく池もあせぬるやどなれば風も音なく月も影なし　（安法集・二四）

（河原院の）西ノ台ノ西面ニ、昔ノ松ノ大ナル有ケリ。其ノ間ニ歌読共、安法君ノ房ニ来テ、歌ヲ読ミケリ。古曽部ノ入道能因

トシフレバカハラニ松ハオヒニケリ子日シツベキネヤノウヘカナ

ト。□ノ善時（大江嘉言）

サト人ノクムダニ今ハナカルベシイタ井ノシミヅミクサヰニケリ

ト。源道済
　ユクスヱノシルシバカリニノコルベキ松サヘイタクオイニケルカナ
ト。其後、此院弥ヨ荒レ増テ、其ノ松ノ木モ一トセ風ニ倒レシカバ、人々哀レニナム云ケル。其院、今ハ、小宅共ニテ、堂計トナム語リ伝ヘタルトヤ。（今昔物語集・二四・四六）

　これら恵慶や安法たちが集りあそんでいたころ、天元三年（九八〇）七月九日に大暴風雨があり、内裏の樹木や羅城門をはじめとする京の大建築が倒れ（日本紀略）、河原院の古松の多くも失われた。

安法がこの河原院の西の対に住んでいた、とする今昔物語集の記事の信憑性については確認できないが、十世紀後半になっても西の対は残っていたらしい。前記の源為憲の河原院賦の「西堂ニ人稀ナリ」の句は安法の住んでいた西の対のことであろう。

　恵慶や安法たちに比べると、能因や嘉時や道済らの歌人たちは、一世代ばかりの後生であるから、能因らが安法の房を訪れたとする点にはやや疑問が残る。安法の亡くなった後にも、能因・大江嘉時・源道済ら次代の歌人たちが、貫之躬恒以来の和歌の古跡を慕って河原院に出入りしていたのであろう。安法が亡くなった後と考えられる寛仁元年（一〇一七）九月、藤原教通の九条河原にあった新宅を訪れた藤原実資は、帰途に河原院にたち寄ったところ、「荊蕀盈満、水石荒蕪」という有様であったという（小右記）。

4　融の六条院と河原院

一条朝に書かれた源氏物語の夕顔巻には、光源氏が夕顔とともに心安く時を過ごそうというので、「なにがしの院」へゆく場面がある。

そのわたり近きなにがしの院におはしましつきて、預り召し出づるほど、荒れたるかどの忍草茂りて見あげられたる、たとしへなくこ暗し。……御車いれさせて、西の対におましなどよそふほど、高欄に（河内本・陽明文庫本「廊の高欄に」）御車ひきかけて立ちたまへり。……（庭ハ）いといたく荒れて、人目もなくはるばると見渡されて、木立いとうとましくもの古りたり。け近き草木（河内本「せんさい」、陽明文庫本「草」）などは、ことに見どころなく、みな秋の野らにて、池もみ草に埋もれたれば、いとけうとげになりにける所かな、別納のかたにぞ曹司などして、人住むべかめれど、こなたは離れたり。

（源氏物語大成、夕顔・一二〇頁）

この「なにがしの院」については、河海抄が「河原院歟」として以来、諸註いずれも河原院を准拠に描かれているとする。夕顔を連れた源氏は、この荒廃した屋敷に西の門から入り、西の対に御座を設けたこと、庭が広々と見渡され、池は水草に埋もれ、木立が鬱蒼と茂って荒れはてたさまなど、前項にあげた河原院の光景とすこぶるよく一致する。また光源氏の四町を占めた本邸六条院も、やはり河海抄以来、源融の六条院を模したものと考えられてきた。光源氏の嵯峨の御堂や、宇治川のほとりにあった別業の宇治院もまた、融の栖霞観や後に平等院となる宇治の山荘を模したもの、と古くから考えられてきた。一世の源氏の豪勢な生活の先例として、融の存在は大きいのである。乙女巻の光源氏の六条院造営について、河海抄は次のごとく注している。

此六条院は河原院を模する歟。別記（「御記に」ィ）みえたり。

延喜（十）七年三月十六日己丑、此日参入六条院。此院是故左大臣源融朝臣宅也。大納言源朝臣奉進於院矣。

一世源氏作られたるも其例相似たる歟。

延長二年正月廿六日乙丑、此日参入中六条院、々御此院。

（天理図書館本）

つまりこの注は、光源氏の六条院は融の河原院を模したものであり、河原院は「六条院」や「中六条院」の名でも見える、というのである。ただし、光源氏の六条院は京極の西、つまり京中にあり、河原院は文字通り鴨河原にあって、位置は少し異なっている。

十世紀初めごろには、「六条院」の名をもつ邸宅が幾つかあり、それらと河原院との関係には問題が多くある。河海抄の時代にも、後述のごとくに「河原院」と呼ばれたものが存在したが、十世紀ごろのそれとは、位置やその内容はかなり異なっていた。

源氏物語の准拠としての河原院については、早く高橋和夫氏に論がある。(6) 高橋氏の結論は、十世紀初めごろの文献には、源融や宇多上皇の関係する「河原院」「六条院」「東六条院」「中六条院」なる四つの屋敷名が見え、「河原院」と「中六条院」はまた単に「六条院」とも呼ばれてまぎらわしいが、これは四つの別の屋敷があったわけではなく、「河原院」と「中六条院」の二つがあり、光源氏の六条院はこの二つを脳裏におきながら描かれたのだ、ということである。いま高橋氏に倣って、十世紀前半までの「河原院」「六条院」「東六条院」「中六条院」等の呼称をもつ屋敷名の記録を整理すれば、次のごとくである。

1　寛平　七・　八・二五　「東六条第」で融薨（日）
2　延喜一七・　三・一六　「六条院」に行幸（醍・遊）
　　　　　　　　　　　　「東六条院」行幸（左経記・治安二・一〇・一一）
3　　　　一〇・　六　「河原院」で上皇昇の算賀（公卿補任）
4　延喜一八・　二・二六　「六条院」に行幸（貞・醍・西）
5　　　　一〇・二六　「川原院」に行幸（左経記・治安二・一〇・一一）
6　　　　一二・　九　「六条院」に忠平上皇の見舞（貞）

7 延喜一九・二・六 「六条院」に代明親王元服の挨拶（醍）
8 一一・二一 「六条院」に渤海使についての報告（扶）
9 延喜二〇・一二・一八 「河原院」に忠平慶賀（貞）
10 延喜二一・三 「河原院」で歌合（十巻本歌合目録）
11 延喜二二・一・二五 「河原院」に行幸（日）
12 延喜二三・一・二六 「河原院」に行幸（貞）
「中六条院」に行幸（醍・日）
13 三・六 「六条院」に忠平参入（貞）
14 三・一一 「六条院」に行幸（貞）
「中六条院」に行幸（醍・西・日）
「河原院」に行幸（遊）
15 延長三・一〇・一二 「六条院」へ天皇の御書（貞）
16 一〇・二三 「六条院」に忠平参入（貞）
17 一二・二三 「六条院」に修文殿御覧献上（貞）
18 延長四・六・二六 「河原院」に忠平参入（貞）
19 七・四 「河原院」で上皇融のための諷誦（日）
20 八・一六 「六条院」に行幸（貞・醍）
21 延長五・二・一四 「六条院」に行幸（貞・李・扶）

「中六条院」に行幸（日）
「河原院」に行幸（遊）
22　　八・二〇「中六条院」へ馬を献上（西）
23　延長　六・　二・　二「六条院」へ重明親王奏慶（李）
24　　四・二八「中六条院」に行幸（扶）
25　　閏八・　六「中六条院」で童相撲（日・扶）
26　延長　八・　九・二九「六条院」に勅使（李）
27　　一一・　五「中六条院」焼亡（日・扶）

＊右の文献名の略号は、（貞）大日本古記録本貞信公記、（西）故実叢書本西宮記、（醍）増補史料大成本歴代宸記醍醐御記、（日）国史大系本日本紀略、（扶）国史大系本扶桑略記、（李）史料纂集本李部王記、（遊）群書類従本御遊抄。

この表の問題は、これらの諸文献に見える「河原院」「六条院」「東六条院」「中六条院」などの屋敷はどういう関係にあるのか、特に2、12、14、21は同一の屋敷であるべきにもかかわらず、各文献で異なった名になっているのはなぜか、という二つである。

まず2の醍醐御記の「六条院」と左経記の「東六条院」は、同一の屋敷でなければならないが、これは京極大路の西にあった源融の本邸で、「六条院」あるいは「東六条院」と呼ばれていたものであると考えられる。年中行事抄正月条に引くある記によれば、この行幸では天皇は東門から「六条院」に入り、また東門から還御しているが、これは後述するごとく京外にあって、その東門から入るためには鴨川堤を通らねばならぬ河原院とするよりは、行幸路に適わしい大路（東京極大路）の西側に面した「東六条院」の東門とすべきであろう。源融には、京極大路をはさんで六条の内外に二つの屋敷があったのである。

融は寛平七年（八九五）八月に薨じ、翌八年八月に息子の湛・昇によって一周忌の法会の行われた時の願文が、菅家文草巻十二に見える。そこに述べられているのは、父融の遺志を継ぎ、その念願であった一切経の書写を完成すること、嵯峨帝から伝わった嵯峨野の栖霞観を寺院とし、また新堂を立てて書写した一切経を収めること、及び「東京両家」を禅定の道場とすること、の三つである。中で注目すべきはこの「東京両家」の語で、これは融が左京に二つの屋敷をもっていたことを示している。

河原院や中六条院などの位置については、後世の書では次のように記されている。

〔簾中抄〕 河原院 六条坊門万里小路、融大臣家

〔二中歴〕 河原院 元六条院、六条北京極東融大臣家

〔拾芥抄〕 河原院 六条の坊門南万里小路東八町云々、融大臣家、後寛平法皇御所（号六条院）、本四町、京極西、号東六条院

釣殿ノ院 六条北東洞院東、号六条院、光孝天皇御所云々、付属淳子内親王

中六条ノ院 六条北東洞院西、寛平御所此池ニ龍相通云々

これらでは「河原院」の位置が一致していない。特に、簾中抄や拾芥抄のごとくに万里小路の東とすれば、河原院が京内にあったことになり、「河原」の名には適わしくないのである。前記の融のための諷誦文にも「河原院者……在東都之東」とあるが、「河原院」の名は、京極大路の東の河原の地にあったことによるものであろうから、万里小路辺では京内になってしまう。二中歴は「京極東」とし、これだと河原になる。ただし、二中歴の説明中の「元六条院」は、河原院のもとの名が「六条院」であったということらしいが、融の時代であれば、「六条院」の名は条坊制

の「六条」つまり京内にあったことによる名と考えられる。(7)少し後の十世紀末にもなれば、京極大路の東、二条大路の末、つまり京外にあった藤原兼家の「京極院」(小右記・永祚元年正月二十二日)が、時には「二条院」(小右記・正暦元年八月十二日)と呼ばれたりすることがある。しかし醍醐朝ごろまでは、京外の屋敷を「六条院」と呼んだりするのはまだ普通ではなかったであろう。さらにこの三書はいずれも、「河原院」と「六条院」とを同一視しているらしい点も、疑問の残るところである。中世においても「河原院」の名は残っていたが、それは往古の融の時代のものとはやや異なっていた。二中歴などの記事は、十世紀以後の変遷について不明な部分があったために、記述が混乱しているらしいのである。

拾芥抄の記述は解しにくいが、まず「河原院」の位置については、万里小路の東、六条坊門の南に八町を占めていて、融から宇多上皇に伝領されて「六条院」と呼ばれたが、本来の河原院は京極東の四町であり、京極西の四町はもと「東六条院」と呼ばれていた、ということらしい。つまり拾芥抄は、京極大路をはさんで東西に二つの屋敷があったと考えている。前述のごとく、融には「東京両家」があったのである。ただし「東京」の語からすれば、その「両家」は共に京内にあるべきであるが、願文のここの部分の文脈では、西郊嵯峨の栖霞観に対して、「東京両家」の語が対句的に用いられていて、この場合は東京極大路の東西の河原院と「東六条院」を、おおまかに「東京両家」といったのだ、と考えられるのである。京極大路西の「東六条院」は融の本邸で、日本紀略に融が薨じたという「東六条院」もこれであろう。もっとも、東西に並んだ融の二つの屋敷のうち、西側のものが「東六条院」の名で呼ばれていたとするのは、無理があるようにも見える。屋敷名につく「東」の語は、小一条殿に対する「東院」あるいは「東一条殿」、閑院に対する「東三条殿」のごとくに、ある屋敷を基準にして、その東にあることによる呼称である。融の「東六条院」は、後に宇多上皇の御所にもなったが、この「東」の語は、本来の宇多上皇の御所であった「中六条院」

に対したもの、あるいは「釣殿院」とも呼ばれた光孝帝の六条院に対する語だったのではなかろうか。「中」の語は、幾つか並ぶもののうちの二番目を意味するので、この「東」と「中」は対応していたと考えられる。

釣殿院もまた、拾芥抄によれば「六条院」と呼ばれて、光孝帝の御所であった。ここはもと、光孝帝の生母の女御藤原沢子の「東京六条第」(三代実録・光孝前紀)だったのではないか。一代要記によれば、光孝皇女の簡子内親王は釣殿宮と呼ばれ、陽成院の妻であった。大和物語一五段には、簡子が陽成院を釣殿に迎えて住んだことが見える。後世この地は、白河院や郁芳門院御所の「六条殿」となった(中右記・寛治八年正月三日)。後拾遺抄注には「六条院、自六条北、自東洞院東二丁、郁芳門院御所、後女院号六条院也、今者三昧堂也」とある。院政期には南北二町の屋敷であったらしい。

「中六条院」はこの釣殿の西にあった。これはもと宇多上皇の外祖父で桓武皇子仲野親王の「六条亭」(三代実録・貞観九年正月十七日)で、生母班子女王から宇多上皇に伝わった屋敷と考えられる。「中」の語は、宇多上皇が融の六条院を伝領したために、上皇の二つの六条院を区別して、融から伝った六条院を「東六条院」と呼び、もとの東洞院大路西にあった本邸を「中六条院」と区別したものではなかろうか。「中六条院」の呼称が見えるのは、延長年間の記事に限られるのもそのことを示すと考えられるのである。

12は、上皇の本邸の「中六条院」であろう。貞信公記が「河原院」とするのは、この時期になると、融の「東京両家」が「河原院」の語で一つにまとめていわれる場合があったことを示すのかもしれない。また、貞信公記には「河原院」と「六条院」の名が見えるが、「中六条院」の名がないのは、融の「六条院」と上皇の「中六条院」を区別せずに、同じく「六条院」と記したことによるのかも知れない。14、21においても同様であり、李部王記も単に「六条院」と記していて、これが通称だったのであろう。ただし、14、21では御遊抄に「河原院」とある。しかも御遊抄には「御記」の語があり、「河原院」の名は醍醐御記の記述のように見えるが、それではやはり御記を引いた西宮記の「中六条院」と矛盾することになる。御遊抄は、御記をそのままに引用したのではなく取意の文であり、御記の「中六条院」を「河原院」と解して記したものであろう。院政期以後になると京内の「六条院」をも「河原院」と呼ぶことはあるが、京極東大路東の「河原院」だけを「六条院」と呼んだ確実な例はないのである。

宇多上皇の「六条院」はたびたび行幸のあった記録があるが、これらの「六条院」の多くは、上皇の本邸の中六条院であったかも知れない。21は、貞信公記・李部王記・扶桑略記には「六条院」とあるが、扶桑略記に記された行幸路は「自二条大路歴東院東路到彼院」とあり、(8)これは拾芥抄に「中六条院」とするものである。宇多上皇は融の六条院を伝領したけれども、そこに長期にわたって住んだ様子は見えず、時たま渡る御所に用いていたらしい。

顕昭の後拾遺抄注には、院政期のころ「六条」の名をもつ屋敷が七処あるとして、「小六条院」「中院（小一条院領）」「中六条院」「東六条院」「六条院（郁芳門院御所）」「六条宮（南院、大中臣輔親邸）」「千草殿（六条宮、具平親王邸）」をあげている。そして「東六条院」については「自六条北、自万里小路東、方四町、融左大臣家、後寛平法皇御所、今者堂也、号河原院竝講」としている。院政期にもなると、京内の万里小路付近の「東六条院」の地も、「河原院」と呼ばれていたのである。

5　河原院の伝領

融の六条院や河原院が宇多上皇に伝えられた時期は明らかでない。融の次男昇は延喜十八年に薨じているから、それ以前であろう。延喜十七年三月十六日の「東六条院」への行幸は、東六条院が上皇に伝えられていたからかと考えられる。

宇多上皇はこの年の十月に、舅の源昇の七十賀を河原院で行っているが（日本紀略）、これは昇が河原院に住んでいたからだと考えられる。昇は「河原大納言」とも呼ばれ（公卿補任・延喜十八年）、晩年には河原院に住んでいた。おそらく昇は、兄湛の薨じた延喜十五年以後に「東六条院」を宇多上皇に伝えて、自分は河原院に住んだのではなかろうか。河海抄所引の延喜御記に「延喜十七年三月十六日乙丑、此日参入六条院、此院是故左大臣源融朝臣宅也、大納言源朝臣奉進於院」とあり、六条院（東六条院）はこれ以前に宇多上皇に献上されていた。宇多上皇に関して、「六条院」の名が文献に見えるようになるのは、この延喜十七年以後なのである。

湛も、西京にあった自邸の「宇多院」を宇多上皇に献上したが、昇が六条院を上皇に伝えたのも、同じ血統につながることの他に、昇の女は上皇の更衣であったし、上皇に寵愛された藤原時平女の褒子は、昇の外孫である、という関係もあった。一代要記によれば、宇多皇女の依子内親王の母は、「更衣従五位上源賀子（本朝皇胤紹運録には「貞子」）、民部卿昇女」とある。依子内親王は第七皇女というが（日本紀略）、後撰集巻十四に見える歌の作者名「女五のみこ」について、定家本系の勘物には「鬘宮、依子内親王、母更衣貞子、大納言昇女」とある。後撰集にはまた、宇多上皇に仕えていた「小八条御息所」の歌が見え、尊卑文脈には昇の女に「小八条御息所」なる人があって、この人が依子内親王母の貞子らしい。「小八条」の名は何によるのか不明である。

藤原時平女の褒子は、宇多上皇の退位後に妃となった人で（河海抄・十六）、「京極御息所」「京極更衣」（元良親王集）とか「富小路御息所」（大鏡・六）などと呼ばれた。大和物語によれば、上皇は亭子院に多くの御息所たちと住んでいたが、「河原院」を伝領するとともに、褒子一人をそこに移したという。褒子の「京極」の呼称はこれによるともいわれる。ただし、上皇は河原院に行ったことはあるが、長く定住したことは確認できず、褒子も河原院に住んだか否かは明らかでない。江談抄三には、上皇が褒子をつれて河原院にゆき、「山川ノ形成ヲ観」て、夜になって「御車畳」

を取り下ろして「房内之術」を行おうとした時、塗籠の戸から融の霊が出てきて上皇の腰に抱きつき、褒子が気絶した、という例の著名な話がある。後世のものではあるが、これも上皇が河原院に常住していなかったことを思わせる。「京極」の語は、京極大路の西の京内の「東六条院」についても用い得るものである。褒子は、貞信公記延喜二十年四月十三日条にも「京極」とある。延喜十六年三月には亭子院に行幸があり、その賞に褒子は叙位された。その時の褒子の位記は、亭子院で授けられているから（西宮記・八）、褒子はまだそのころ亭子院にいたのである。

褒子の「富小路御息所」の呼称は、むしろ褒子が「東六条院」に住んだことを示すものではなかろうか。東六条院もいつのころからか寺になされたらしいが、それは四町すべてではなく、その一部であったと考えられる。藤原時平男の顕忠は、公卿補任（承平七年）には「時平二男、母大納言湛女（「宇蔵更衣」イ）」とあるが、大鏡や尊卑分脈には母を源昇女とする。顕忠は富小路邸に住んだので、「富小道右府」（小右記・寛弘八年九月十九日）、「富小路右大臣」（大鏡裏書）と呼ばれた。この「富小路」の名からすれば、顕忠と褒子は同母兄妹で、母方から伝わった富小路に面した屋敷、つまり融の「東六条院」内の一区画に住んでいたのであろう。もと四町あった融の東六条院は宇多院に伝わったが、その一部を成していた富小路に面していた屋敷には、宇多院の崩御後まで、融の孫の昇女や、その曽孫の顕忠や褒子らが住んだのであろう。顕忠の富小路殿は一町の四分の一のものであったという（大鏡・時平伝）。褒子はまた、延喜二十一年の京極御息所歌合の二十巻本の日記に「六条御息所」、西本願寺本躬恒集にも「六条の御息所」と見える。

以上を要するに、これらの褒子の呼称は、宇多上皇が融の東六条院を伝領してからも、その一画を本邸として住んでいたことによると推定されるのである。

河原院は、延喜十八年の昇の薨時に宇多上皇に伝えられたのであろう。河原院は、前述の寛平八年の融の周忌の願文には、「東京両家」を寺院にせんとあったし、長保四年（一〇〇二）の「山城国珍皇寺領坪付案」（平安遺文・四二一号）

には「寛平年中以河原院為寺」とあって、融の遺志にしたがって寺にされたことは明らかである。しかしそれは、寛平八年の時点で四町の河原院すべてが寺にされたというのではなく、その建物の一部は寺にされたが、河原大納言昇とその家族は、広い邸内の他の部分にそのまま住み続けたのではなかろうか。当時においては、個人の寺は一般の住居と明確に区別できないところがある。融没後の河原院は、寺院部分と住宅部分に分けられたのであろう。

延長四年七月の「宇多院為河原左相府没後修諷誦文」によれば、「去月廿五日」に上皇の宮人に託して、殺生の罪により地獄に堕ちた融の亡霊が、獄卒の責めの隙に、「昔日之愛執」のとどまる旧宅河原院にきて時々に息っている、と語り、「我ガ子孫皆亡」んだがために、上皇に脱苦の修善を依頼したという。このころになると、河原院には融の子孫は誰も住んでいなかったのである。

承平元年（九三一）に宇多上皇が崩ずると、河原院は本主の融の子孫に返されたものらしい。当時の屋敷の伝領のあり方には不明な点が多いが、妻方から伝わったものは、その妻に子がなくて亡くなったりした場合には、また妻方の血縁者に返されるのが通例のようである。また、その妻に子のある場合には、その子の年齢などにもよるが、子に伝えられることもある。

宇多上皇の後に、河原院に住んだことが判るのは安法法師である。安法は、尊卑分脈には融の五世の末孫とするが、それでは時代が隔たりすぎる。日本往生極楽記や中古歌仙三十六人伝にいうごとく昇の孫、適の子である。母は大中臣安則女、適の七男の懃よりは年長である。安法は恵慶とともに、二十巻本歌合目録では応和三年（九六三）九月五日に河原院歌合を行っているから、村上朝のころには河原院に住んでいたらしい。宇多上皇から安法までの間の河原院については不明である。河原院の寺になっていた部分には、安法以外には、安法以外の僧侶たちも住んでいたことは、前記の源順の河原院の賦などからもうかがわれる。安法には恵慶との間には次の贈答もある。

恵慶といふ人のはじめてきてよみて入れたる
主やたれ池も泉も昔にてそれかなきかに君ぞすみける
とあるかへし
みな人のすみかの家はかはらねど身をしづめたるわれぞことなる
（安法集・三四・三五）

法師になったことを、「身をしづめたる」とはいわないであろうから、安法は官途についてから後に出家して、河原院に籠り住んだらしい。安法の父の適は雅楽頭などにもなった人である（九暦・承平六年十二月十六日）。安法の没後の河原院には、安法女が住んでいたらしい。

かはらの院にて、むすめにかはりて
ひとりふすあれたるやどのとこの上にあはれいく夜のねざめなるらん
（能因法師集・三四）

正暦二年（九九一）三年十八日、僧仁康は丈六釈迦像を造立し、「洛陽城河原院」において五時講を修し（日本紀略、本朝文粋・十三）、源信僧都以下の高僧や寂心（慶滋保胤）・寂照（大江定基）、さらには源満仲らの武者も集った（続古事談・四）。仁康は良源の弟子で（今昔物語集・十七・十）、入唐僧だったという（江談抄・六）。霊山院釈迦堂毎日作法（来迎寺文書寛弘四年七月三日条には、覚超らとともに「仁康」の名が見えるから、横河にゆかりの僧であったらしい。融の子孫であろうが、歴代編年集成に「融大臣第三子、祇陀林寺本主」とするのは時代があわない。長保二年（一〇〇〇）四月二十日、この河原院の釈迦像は白牛の引く車に載せられて、京極大路を中御門末京極東の広幡寺（祇陀林寺）に移された（権記）。続古事談四には「鴨河水ミナギリ入テ、苑池ホト〳〵水底ニナリヌベカリケレバ」、藤原顕光の施入した広幡の地に堂を作って移したのだという。この広幡は顕光室の盛子内親王邸である。盛子は長徳四年七月に薨じたので、その供養のために寺にしたのであろう。しかしこの広幡の地も「水まさりて流れぬべし。釈迦仏横河にわたしたてまつらん」（赤染集・五一四）というところであった。

河原院の名は、このように後世まで連続して見えるのに対して、京極西にあった六条院（東六条院）の方の名は、宇多院の崩後まったく記録類に姿が見えない。前述のごとくこの四町の屋敷は幾つかに分割されて、昇の外孫の褒子や顕忠などが住み、また一部は融の遺志により寺にされて、有力な子孫もないままに荒廃していったのであろう。古事談六には、陰陽師の道摩法師が「六条坊門万里小路川原院古枝折戸内」に住んでいたという。(9) 道摩は「道満」ともいい、近世には「芦屋道満」の名で有名である。寛弘六年二月、源為文らが藤原伊周の復権のために、僧能円をして中宮彰子、敦成親王、藤原道長を呪詛せしめたことが発覚し、僧能円が尋問されて、呪詛の厭苻のことは、中関白家宣旨の高階光子と、その家に出入りの陰陽師「僧道満」が相談してなした事だ、と白状している（政事要略・七十）。道満は、もとの東六条院の寺にされた所に住んでいた僧であったかも知れない。十世紀中葉には、唐僧の長秀も河原院の房にいたことがある。

前述のごとく院政期にもなると、京極東のもとの河原院の地は、鴨川のたびかさなる洪水でその多くを削られて失っていたこともあり、京内の「東六条院」の地もいつのまにか「河原院」と呼ばれ、京極東のもとの河原院と区別のつかない有様になっていたのである。これは、六条の京極大路の東西辺には、小寺院が散在していて法師たちが住んだり、庶民が入りこんで居を設けて、その付近一帯がおおまかに「河原院」と呼ばれていたからだ、と考えられる。「河原院中小屋二宇已為煨燼也」（中右記・永長元年正月二十九日）、「当巽方有焼亡……件焼亡河原院辺小屋云々」（中右記・康和五年十二月二十八日）などと見える「河原院」は、京の内外どの位置にあったか不明であるが、この時期にもなお「河原院」と呼ばれる一区画があり、その辺りには前記の今昔物語集にも見えたごとく、庶民の小屋が集っていたらしいことを示すのである。

融が河原院を営んだころには、北の六条坊門小路末まで崇親院の領田などがあった（類聚三代格・八・昌泰四年四月五日太政官符）。しかし院政期になると、この六条河原の辺りは荒地になっていたらしく、平治の乱にはここが合戦場になったし、以後は近世に至るまで処刑場となり、斬首された人の首が懸けられる場として知られていた。木曽義仲の首がさらされたのもここである。

中世に入ってからも、寺院としての「河原院」は存続し、その造営のための関所を設けようとされたこともあった（師守記・貞治二年〈一三六三〉閏正月二十六日）。また、「詣祇園并河原院」（康富記・応永二十六年〈一四一九〉四月二十日）などと、参詣所としても知られていた。しかし、近世になるといつの間にかその名が消え、河原左大臣の栄華の跡は偲ぶよすがもない有様になってしまったのである。

注1　『京都府史蹟勝地調査会報告』第八冊、一九二七年。

2　丹後国風土記の逸文に「国海ませる大神、伊射奈芸命、天に通ひ行でまさむとて、埼（はし）を作り立てたまふ。かれ天の埼立といふ」とある。

3　「うど浜に天の羽衣昔きてふりけん袖やけふのはふりご」（後拾遺集・能因法師・一一七四）につき、『奥義抄』に「駿河国うど浜に神女の下りて舞へりしことなり。東遊とていまにあるはこれなり」とある。吹上については「紀の国の吹上の浜にとまれる夜、月いとおもしろし。この浜は、天人つねに下りてあそぶといひつたへたる所也」（増基法師集・五）とある。

4　犬飼廉「河原院の歌人たち」（『国語と国文学』昭和四十二年十月）には、安法の家系や、十世紀末の河原院などについての考察がある。高橋和夫「源氏物語の〈六条院〉の源泉について」（『源氏物語の主題と構想』桜楓社、一九六六年）には、十世紀初めの河原院、およびその後の河原院の意味についての論がある。

5　この長秀は貞信公記抄延長三年十月七日条の「唐人平秀」と同人であろうか。今昔物語集（二十四―十）には震旦から来た医僧で、わが国にも薬木の桂心のあることを教え、梵釈寺の供僧となり内裏にも出入りしたといい、薫集類抄には香の処方を多く伝えたこと、大法師浄蔵伝には、父と波斯国に漂着した後に来日したこと、穀倉院の物を賜ったことが見える。

6　高橋和夫「源氏物語の〈六条院〉の源泉について」。注4参照。

7　この部分の論点については、かつて拙稿「六条御息所の准拠」（中古文学研究会『源氏物語の人物と構造』笠間書院、一九八二年）において論じた部分と重なるところがあるが、本稿ではその後再考して補訂した。矢野貫一「河原院」（『国語科通信』三六号、角川書店、一九七七年）にも、河原院は京極東にあり、京内の融の六条院とは区別されるべきことの指摘がある。

8　この「東院東路」が後世の「東洞院大路」であることについては、次節参照。十一世紀前半までの文献では「東院東大路」が普通の表記であり、これを「洞院」と改訂するのは適切でない。

9　この話は宇治拾遺物語や十訓抄にも見えるが、東斎随筆には、堀川左府顕光が、法成寺の造作の時に、道長の呪詛を道満に命じたといい、道満は清明に見現わされたが、罰せられず本国播磨に追下されたという。

二　「東院大路」考――光源氏の二条院――

1　平安京の街路名

源氏物語が成立した一条朝は、歴史上所謂後期摂関制に入る時代であり、古代の令制が崩れてきて新しい秩序をめざして動きはじめた時期である。それは単に政治体制の変化にとどまらず、思想や文化にまで及ぶ変革の始まった時期であったが、変化は平安京に住む人々の都市生活にも及び、遷都当時の平安京の都市計画から離れて、都市が独自に成長を始めた十世紀中期になると、地域の指示呼称なども遷都当初とは異なった呼称が行われるようになった。

平安京を特色づけるものの一つに、近衛大路とか町小路といった街路名があるが、これらの大路名小路名がほぼ一般化し定着するようになったのは一条朝ごろであり、当初においては京極大路などの大路名はともかくとして、小路名などはなかったのではないかと考えられている。[1] 朱雀大路とか二条大路とか三条大路の名は当初からのものであるかも知れないけれども、六角小路とか錦小路などの呼称は明らかに後世のものであり、また街路名にもさまざまの異名をもつものがあって、それらがほぼ固定し定着したのは十世紀末ごろと推定されるのである。よく知られた例に、屎小路とか具足小路とか呼ばれていた小路が、天喜二年（一〇五四）の宣旨により錦小路と改められた（掌中歴）ものがある。十世紀以降もさまざまな異名が行われて、所謂「一正土北辺、鷹近勘中一、春炊冷二条、押坊姉三条、角坊錦四条」（掌中歴）などの呼称の定着はさらに中世に入ってのものと考えられる。

源氏物語の京内の街路名や地名の指示する内容及びそのイメージなども、当然ながら一条朝ごろのそれに対応していると認められるのである。

2　条坊制から大路小路名による呼称へ

賢木巻の例の車争いで有名な賀茂斎王の御禊見物の場面は次のように記されている。

かねてより物見車心づかひしけり。一条の大路所無くむくつけきまで騒ぎたり。所々の御桟敷、心々にし尽くしたるしつらひ、人の袖口さへいみじき見ものなり。（賢木・二八五頁）

斎王が御禊のために紫野院から出て、鴨川の禊の場に移る時の道筋、及び祭当日斎王や中宮以下の使が賀茂社へ詣でる道は、当初から一条大路に固定していたと無条件に考えられているようであるが、権記長保五年四月十一日条には、「去年自一条北小路禊日為路、祭日有定自内裏北路。今年□用内裏北路」と見える。少なくとも斎院御禊の日の道は必ずしもこのころにも一条大路とは固定していず、一条大路よりもさらに北の京外の道が用いられることもあったのである。この長保四年の「自一条北小路」というのがどの道なのかは確定できないが、当時すでに一条大路を超えてその北にも住宅が連なっていて、京内と同様に東西南北に街路が通じていた。その東西路は、内裏の東北部あたりでは一条大路の北に武者小路、その北に北小路（今小路）さらに今辻子などの道があり、(2) 一条朝ごろには少なくとも今辻子あたりまでは人家がかなりあった（権記・長保二年七月七日）。

また、一条大路の呼称も遷都当初からのものではなく、十世紀後半以後に行われるようになったものである。本来一条とか二条の呼称は条坊制での地域をさす語であり、条坊制での一条は中御門大路以南二条大路以北の地であり、所謂一条大路のある京の最北部は「北辺」と呼ばれていて、一条大路の呼称は適わしくないのである。古くは「北辺路」（儀式・第一、賀茂祭儀）「北極（大路）」（延喜左京職式）などと呼ばれ、一条朝ごろにも「北辺路」（権記・長保二年五月二十八日）、「北辺大路」（小右記・長和五年四月二十一日）と呼ばれる場合があり、さらにずっと後世でも「北辺大路」と呼ばれている例がある（吉記・治承四年四月七日）。遷都当初は後の土御門大路が都の北極大路だったので一条大路と呼ばれていたのが、後世にその北の正親町小路と所謂一条大路までの北辺が京に入れられたのだという（山槐記・長寛二年六月二十七日）。侍中群要にも「北辺大路或只申一条大路、是俗説也」（第七申条里号事）とあって、「一条大路」の呼称は「俗説」であり、正式には「北辺大路」と呼ぶべきであるとしているし、寛仁元年十一月二十三日の宣命では「皇城乃北乃大路」（小右記）と呼んでいる。

所謂一条大路の呼称の初見はいつごろなのかいま確認できないが、十世紀末ごろと考えられる前記の侍中群要の記事は早い例の一つではなかろうか。円融朝ごろになると「酉時許渡一条大路」（小右記・天元五年四月二十四日）などと見え、宇津保物語祭使巻にも「一でうおほぢに物見車ども数知らず」といった例があるが、それ以前の例は探しにくいのである。

したがって、源氏物語の「一条の大路」という呼称は特別に新しいものではないけれども、一条朝ごろの呼称を反映している。

源氏物語には他に「二条」「三条」「五条の大路」「六条」「九条」などの語が見える。二条については後述するとして、「三条」「三条宮」「三条殿」などは明らかに条名に由来するものであり、「九条」も条名である。夕顔巻には「五条」にある大弐の乳母の屋敷を訪れる光源氏の話が見える。この大弐の乳母の屋敷は五条大路に面して北側にあり、その西に夕顔の宿がある。夕顔のいる家も揚名介なる人物の家であるから、一往貴族の家であるが、六位程度の人の家らしく敷地も隣家の話声がそのまま聞こえるような狭いものであるのに対して、大弐の乳母の屋敷は光源氏の乳母に適わしく四分の一町程度のもので、公卿であった惟光の父親の屋敷だったらしいことについてはかつて指摘したことがある。(3)延喜左京職式には、大路に面して門屋を建てることのできるのは三位以上及び参議に限られ、子孫がその屋敷に居住する場合にはそのまま認められるという規定がある。隣家の夕顔の宿が「かどは蔀のやうなるをおしあげたる」程度の入口で、「見入れの程もなくものはかなきすまひ」であるのに対して、大弐の乳母の屋敷は大路に面していて、日ごろ鍵をかけたままにしているような門屋のある屋敷なのである。

「六条」の語も大部分は条名として用いられているが、そのうちの一つ六条御息所の屋敷のある地について、「六条京極わたり」（若紫、一七七頁）「六条京極のわたりに、中宮の御ふるき宮のほとりを四町をこめて」（少女、七〇七頁）と記されているところがある。この「六条京極」の語は、条名の六条の東京極大路に面した地というのではなく、「六条」は大路名で、六条大路と東京極大路の交わる付近、の意であるかと考えられる。

ある地域を指示する呼称は、古くは六条何坊何町と条坊制によったが、十世紀に入るころから、縦横の大路小路名によって示す例が見え始める。日本紀略寛平八年十月十三日条に、

幸尚侍藤原朝臣淑子東三条南堀川西小路巽角家。

とあるのは、東京三条大路の南、堀川の西の小路、つまり猪隈小路との交叉したあたりにあることを示すものであろう。ただし「巽角家」というのは、その屋敷が一町のうちの巽の方角の一角を占める意のようであるが、とすれば後世の指示法では六角小路の北、猪隈小路の西の角にあったということになる。日本紀略の用語には、後世のこの書物が編集された時点に行われていた表記用語等で記されている場合があって、(4)この例も、日本紀略の拠った原資料の表示そのままであるともしにくい点があるが、ともかくこれは場所を大路小路名で示した例である。もっともこの例では、後世の猪隈小路の名を用いずに「堀川西小路」と記したり、「巽角家」と一町の内での占める方角を示している点などは古い形をうかがわせるものである。後世には、

今夜待賢門大路（中御門大路）南方、高倉小道東方人宅群盗入来、（貞信公記抄・天暦二年五月十五日）

産已遂了、於右近少将信輔宅冷泉院少道北、帯刀町東宅、有此事、（小右記・寛和元年四月二十八日）

などのように縦横の大路小路のどちらの側にあるかで示すのが普通であり、さらにそれが省略された形がやはり十世紀末ごろから見えてくる。たとえば、

A　尋其在所……六条南小路与油小路辺者……依夜未明、暫経廻五条堀川辺、（権記・長保三年七月十七日）

B　戌剋有焼亡。中御門西洞院、（本朝世紀・長保四年九月八日）

などのごとくである。これらは縦横の大路小路名を示すのみで地点を指示した例であるが、Aは「……小路」とまで街路であることを示し、さらに「与」を書き加えているが、Bは「大路」の語を省略して街路名のみを記したもので、源氏物語の例はこれにあたる。正確さを必要とする記録類と物語では同列にあつかうことはできないが、源氏物語では漠然とおおまかにいったということのほかに、わざと曖昧な示し方をしているところもあるように思われる。

大路小路の呼称法及び地点指示法は時代によりかなり異なるところがあるが、源氏物語当時の様子を示すものの一

つは侍中群要第七申条里号事の記事である。

北辺大路或只申一条大路、是俗説、上東門大路西、、、陽明門大路十二門准之可知、二条大路以下准之、宮城東大路西、、、洞院東大路西、、、東京極大路西、、、鷹司小路、神解小路、万里小路已上申本号、他小路等只申其大路之其方小路、堀川路申本号云々、元小路、今称大路云々

これによれば、「一条大路」の呼称は民間で行われている通称であり、正式には「北辺大路」と呼び、二条大路以下は正式な称であること、小路名では鷹司小路、神解小路、万里小路のみはその名を用い、他の小路は「二条の南の小路（押小路）」のごとく大路名によって示すことになっていたことが判る。前記の尚侍藤原淑子家の表示はこれである。ただし、何故に鷹司神解万里の三小路のみがそのままの呼称を用いられたのかは不明である。この記事が書かれたころは、この三小路の名のみが公認されていて、他は俗称と考えられていたのであろうか。あるいは種々の呼称が行われていて、代表的な名と認められるものがなかったものもあるかも知れない。

堀川は本来小路であるのに、大路の呼称が用いられている例は、

子剋許、在中御門大路南辺与堀河大路東辺角之宅、皆悉焼亡、是前主計権助文宿禰道光宅也、（本朝世紀・寛和二年五月十三日）

などと見える。これも十世紀後半ごろからの慣習であろう。

侍中群要には、前記の条里号と共に「焼亡奏事」の項があって、焼亡のあった地点の呼称法が示されている。

奏云、検非違使等乃令奏ル、其大路其方南北東西、其大路之其方之小路其方南北東西、若干家焼亡、

つまり焼亡の地点を指示する時には原則として小路名は用いず、大路名を基準にして前記の「六条南小路（左女牛）」（権記・長保三年七月十七日）のごとく示すというのである。

要するに、源氏物語では「三条」とか「六条」「九条」等の語は条名を示す語であるが、「六条京極」の語は六条大

路と（東）京極大路の交叉するあたりの地点を指示する語と認められるということである。ただし「六条大路と京極大路」などの呼称にくらべると一条朝ごろから行われ始めた省略された形の通称という性格をもつように思われる。島津久基氏は六条御息所邸を六条大路北、京極大路西に想定され、別考として六条坊門小路北、東京極大路西の可能性も考えられているが（『対訳源氏物語講話　夕顔』別図一、同、若紫、中興館、一九三七年、一三九頁）、当時の呼称法からして、この別考は成立しないように思う。

3　光源氏の二条院の位置

いま一つ街路名が源氏物語で問題になるのは、光源氏の二条院が物語ではどの位置に想定されているか、という点である。この二条院については、賢木巻の斎宮伊勢群行の場面で、

くらういで給て、二条よりとうゐむのおほぢをおれ給ふ（河内本「洞院のおほちわたり給ふ」）ほど、二条の院のまへなれば（河内本「院のかたはらなれは」）、大将の君いとあはれにおぼされて……（賢木・三四〇頁）

と記されている。この記事をふまえてであろうが、河海抄は光源氏の二条院の準拠を、

陽成院を二条院と号云々、脱徙之後御此院、二条以北、大炊御門以南、油小路以東、西洞院以西也、京都の名跡など準拠なき事一事もなき也、（巻第二）

とする。つまり西洞院大路西、二条大路北に南北二町にあった陽成院が二条院とも呼ばれていて、これが準拠になっているとする。「とうゐむのおほぢ」を西洞院大路と考えるのである。これに対して花鳥余情・第二・帚木では、

二条院は陽成院に準拠せるよし河海抄にのせ侍れは、さにこそ侍らめと思ふほどに、いさゝかうたがはしき事侍り。そのゆへは、榊の巻に斎院の御くだりのみちゝかひをいへる所に、二条よりとう院の大ぢわたらせ給程院の

かたはらなればとあり。これにておもふ時は、二条東洞院のあたりにてあるべきにや。二条を東へすぎ給とて西洞院を上へは何事にのぼらせ給べき、と覚え侍り。但二条を東へすぎ給はゞ、陽成院の南の大路すなはち二条なれば、西洞院をよこさまにとをらせ給ふを、洞院の大路わたらせ給と云べきにや。此分にて陽成院を二条院にさだめ侍れば又心もとなき事侍り。若紫の巻に、紫の姫君を二条院へわたし給へるに、二条院は程ちかければとあり。むらさきの上の御さとは故按察大納言の家六条御息所のあたりにて、六条京極也。それより陽成院まではるかにへだゝり侍れば、程ちかしとはいかでか申べき。法興院は大入道殿の御所にて、はじめは二条院と号しき。栄花物語の第三の巻に見えたれば、桐壺の巻に、里の殿つくり給と云所に此所を引のせ侍り。それは二条以北京極以東也。六条とはへだゝり侍れど、たてこうぢはともに京極なり。いさゝかちかしとも云べきにや。しかれば斎宮の御くだりの院のかたはらといふは、法興院はおなじ二条ながら、東洞院と京極とは三町をへだてたり。かたはらといはんにさのみちがひはあるまじくは、法興院を二条には準拠し侍るべし。

と河海抄の説に疑問を述べ、二条大路末にあった法興院準拠説を提出している。

河海抄のよった賢木巻の本文はどういう形であったのか不明であるが、花鳥余情は河内本の形で考えての説である。花鳥余情の問題にしているのは次の二点である。(一)「二条よりとう院の大ぢわたらせ給程」とあるのは、二条大路から北折して洞院大路を通ったように河海抄が考えているのは不審で、斎宮群行は二条大路をさらに東行するはずであるから、「わたらせ給」は洞院大路を横切ったことをいったものとすべきであろう。(二)若紫巻には若紫のいた故按察大納言邸は、六条御息所邸と同じく「六条京極」附近と考えられるように記されていて、そこから光源氏の二条院へは近いとあるから、陽成院の位置では遠くなって適当しない。したがって、二条大路を東行して京外に出たところにある藤原兼家の法興院が、歴史上も二条院と呼ばれていて条件に合う、というのである。

このうち（一）については、「わたる」の語は洞院大路を通ったこととは考えられず、横切ったことをいったものとすべきであろうから問題にならないと思うが、ただし青表紙本によれば明らかに二条大路を東行していたのが、洞院大路で折れて北上あるいは南下したことになる。この部分は別本でも陽明文庫本に「二条よりわたり給、大将どのゝおはする二条ゐんのそばなれば」とあり、源氏物語大成によれば伝冷泉為相筆本は「とうゐんのおほぢこえ給ふほどに、かたわらなれば」、御物本は「とうゐんのおほぢをわたり給ふほどは、大将殿のおはするゐんのそばなれば」、国冬本は「とうゐんのおほぢをわたり給ふほど、二条の院のそばなりければ」とあり、青表紙本のみが洞院大路を折れる行路になっている。

斎宮群行の京内での道筋を記した文献は少ないので断定できないものの、推定できる例はすべて大内裏南の朱雀門の掖門を出て二条大路を東に向かうか、待賢門や郁芳門などの大内裏東面の門を出た時には、大宮大路を南行して、二条大路を京外まで東行しているように考えられる。

A　元慶四年九月九日（識子内親王）、斎内親王駕輿、出自朱雀門掖門、東向就路（三代実録）

B　昌泰二年九月八日（柔子内親王）、斎王乗輿、出昭訓門至八省東路、南行至郁芳門路、東折至美福門、南行即出東掖門云々寛平三年、承平三年、路如此也（西宮記・八）

C　天慶元年九月十五日（徽子女王）、斎王出自殿（大極殿）東扉乗輿、出昭訓門、南折経八省院東路此間天、陰雨降、出於郁芳門、又南折経宮城東大路、自二条大路至京外（本朝世紀）

D　行事弁令奏王輿可出宮城門可用何門由、門仰依某年例云々、多経八省東路南行出郁芳門、又南折至二条、東行至京極云々。往年用美福門、然而門無実年久（江家次第・一二）

このうちBは、花鳥余情の引用には、前掲文に続けて「経二条大路東行至京極云々」の語がある（第七、賢木）。宮城門を出るのは東面の門や南面の門の場合があるらしいが、二条大路を京極まで東行するのは固定した慣習のようで、恐らくこれはいつも同様であったと考えられる。とすれば、青表紙本の「二条よりとうゐむのおほぢをおれ給ふほど」というのは、少なくとも歴史上は例の見えない行路であり、河内本や別本では特に不審な点がないのに比べると大きな疑問のある本文である。青表紙本だと、二条大路から洞院大路を南下して三条大路に出て、そこから東行して京外に出るという道を想定しているのであろうか。

陽成院準拠説に対する花鳥余情のいま一つの疑問は、源氏の二条院が西洞院大路西二条大路北では若紫邸の「六条京極」から近いとはいえないという点であった。陽成院準拠説の根拠の一つは、二条大路と洞院大路の交叉点附近に二条院があるという賢木巻の記事について、この「とうゐむのおほぢ」を西洞院大路と解してのものである。ただしこの語は「西洞院とも東洞院とも云べし」（花鳥余情・第七・賢木）と考えられるものであるが、もしどちらにも解し得る語であるとすれば、作者はそうした曖昧な語を使うであろうか。また曖昧なままで使ったとすればそれはどういう意味をもつか、というのが次の問題である。

この「とうゐむのおほぢ」は、一条朝以後には「東洞院大路」「西洞院大路」のごとく「洞院」と表記される例が多くなるが、それ以前の文献には「洞院」の表記は例外的で、一般的には「東院」と表記されている。

A　（延喜十四年五月二日）未刻、東京一二両条有大焼亡、舎宅六百十七烟、入道三宮、小野宮、東洞院宮等也、（日本紀略）

B　（天慶元年八月七日）又東院東路与郁芳門路辻有両頭虵、（本朝世紀）

C　（康保元年五月三日）今夜奉移皇后（藤原安子）於東院、東院者皇后領、在東院東路与待賢門路之宅、（日本紀略）

D　（寛和元年正月六日）□夜弾正小弼匡衡、東院西大□□御門辺為敵被疵云々、（小右記）

E（永延元年二月七日）出自東門、自東院大路行南、自三条大路更折西、自東院西大道折南、御四条宮、（小右記）

F（正暦元年十月四日）件内親王家（資子）、従東院大路、（日本紀略、「東洞院大路」ニ作ル）西辺、三条坊門より北辺也。出自東門南折、従坊門小道至高倉小道北折、自西門入御本宮（昌子内親王家）饌、（本朝世紀）

G（長徳四年十二月二十五日）出自陽明門、至洞院東路北行、自上東門東行、（権記）

H（長保三年正月八日）入夜北東方有失火、同車馳向、正親町小路南洞院東路之東也、（権記）

I（長和二年四月十三日）出従東門（藤原斉信宅）給、従待賢門大路御東、従東院大路上北、御皇太后宮、（枇杷殿）東門、（御堂関白記）

J（寛仁二年三月七日）西対南面女方乗車、従東院大路上北、従陽明行西、従小代小路行北、従土御門着大宮大路一条院西門、（御堂関白記）

これらのうちAは「洞院」の表記の早い例であるが、日本紀略の表記は原資料の表記を編者が改めた可能性のあることは、Fの例からも考えられるであろう。一条朝ごろまでは大部分の資料において「東院」と表記されているのである。例外的に権記の表記に「洞院」が見えるが、これは藤原行成が伝領した後述する東一条殿（花山院）を「東院」と呼んでいるので、これと区別するために「洞院」の表記を用いたのではないかと考えられる。一条朝以後「洞院」の表記が次第に多くなって「東院」と交替してゆくが、「東院」もまた多く用いられている（春記・長暦四年十一月二十一日、同二十二日等）。前記の侍中群要の「洞院」の表記も、この記事の成立年代を反映しているかと思う。

さらにまた、後世には「東洞院」とか「西洞院」と「東」「西」が語頭につく形が、古くは「東院東大路」「東院西路」などと、「東院」の下にくる形になっているのが普通である。これはあるいは「東東院」といった形がまぎらわしいので、上接すべきところを下接させたのであろうか。「東洞院」などの表記が見えるのは「洞院」の表記が行われ出してからであることからも考えられる。

また、前記の諸例中ＥＦＩＪにも見えるように、東西を示さずに単に「東院大路」と記される場合がよくあり、賢木巻の例もこれである。前記の諸例のうち、Ｅは中宮藤原遵子が小右記の筆者の藤原実資の二条第から四条宮に移った記事で、この実資邸は東洞院大路西大炊御門大路南にあった。(5)したがって「東院大路」といえば東洞院であることが筆者には明白なので、わざわざ「東院東大路」と書かなかったのだとも考えられる。同様にしてＪの例も、道長女の威子が二条大路北、東洞院大路西にあった二条第から入内した記事であるから、この「東院大路」は東洞院であることが自明だからだとも考えられる。またＩの例も同様である。しかしＦの例は資子内親王邸の位置を示すための記事であるから、正確には「従東院東大路西辺」とあるべきものであろう。あるいは「東」が落ちたかとも考えられるが、日本紀略が「東洞院大路」とするのは、やはり編者の手が入ったものと考えられる。単に「東院大路」とだけ書く例が他にもあることからすれば、こう表示される場合も当時にはあったのである。また、これらの「東院大路」がいずれも東洞院を示すものであることからしても、単に「東院大路」とある場合には、普通は東洞院を指す用法が行われていたのではあるまいか。これを要するに、「東院大路」の語はそのままで東洞院大路を指示するか、あるいはその筆者が読者にとって、東西の区別を必要としないほどの自明の場合の用法(6)であるということなのである。

さて賢木巻の「とうゐむのおほぢ」であるが、物語では賢木巻までの文脈において、東洞院あるいは西洞院と判るような文脈になってはいない。したがって単に「とうゐむのおほぢ」とあれば、物語成立時の例が示すように東洞院大路と考えて読まれた可能性が高い。また、これだと西洞院よりは「六条京極」に近いということもある。花鳥余情のいう法興院準拠説は賢木巻の記事と合わないからとれないとして、源氏官職故実秘抄巻二が、この賢木巻の記事から河海抄の二条院（陽成院）準拠説に反対して、拾芥抄に「二条殿（二条南東洞院東、入道大相国道長造之、二条関白伝領）」とある道長の二条殿をあげるのは、一理はあるものなのである。物語の文脈では「とうゐむのおほぢ」の名を出す必要は特にないところなので、にもかかわらずわざわざこの名をあげているのは準拠の問題と関係するためかと認められる。ただし道長の二条殿説は、「二条の院」とあるものに二条大路南の三条にある屋敷を考えてよいのかという問題などがあり、この点は後述する。

4 東院と洞院

「とうゐむのおほぢ」についてのいま一つの問題は、「東院」と「洞院」の表記の意味するところについてである。一条朝以前にあってはほぼ「東院」の表記の行われていたことは前述した。この「洞院」や「東院」は邸宅名と考えられる語であるから、「東院大路」あるいは「東院西大路」の呼称は、もと東院と呼ばれる邸宅が面する大路という意からの呼称と考えられる。大路小路名にはその路にある建築物などの名に由来するものが多い。正親町小路が正親司の町を通る小路であるごとく、冷泉小路が冷泉院に、六角小路が六角堂に、町小路が修理職町によった名であることは明らかであろう。したがって、東院東大路や東院西大路の名のあることは、それぞれの大路に同じく「東院」と呼ばれる屋敷があったらしいことを思わせる。

さて、「東院」の名でよく知られているのは、東洞院大路東近衛大路南一町を占める屋敷で、「東一条殿」とか後世には「花山院」と呼ばれたものである。この「東院」が文献に現れる早い例は、九条殿記承平六年正月三日条に「太閤（忠平）仰云、然則明日饗事猶可行者、向東院令装束堂上」、同四日条に「巳時太閤渡給東院、午時諸饗（卿）参会」とある藤原忠平の大饗の記事である。貞信公記抄承平元年三月一日条や同六月十七日条に「東家」とあるのもこれであろう。つまりこのころ「東院」は忠平が伝領していて、忠平の本邸の小一条殿の東町にあることから、「東家」とか「東院」と呼ばれていたのである。この「東院」はもと普通名詞的に用いられたことから始まったのであろうが、のちには屋敷名をいう固有名詞になったものである。この東院の伝領関係については、御産部類記の冷泉院の条に引く外記記に次の記事がある。

于時儲宮御右大臣（師輔）東一条第、件第无品式部卿（貞）保親王宮也、相次第太政大臣（忠平）所領、太政大臣家在西、件宮在東、時人不棄本号、曰東宮、太相府以件家給二男右大臣、仍儲君御此第、右大臣則皇太子之外祖父也、東宮之号也所有徴、

つまりこの屋敷は、もと貞保親王邸であったのを忠平が伝領し、忠平の本邸の小一条殿の東にあったので、人々は「東宮」の呼称をそのまま用いていたが、忠平薨後に師輔が伝領して、ここで生まれた冷泉院が東宮になったのはこの屋敷の「東宮」の名の不思議な力だ、というのである。貞保親王は清和皇子で、母は陽成院と同じく二条の后藤原高子である。

この小一条殿の東町をいう「東院」の語とはべつに、いま一つ「東院」の語が用いられているのは、宇多院の母后班子女王邸についてである。

A（延喜七年五月二日太政官符）夫浄福寺者東院皇后御願、（類聚三代格・二）

B（延喜十二年四月一日）平座、依東院皇后御忌日不御南殿、（日本紀略）

C（天暦四年六月十五日）延喜天皇始加元服之夜、東院后御女妃内親王（為子内親王）并今太皇太后（藤原穏子）共欲参入、而法皇承母后之命、被停中宮之参入也、（九暦逸文）

班子女王は後世の文献では「洞院后」など「洞院」で表記されることが多いが（日本紀略及び扶桑略記・昌泰三年四月一日、中右記・嘉承二年十二月一日等）、古くは「東院」で表記されている。そしてこの「東院」「洞院」は班子女王の邸宅名に

よる呼称と考えられる。班子女王邸がどこにあったかを明確に示す文献はないが、日本紀略、延喜十四年五月二日条に「未刻東京一二両条有大焼亡、舎宅六百十七烟、入道三宮、小野宮、東洞院宮等也」とあり、この「東洞院宮」を大日本史料や国史大系本は「故班子女王」と注している。また政事要略巻六七に引く延喜十七年の三善清行の奏議中に「又十五年（延喜）左京大火、焼数百家、先皇太后宮及諸大家多為煨燼」とある「先皇太后宮」を、やはり大日本史料や国史大系本は「班子女王」と注している。これらをうけて杉崎重遠氏は、小一条殿の東町にあった「東院」はもと班子女王邸であり、東洞院大路に面していたことから「東洞院宮」とも呼ばれたこと、班子崩後は貞保親王が借用して居住したが、所有権は班子腹の宇多院に移り、宇多院から忠平に賜ったとされる。(7) 貞信公記抄延長三年三月一日条に「橘中将（公頼）告法皇許賜故式部卿宮之由」とあるのを、忠平が東町の式部卿貞保親王宅を宇多院から譲られたことをいうとするのである。大日本古記録本も同様の注を附す。

この推定になお疑問の残る点は、班子女王邸に何故に家系の異なる清和皇子の貞保親王が住むのか、また御産部類記所引の外記記には、貞保親王から忠平が伝領したとあるのともやや合わないところがあることである。

小一条殿の東町の「東院」が班子女王邸であったとする根拠は、前記の日本紀略の「東洞院宮」が政事要略に「先皇太后宮」とあるものらしいという点のみである。しかし、この記事の「先皇太后宮」は班子女王邸と確認できるものではない。むしろ私はこの「先皇太后宮」は二条后藤原高子邸とすべきではないかと思う。高子は寛平六年皇太后となり、同八年皇太后を廃されて以後は「前皇太后」と呼ばれていた。本朝文粋巻二に収める菅原文時筆の「二条前后復本位詔」には、「元慶皇后、在昔停徽号、称前皇太后」とあり、「前皇后」（貞信公記抄・延喜十年三月二十四日）「前皇太后」（日本紀略・延喜十年三月二十四日）、「前二条皇太后」（日本紀略・延喜十年五月十日）などと称されているのである。(8)「先」と「前」は当時の文献では、「前坊」「先坊」の例についてみても特に区別は認められない。班子女王も醍醐天皇即位の寛平九年に皇太后になっているが（三代実録・貞観九年正月十七日）、早く昌泰三年に崩じていて、前記政事要略の「先皇太后宮」はむしろ延喜十年に崩じた藤原高子の方が適わしいのである。もし日本紀略の「東洞院宮」が小一条殿の「東家」であり、藤原高子邸であったとすれば、高子崩後その子の貞保親王が伝領したことも自然である。そして貞保親王の薨後、もとの藤原氏の長者の忠平に伝領されたのであろう。

「東院（東）大路」の街路名は、この忠平伝領のころから、「東院」のある大路の意で一般化し始めたのではないかと考えられる。

もし「東院東大路」が屋敷名の「東院」に由来するものであるとすれば、「東院西大路」の名もまた同様の事情が考えられるであろう。その場合に手がかりとなるのは日本紀略の次の記事である。

寛平九年八月九日壬子、夜、太上天皇并皇（太）后遷御於東三条院、但上皇駕牛車。

昌泰元年二月十三日発丑、皇太后設宴於東院、太上天皇餞別之興也、上皇避位、御東院皇后宮別寝、今月十七日初欲移御於朱雀院也。

宇多院は寛平九年七月三日に譲位し、この八月九日に母后と共に「東三条院」に移り、翌昌泰元年二月十七日に朱雀院に移ったが、その遷御の餞別に母后が「東院」で宴を設けたというのである。宇多院は退位直後の八月から翌年二月までの半年ばかりは「東三条院」にいたと考えられる。そしてそこは「東三条院」であり、「東院皇后宮別寝」であった。この「別寝」は皇太后の居所とは異なる建物の意であろうか。実は日本紀略には、寛平五年八月十七日条にも前者と同文の記事が見えるが、これは寛平九年にあるべきものであろう。寛平五年だと陽成院と母后藤高子のことになる。だがここで陽成院のことが記されるのは突然であるのに対して、寛平九年だと、宇多退位直後で理解しやすいのである。貞信公記抄天慶八年十二月三十日条にも、寛平九年に上皇と皇太后が共に宮中を出たよしが見える。

ただし、「東三条院」がどの屋敷をいうかには問題が残るが、これはやはり第一に二条大路南西洞院大路東にあって、後世藤原氏の重要な邸宅になるものをいうとすべきであろう。この東三条院にいた宇多院が朱雀院に移るについて、母后が餞別の宴を設けた「東院」は当然この宇多院のいる東三条院のことでなければならない。つまり東三条院もまた「東院」とも呼ばれたのである。さらに、宇多院が仙洞御所にしたこの東三条院は、母后と共に移っていることからすれば、このころ母后の邸宅であったと考えられる。班子女王が「東院皇后」と称されたのも、この屋敷を本邸としていたからであろう。拾芥抄には東三条院について「忠仁公家、貞信公、大入道殿(兼家)伝領」とするが、これが信用できるとすれば、もと良房の所有であったころから閑院の東町にある故に「東院」と呼ばれ、良房薨後一時期班子女王邸となっていたのであろう。班子女王は仲野親王女で、母は当麻氏であるが、当麻氏は藤原忠平の小一条殿のもとの所有者であったといい(土右記・延久元年五月十八日)、基経や忠平とも関係が深いのである。班子女王の薨後は班子腹の簡子内親王が住んでいたらしい。貞信公記抄延喜十四年四月十二日条に「東院公主薨由奏」とあり、簡子内親王は「東院公主」と呼ばれている。この「東院」が小一条殿の東町のそれでないことは、貞信公記抄では小一条殿の東の屋敷は「東家」と呼ばれて区別されていることからも判る。

いま一つ東三条院に関して注意すべきは、その南町が南院と呼ばれて、班子腹の是忠親王(九暦逸文・天暦四年六月十五日)の屋敷であったことである。是忠親王は南院式部卿と呼ばれ(九暦記・承平六年九月二十一日)、その屋敷の南院は四条大路北壬生大路東にあったが、後に東三条院の南町に移居したので、この南町が南院と呼ばれるようになったという(二中歴)。東三条院南町が「南殿」などではなく、「南院」と呼ばれているのも皇族の屋敷であったことを思わせるのである。とすれば、前記の貞信公記抄延長三年三月一日条の「橘中将告法皇許賜故式部卿宮之由」とある「式部卿」は、延長二年薨の貞保親王ではなくて、その二年前の延喜二十二年薨の是忠親王をさすのではあるまいか。是忠親王が忠平と親しくしていたらしいことは貞信公記などからもうかがえる。つまり東三条院とその南町は班子女王邸であった時期があり、その崩後は北に箇子内親王、南に是忠親王が住んだりしていたが、班子腹の子女たちの薨後は宇多院が伝領していて忠平に伝わった、と推定されるのである。北町の伝領の時期は判らないにしても、この貞信公記抄の記事を、陽成皇子の貞保親王の住んでいた小一条東家を宇多院が忠平に与えたとするのは考えにくく、宇多院が与えたのが同母弟の東三条院南町であれば理解しやすいのである。貞保親王も「南院」とか「南宮」と呼ばれ、同母の敦子内親王も「南院」と呼ばれている（李部王記・延長八年十二月二十一日）。この「南院」の号についても考えるべきであるが、それはまたの機会にしたい。

要するに、東三条院も古くから藤原氏の重要な邸宅であった閑院の東町にあったが故に「東院」と呼ばれ、その屋敷の西面する大路が、小一条殿の東の東院東大路と区別されて東院西大路と呼ばれたのではないか。そして藤原忠平、師輔、伊尹、安子らが小一条殿東町の「東院」を伝領して勢力をふるったために、「東院」の名は、十世紀後半においてはもっぱらそちらが独占するようになり、「東院大路」だけでも東洞院大路を指し得たのだ、と推定するのである。またそれと共に屋敷名と区別するために、街路名には「洞院」を用いるようになっていったのであろう。「洞院」の語は上皇御所の意をもつから、東三条殿にこれを用いるのも理由のないことではなかった。

5　二条院の準拠

さて、もとの賢木巻の記事についていえば、源氏物語成立当時の人々にとっては「とうゐむのおほぢおれ（わたり）給ふほど」とあると、恐らくは二条東洞院附近を思い浮かべたのであろうと考えられる。ただし、当時の一般の指示法であれば「とうゐむの東のおほぢ」のごとく、東洞院か西洞院かを明示するのが普通であるのにそれを示さなかったのは、明示せずに暗示するにとどめたいという意図があったかと考えられる。

二条大路北、東洞院大路西には藤原道長の二条第があった。道長は後にここに新築して一時期本邸とし、女の威子をここから入内させたりしているが、道長がここに住むようになったのは早く長保元年ごろで、権記長保元年八月二十九日条には、東三条女院が方忌のために内裏から移った屋敷について「依避世俗忌、御左大臣第丞相近日坐讃岐前司奉職二条宅也」とあり、さらに権記長保元年十二月一日条には「二条辺有焼亡、紀伊守董宣宅、火延可及奉職朝臣宅、件宅近日左大臣移渡給」とある。この奉職宅の位置は権記長保元年十二月二十四日条に「今夜義観上人車宿焼亡奉職朝臣宅南一品宮北也」と見える。一品宮脩子内親王邸は東洞院大路西三条坊門小路北にあったから（本朝世紀・正暦元年十月四日）、その北町に義観の車宿があり、また同じ町の北の部分に奉職邸があったのである。また権記長保二年二月十日条には「女御此夜戌剋出給二条奉職朝臣宅大臣月来住此給也」とあって、女御彰子もここに一時いて二十五日に立后のために土御門殿に移っている。奉職宅が「二条」とあることからは二条大路の北にあった可能性が残る。道長がいつこの奉職宅を取得したのかは明らかでないが、源奉職は寛弘五年七月に亡くなっているから、そのころに正式に領有したのであろうか。そして長和二年ごろから改築を始めている。この屋敷は二条大路北東洞院大路西にあって、また小二条殿とも呼ばれることもあった（小右記・寛仁元年十二月四日、左経記・同日）。

小二条殿の呼称は、枕草子に「殿などのおはしまさでのち、世の中に事いでき、騒がしうなりて、宮も参らせ給はず、小二条殿といふ所におはしますに」とあって、中宮藤原定子の里第にも用いられていた。これは二条大路南町尻小路東にあったものである（序章五八頁参照）。この時期の「小二条殿」の呼称には複雑な問題がある。(9)

賢木巻の記事では、二条大路は斎宮下向の路であるから記される必然性があるが、「とうゐんのおほぢ」は必ずしも物語として必要のない語である。にもかかわらずこの語を記したのは、しかも東や西の語を付さずに記したのは、作者に意図するところがあるからであり、それは道長邸でもあった小二条殿を暗示するものではなかったか、と私は考える。河海抄のいう陽成院も二条院の準拠として無関係ではないかも知れないが、朧月夜や弘徽殿大后の屋敷の「二条の宮」の準拠としては考えられても、光源氏の二条院に結びつく契機がないように思われる。

注1　川勝政太郎「平安京の街路及び地点指示法について」『史迹と美術』二五巻四・五号、一九五五年六・七月。
2　文明七年検注写「主殿寮北畠図」等参照。高橋康夫『京都中世都市史研究』思文閣出版、一九八三年、七七頁。
3　拙稿「源氏物語の地理」（『源氏物語』鑑賞日本古典文学9、角川書店、一九七五年。）
4　この点については第一章第二節で、日本紀略の「女御」「更衣」などの用語が、後世の編者の立場からする語であることを指摘した。一二七頁参照。
5　この実資の二条第は、もと源惟正宅であったのを実資が惟正女を妻としてから伝領したものである。その位置については、吉田早苗「藤原実資の二条第」（『昭和五十一年度建築学会大会学術講演梗概集』）は二条南東洞院西一町とする。『角川日本地名大辞典』京都府下は二条北東洞院西として、実資から源清延が買取り、清延から道長が買取って「二条第」とか「小二条殿」と呼ばれたものだとする。二条大路北にあったとすべきか。ただし、惟正宅は「郁芳門宅」（『小右記』寛和元年三月二十八日条）とも呼ばれていて、大炊御門大路に面したものがある。実資の伝領した二条第とはべつの可能性もあるが、大炊御門大路の南あるいは北にあったとすべきかと思う。注9をも参照。
6　単に「東院大路」とあるものは東洞院大路をさしている例が多いが、文脈から明らかな場合は西洞院大路についても「東院」と記す例もないわけではない。『権記』長保四年九月八日条に、「戌剋許有火事、自中御門南、自町尻小路東西南、大炊御門西、不及東院路歟云々」とある「東院路」は町尻附近であることからして西洞院大路であろう。
7　杉崎重遠「小一条太政大臣殿歌合の披講年代に就て」（『国文学研究』一二輯、一九五五年八月）。杉崎氏は十巻本歌合の「太政大臣殿歌合」の序に「太政大臣東院つくりいでたるときに」とあるのは、東院を伝領した忠平が延長五年ごろに改築したことをいい、歌合はその時のものとされている。
8　拙稿「六条御息所の準拠」（『源氏物語の人物と構造』論集中古文学5、笠間書院、一九八二年）参照。
9　「小二条殿」については、二中歴に「二条北東洞院西、簾中抄云、又号山吹殿云々、俊賢卿家」、拾芥抄には「俊賢卿家、師尹公家、御堂已下大二条殿伝領、二条南東洞院東、南北二町、或号山吹殿、二条后高子宅」、また拾芥抄には「二条殿〔二条南東洞院東、入道大相国道長造之、二条関白伝領〕」ともあり、これらの記事には混乱や誤りがあるらしい。たとえば、二条后の時代には二条大路南の三条の地にある屋敷が「二条殿」と呼ばれたとは考えられない。道長の「小二条」は、二条北東洞院西に営まれた道長の「二条殿」の別称であった（小右記・寛仁元年十二月四日、左経記同日条）。道長がこの地に屋敷を営んだのは、長和年間である（御堂関白記・長和二年十月十三日、同記・寛仁元年十月二十九日、小右記・長和五年二月二十八日）。道長は、この小二条とは別に二条南東洞院西にも屋敷があったらしい。それはもと源奉職邸で、権記・長保元年十二月一日条に「二条辺有焼亡、紀伊守董宣宅、火延可及奉職朝臣宅、件宅近日左大臣移渡船……次詣一品宮、依近辺火事也」とあり、小右記同日条には「火見南方、下人云、左府辺云々、仍作驚馳詣、前紀伊守忠信朝臣宅焼亡、在左府西隣」とある。野口孝子氏は権記長保元年十二月二十四日条に「今夜義観上人車宿焼亡〔奉職朝臣宅南一品宮北也〕」とある記事から、押小路南東洞院西の一品宮資子内親王邸の北町が義観車宿、その北が奉職宅であり、これは二条北東洞院西の前記道長の小二条と同所で、道長の小二条殿は奉職から入手したものとされる。しかしながらこの想定によれば、焼亡した忠信宅は小二条の西隣、つまり小野宮の南町になるが、小右記の「火見南方」などの記事は南町の火事をいったものとは思えないし、一品宮とは二条大路とその南一町を隔てていて、「近辺火事」の語にもあわない。これは、一品宮の北町の南半分が義観車宿、北半分が奉職邸だったと考えるべきではなかろうか。要するに、道長は二条南東洞院西の奉職邸を入手していたが、この二条殿に対して、新しく長和年間に新築した二条北東洞院西の屋敷が「小二条殿」と呼ばれたのだ、と私は考える。二条南東洞院東にあった教通邸は、後に南町も取入れた二町の大邸宅となったので、「大二条殿」と呼ばれたが、その時期の「小二条」は、この「大二条」に対するものであったのかもしれないが、もとは旧奉職邸に対する道長の新「二条殿」をいったのであろう。

「小」は、「東一条殿（花山院）」に対して、その西町の藤原忠平の「小一条殿」のように、ある屋敷に対して新しくその隣に営まれた屋敷をいう語であったと考えられる。忠平にも「小二条殿（貞信公記・延喜七年九月七日）」があったが、その位置は不明である。枕草子の「小二条」は、三巻本の勘物に「小二条、東三条之東町、今鴨院也、世称二条宮」とあり、これは中宮定子や伊周の住んでいた「二条北宮」とも呼ばれた屋敷であり（序章五八頁参照）、位置が違う。つまり、「小二条」と呼ばれた屋敷は一つではなく、時代によりこの名で呼ばれた幾つかの異なった屋敷があったらしいのである。野口孝子「道長の二条第」（『古代文化』一九九七年三月）、川本重雄「小二条殿と二条殿」（『古代文化』一九八一年三月）、太田静六『寝殿造の研究』（一九八七年、吉川弘文館）第三章第九節参照。

三　桃園・世尊寺と源氏物語の「桃園の宮」

はじめに

源氏物語には、桐壺の帝の弟宮で「桃園式部卿宮」（為氏本古系図）と呼ばれている登場人物がある。この人は物語本文中では「式部卿宮」などと呼ばれて、「桃園」という呼称では見えないのであるが、後世の読者には「桃園式部卿の宮」の方よく知られている。式部卿宮は、京の北郊の「桃園」に住んでいたからこう呼ばれたのである。ただし、現代のわれわれには、この桃園という地のイメージが十分には浮かんでこない。一体この桃園というのはどういう地なのであろうか。

この式部卿宮とその娘の朝顔の斎院は、既に帚木の巻から登場し、賢木巻や薄雲の巻でも姿を見せているのであるが、それらの巻ではどこに住んでいるかについては書かれていず、朝顔巻になって始めて、その屋敷が桃園にあると記されている。ところが、何故にこの巻になって、父宮や娘の斎院の屋敷を桃園に設定する必然性があるのか、一読したところでは明確ではない。高貴な宮家であるから、その屋敷は京中にあってもよいのである。光源氏の六条院が、源融の本邸の東六条院のあった地に設定され、光源氏の方違に行く風雅な紀伊守邸が、洛外の新興住宅地で、身分による建築制限のない中川の地に設定されているような、何らかの理由があるはずであるが、その点についてはまだよく説明されていない。一般的に源氏物語の書き方からして、朝顔の斎院の屋敷を桃園においたことには、当然に何らかの理由があろうし、また無ければならないが、それは何であろうか。

以下では、源氏物語の書かれたころにおける桃園の地や、そこにあった桃園の名をもつ屋敷のことを考えてみたい。それを明らかにすることは、いささか物語の理解を深めることにもつながるであろう。

1　源氏物語の桃園の宮

朝顔斎院の桃園の宮は、物語では次のように描かれている。

長月になりて、(朝顔ハ)桃園の宮に渡り給ひぬるを聞きて、女五の宮のそこにおはすれば、そなたの御とぶらひにことづけて出で給ふ。故院の、この御子たちをば、心ことにやむごとなく思ひきこえ給へば、いまも親しくつぎつぎに聞こえかはし給ふめり。同じ寝殿の、東西にぞ住み給ひける。ほどもなく荒れにける心地して、あはれにけはひしめやかなり。　(朝顔・六二九頁。以下同)

夏に父宮が亡くなったことで斎院を退下した朝顔は、九月に入ってから里第の父宮のいた桃園の宮に移った。父が亡くなった時点で、すぐに斎王の御所である紫野院から出たはずなのに、七月八月はどうしていたのか不明であるが、あるいは母方の屋敷にでもいたのであろうか。この巻の話は、斎院を退いた朝顔に光源氏がまたよりをもどそうとすることで展開するから、中年になった朝顔や光源氏が、家族や縁者の眼を気にせずに振る舞える場所が適わしいが、その点では老いた女五の宮だけの桃園邸は条件が整っている。

父宮がこの屋敷に住んでいたことは、宮邸を訪れた光源氏が「ほどもなく荒れにける心地して」と思ったことからも判る。宮が亡くなって三か月ばかりなのに、主がいないともう荒れた気配がする、というのである。父宮のいた時には、妹の女五の宮と寝殿を東西に住み分けていたのであろう。源氏物語には、花散里と姉の麗景殿の女御、竹河の巻の玉蔓の二人の娘など、寝殿を東西に分けて住む例が多く、その場合は原則として東側に年長者が住んだらしい。

ここも、女五の宮が東、朝顔が西に住んでいる。この寝殿も当然ながら東西棟の建物なのである。

次の場面は、光源氏が冬の夜遅く桃園邸を訪れた時の描写である。

宮には、北面の人しげき方なるみ門は、入り給はむもかろがろしければ、西なるがことごとしきを、人入れさせ給ひて、宮の御方に御消息ありければ、今日しも渡り給はじ、とおぼしけるを、おどろきて開けさせ給ふ。御門もり寒げなるけはひ、うすすき出できて、とみにも開けやらず。これよりほかのをのこ、はたなきなるべし。こほこほと引きて、錠のいたく錆びにければあかず、と愁ふるをあはれときこしめす。（朝顔・六四七頁）

光源氏は、この屋敷の北側にある門から入ろうとしたのだが、そこは「人しげき方なるみ門」なので、光源氏のような高貴な身分の人が入るのは軽々しい、と考えて「西なるがことごとしきを」入ろうとした。これは、北門が通用門で、光源氏はこの夜はここから入るつもりであったのが、人々が多くいる気配なので避けて、厳めしい西門から入ることにしたという。この西門は、父宮の亡き後は錠をおろしたままにしていたので、錠が錆びついていたというのであるから、どうもこの西門が桃園の宮の正門というべきものであったらしい。それにしても、主人が亡くなって荒れた屋敷という設定なのに、なぜに「北面の人しげき方」のことにふれ、さらにわざわざ厳めしい西門にまわらせたのであろうか。西門を正門に書いた理由が何かあるのであろうか。

この時期のいわゆる寝殿造住宅は、普通は四面に門があり、正殿の寝殿は南面しているから、当然に正門は南門であるが、ただ南門は天皇の行幸などの特殊な場合以外は用いない。行幸時にも南門は用いず、東または西の門から入っている例が多くある。(1)行幸の場合は、どれが正門かということだけではなく、その屋敷にいたる道路や方角の問題もあるから、いつも南の正門を用いるとは限らないのであろう。

さて、この桃園の宮でも四面に門があったであろうが、南門は措いて、東門のことにはまったくふれず、西を正門にして描いている。つまり、桃園の宮は西側が晴れの空間になっている屋敷であった。注意すべきは、物語が光源氏の入る門について、それがどの門かを述べることは特に必要な場面とも思われないのに、ここで「北」とか「西」とか門の方角を明記していることである。これはやはり、当時の桃園付近の地の様子を念頭に置いて、ここの物語を描いたからではないかと考えられるのである。

2　河海抄にあげる「桃園家」「桃園の宮」

桃園は、平安京内裏の北辺にあった内膳司の園地「京北園十八町三段」（延喜内膳式）の一部で、桃が植えられていた園であるという。しかし、九世紀後半ごろから、この地にも貴族の屋敷が構えられるようになってきたらしい。十世紀に入ると、「桃園」の名をもつかなりの屋敷が見えるようになる。それらについて、河海抄は、朝顔の巻の「桃園の宮」に注して次のように述べている。以下には天理図書館蔵文禄五年写本河海抄により、便宜上記事の項目ごとに番号を付して以下にあげる。

1　大和物語（九段）云、もゝその〻兵部卿の宮〔二品兵部卿敦固寛平第四子母同延喜帝〕うせ給ひて、御はて〔延長五年九月七日薨〕九月つごもりにし侍けるに、としこ、かの宮のきたのかたにたてまつりける

大かたの秋のはてだにかなしきにけふはいかでか君くらす覧

2　御記云、延喜廿年六月八日、斎院宣子内親王、自夜中所病困篤及暁（「出院至大宰帥親王」桃園文庫旧蔵本ニヨリ補ウベシ）桃園家

3　拾遺集　桃そのにすみ侍ける前斎院屏風に

白妙のいもが衣に梅花色をも香をもわきぞかねつる貫之

4　知顕集云、みづのおのみかどの第六の御子兵部卿貞純親王さだすみの親王と云々

5　桃園在所、号桃園宮一条北大宮西、一条面中程、世尊寺南、当時号枸杞町歟

6　師氏大納言宅也、保光中納言代明親王男伝領、仍号桃園中納言

7　九条右丞相記、天徳三年二月十三日、桃園家立（「之」カ）寝殿立坊城家、此家本（為）寝殿、去冬立北対本之北
対卑陋尤甚、仍所改作也

8　今案、敦固親王事歟、延喜帝御兄弟、并九月薨逝事等相似たり

この注は、全体としてどういうことを示そうとしたのか判りにくいが、以下にその各項の記事について検討しながら、当時の桃園の名をもつ屋敷について考えてみたい（2）。

まず1の大和物語の「桃園兵部卿宮」については、これまで清和皇子貞純親王、宇多皇子の敦固親王、醍醐皇子の克明親王とする諸説がある。河海抄の指摘する敦固親王説は、この段に見える歌が、続後撰集に敦固親王のものとして見えることなどによる。ただし、この兵部卿は「御はて九月つごもり」とあるが、敦固親王は延長四年十二月八日に薨じている（貞信公記抄、日本紀略）。もっとも、一代要記には五月二十七日、本朝皇胤紹運録や尊卑分脈には延長元年十二月八日とあって、問題のないわけではないが、いずれも九月が「御はて」にはならない。続後撰集のような後代の勅撰集は必ずしも根拠にはならないのである。貞純親王は尊卑分脈に「号桃園親王」とあり、後述するように世尊寺縁起にもその別業が桃園にあったことが見える。その点では条件にあうが、貞純は延喜十六年五月七日薨じていて、やはりこの話には適わしくない。河海抄の傍注に敦固親王が延長五年九月七日薨とするのは、何によったのか不明ながら、誤りとすべきである。

克明親王は、延長四年九月二十四日に薨じていて、「御はて」が一周忌のこととすれば物語の記事によくあう。た

だ桃園との関係がよく判らない。河海抄十三に引く李部王記延長五年二月二十五日条には、「弾正尹親王」が「桃園宮」において「民部卿（藤原清貫）」の六十賀を行ったことが見える。克明は、この直後の四月二十二日に弾正尹から兵部卿に任ぜられているから、この「弾正尹親王」は克明とすべきである。克明が清貫とどういう関係があったのか明確にし得ないが、清貫は「桃園右大臣」と呼ばれた藤原継縄の曽孫である。克明も次項をも参照すれば桃園邸に深い関係があったと認められ、大和物語の「桃園兵部卿」は克明の可能性は十分にある。

2の斎院宣子内親王は、醍醐天皇の第四皇女（一代要記。日本紀略は「二女」）で、母は克明親王と同じく源旧鑒女の更衣源封子である（本朝皇胤紹運録、賀茂斎院記）。ここの「大宰帥親王」は敦固親王と考えられるが、宣子との関係は不明である。宣子は延喜二十年六月八日に病により本院を出て、この大宰帥親王の桃園家に退き、その一月後の閏六月九日に薨じた。したがって、この項の桃園家は敦固親王邸ということになる。

3は、拾遺集春部一七番に見える歌で、定家本は作者を貫之とするが、天理図書館本・北野本などは兼盛、拾遺抄にはよみ人不知とするなど、作者について疑問の多い歌である。拾遺集にはいま一首これと同じ屏風の歌と考えられるものが一〇〇七番に見える。

　　桃園の斎院の屏風に　　　　　　　　　　　　よみ人知らず

　梅の花春よりさきにさきしかど見る人まれに雪のふりつつ

前記「白妙の」の歌は、躬恒集や深養父集にも見えるものである。貫之の時代に「斎院」あるいは「前斎院」と呼ばれ得る人で、屏風を用いるような儀式をする可能性のあるのは、2の宣子内親王の他に、延喜十五年に退下した醍醐皇女の恭子内親王、延長八年に退下した醍醐皇女の韶子内親王がある。さらに、承平元年に卜定されて康保四年に退下した醍醐皇女の婉子内親王も考えられるかも知れない。このうち宣子内親王は、延喜十五年十四歳で斎院となり、同二十年に病で斎院を退いてから一月ばかりで薨じているから、「前斎院」の期間は短く、屏風を用いるような儀式を行ったとは考えにくいが、斎院を退いて桃園宮に移ったという点では、朝顔の経歴と共通する。また、恭子と婉子は代明親王と同じく、母は伊予介藤原連永女の更衣鮮子である。代明親王の子には後述のごとくに桃園に住んだ源保光や恵子女王があり、代明やこの姉妹の母の屋敷が桃園にあったと考えられる。

4は、和歌知顕集には「みづのをのみかど」、つまり清和天皇の第六皇子の貞純親王が桃園宮と呼ばれている、というのである。貞純が「桃園」と号したことは1に述べた。

5は、「桃園」と呼ばれる屋敷の所在地を述べたものである。「世尊寺」は後述のごとく「桃園」と呼ばれる地域内にあり、その南というのであるから、これは地域名をいったものではない。この記事は、「桃園」という屋敷が、一条大路の北、大宮大路の末の西側、世尊寺の南の地にあり、そこはまた枸杞町と呼ばれた地か、ということらしい。世尊寺の南の桃園邸というのは、後述する源保光の桃園家で、拾芥抄に「世尊寺南、保光卿家、行成卿伝之」とある。この桃園家が物語の准拠だというのであろうか。

「桃園」の語は、もと内裏の北辺の地に桃樹の植えられた園地のあったことに由来する語である。内裏の北郊の一帯には「京北園十八町三段」（延喜内膳式）という、園池司の管理する広大な園地があり、桃に限らず種々の果樹や薬草が植えられていた。二中歴には「園池（一云、荒廃堂、一云、枸杞町大宮西、一条北、一条面中許）」、拾芥抄には「園ノ池（本司内（膳）別当、大宮（西）一条北、一条南（西カ）半西（許カ）、或云、一云、荒廃堂、苟杞園）」とある。この両者は同じ文献に由来する記事らしいが、拾芥抄の記事は混乱している。

「桃園」の問題の一つは、この語が地域名として内裏の北にあった園池司の管理した広大な園をいうとともに、またその「桃園」の地にあった屋敷名としても用いられることである。5は、屋敷名の桃園が一条大路北・大宮大路の西にあったことをいうが、「一条面中程（旧桃園文庫本「一条面中許」）」の意味するところが不明である。当時の平安京の北郊、特に内裏の北の桃園付近の様子について、高橋康夫氏は、園池司の管理した地は、「一条北・大宮西」、「大宮西・今辻子南」、「五辻南・大宮西」の地点を含む、南北四町、東西八町ばかりの広さの地域内にあったと推定され、二中暦などの「一条面中許」は「一条面半許」の誤り、「苟杞町」も「枇杷町」の誤りで、「一条大宮北西角」の地ではないか、とされている。(3) これはやはり枸杞を植えていた園であろう。

6は、藤原師氏の邸宅が桃園と呼ばれ、それは代明親王男の源保光に伝領されたので、保光は「桃園中納言」と呼ばれた、というのである。師氏の母は右大臣源能有女で、師氏が「桃園大納言」「枇杷」と号したことは尊卑分脈に見え、また九暦には「桃園相公」（天暦七年正月二日）、「桃園宰相」（天暦七年正月四日）などと見える。この師氏の桃園邸は1や2の桃園邸と同一のものか否かは不明である。ただし、前記の桃園親王貞純の妻も、師氏の母と同じく源能有女であり、あるいは能有には桃園の地に別邸があって、それが貞純、師氏と伝えられた可能性がある。多武峰少将物語には、師氏は「桃園」「桃園の中納言」、師氏の妻が「桃園の北方」、子息が「桃園の権中納言殿の中将の君」と呼ばれている。そして、師氏の娘が多武峰少将藤原高光の妻であったことは、この多武峰少将物語などから判る。師氏とその妻および子息は、高光の出家した応和元年（九六一）のころに、桃園邸に同居していたことから「桃園」と呼ばれたのであろう。もっとも、尊卑分脈に見える師氏男は、親賢（母は安芸守雅（惟イ）明女）、近信（母は不明）、保信（母は源信明女）であるが、この三人はいずれも中将にはなっていないので、この物語の記事の信憑性には問題がある。後世の文献ながら宇治拾遺物語には、師氏の桃園邸は、師氏の薨後その北方や子息が住んでいたが、藤原伊尹が師氏男の「とのもりのかみちかみつ（近信カ）」から入手して、これが後に世尊寺になったのだという。

6では、師氏の桃園邸が源保光に伝領されたとする記事も確認できないし、師氏から保光に伝領される理由も考えにくい。保光も公卿補任などに「桃園中納言」と号したことが見えて、桃園に住んだことが知られるが、若いころの保光の屋敷として文献に現れるのは、「女御庄子於民部大輔保光坊城宅有産男子事、具平親王也」（日本紀略・康保元年六月十九日）、「ばうざう（坊城）の左大弁」（十巻本貞元二年左大臣頼忠家歌合）などと、坊城の屋敷である。ここに見える女御庄子と頼忠妻の厳子は共に保光の姉妹であった。なお、保光の桃園邸については後述する。

7は、藤原師輔にも桃園邸があったことを述べたものである。師輔の坊城家の北対が粗末な建物だったので、桃園の寝殿を移して改作した、というのである。師輔の九暦には桃園家について幾つかの記事があり、河海抄のあげる天徳三年二月十三日条の他に、同年二月七日条には「壊坊城家、移立桃園家事」とあり、また同年八月三日には「桃園焼亡事」、天暦九年二月十一日条には、この日師輔は桃園邸から出て列見のために朝所についたことが見える。大日本古記録本九暦では、これらの「桃園」を師氏邸としているが、兄弟とはいえ弟の住んでいる屋敷を壊して、自分の屋敷に移築したりすることは考えられない。師氏の桃園邸とは別に、師輔にも桃園邸があった、とすべきであろう。師輔は「九条殿」と呼ばれて九条に本邸があったが、晩年にはその他にもやはり九条にあった坊城殿に住んでいた。最後の妻の康子内親王を迎えたのもこの坊城第である(4)。

師輔の桃園家は、もと妻の雅子内親王邸だったのではなかろうか。師輔の桃園邸は、雅子内親王との結婚を通じて伝領した、と考える以外に理由が探しにくいのである。雅子は醍醐皇女で、母は源唱女の更衣周子、高明の同母妹である。雅子は「西四条」または「西宮」と呼ばれる屋敷に住んだので、「西四条の前斎宮」（後撰集・九二〇）、「西宮内親王」（九暦・天暦二年正月四日）などの呼称があった。また、師輔の第三女は源高明室であったが亡くなり、ついで五女の愛宮が高明の妻になった。高明が安和の変で都を去り、その直後に屋敷の西宮も焼失したので、妻の愛宮は「わが御殿の桃園なるにわたり給ひて」（蜻蛉日記）くらしていたという。愛宮の屋敷というのであるから、それは父か母の家にちがいない。高明邸としては西宮が知られているが、西宮はもと雅子内親王が住んでいた屋敷で、高明は雅子腹の愛宮を妻としたことでここに移り住んだのであろう。高明邸には他に娘の明子に伝わった高松殿もあるが（二中歴）、いま一つ「桃園ト云ハ今ノ世尊寺也。本ハ寺ニモ无クテ有ケル時ニ、西ノ宮ノ左ノ大臣ナム住給ケル」（今昔物語集・二七・三）とあって、桃園に住んでいたともいう。また、天理図書館蔵伝為氏筆本貫之集には、「もゝそのゝ宰相君御もとより、火うちにたき物をくはへてものへつかはさん、とてめせるにたてまつる」との詞書の歌があり、この「宰相君」は高明かと考えられる。これらの高明の桃園邸は、愛宮の移り住んだ桃園と同じ屋敷であろう。とすればこの桃園は、もと高明やその妹の雅子らの母の源周子の屋敷だったのではないか。そして、師輔は雅子と結婚したことでこの桃園邸を入手したが、妻の雅子が天暦八年に亡くなった後には、もうこの屋敷を利用することがなくなったので、その寝殿を坊城殿に移したりしたのではなかろうか。

8は、以上のごとくに桃園に住んだ多くの人々や屋敷をあげた後に、河海抄の出した結論である。つまり、桃園の宮にはさまざまな人が該当するが、天皇の兄弟であり、九月に薨じたという点で大和物語の記事ともあうから、敦固親王が朝顔の父の准拠ではないか、というのである。敦固親王は前述のごとく十二月に薨じているので、何か誤解があるらしい。河海抄は、物語の桃園式部卿は九月に薨じた、と考えていたのかも知れない。河海抄のここの注の意図は判りにくいが、さらにここにあげられた多くの桃園邸が、互いにどういう関係にあるのかについても不明である。しかし、桃園にあった主な屋敷についてはよく指摘していて、「桃園の宮」を考えるについての基礎資料を提示している。

3　桃園の宮と世尊寺

さて、前記の河海抄の掲げる「桃園」の資料は、源氏物語が准拠とした延喜・天暦の時代のものであったが、その後の時代においては、桃園の名はもっぱら藤原伊尹、義孝、行成と伝えられた屋敷によってよく知られている。

藤原伊尹は「一条摂政」と呼ばれて、「一条殿」を本邸にしていたが、後には桃園邸にも住んだことがあるらしい。「一条ノ摂政ノ住給ケル桃園ハ今ノ世尊寺也」（今昔物語集・二八・八）などと見える。また、二十巻本の応和三年七月の宰相中将君達春秋歌合には、「桃園の宮の御方」と「麗景殿」との贈答がみえるが、この「宰相中将」は伊尹であり、「桃園の宮の御方」は伊尹の北方の恵子女王、「麗景殿」は恵子の妹の女御荘子であると考えられる。少なくとも恵子はこのころ桃園にいたのであるから、伊尹もそこに住んでいた可能性がある。伊尹の本邸の一条殿は近衛南・東洞院東にあった「東一条殿」（日本紀略・天徳三年正月二十五日）と考えられるが、後には一条大路南・大宮大路東にあった一条殿（後の一条院）にも住んだので、この二つはまぎれやすい。前者は花山院を産んだ伊尹長女の懐子が里第とし、義懐が住み、退位後の花山院が一時住んだので「花山院」と呼ばれた。後者は、伊尹の薨後には婿の藤原為光が住んだので、永観ごろに為光は「一条大納言」と呼ばれていた。為光の亡き後には売られて一条天皇の母后の藤原詮子の所有となり、ついで一条天皇の里内裏となったものである。

伊尹の桃園邸は、もと醍醐皇子の代明親王の屋敷で、伊尹の妻となった恵子女王や、その兄の保光が住んでいたと考えられる。保光も最初は桃園に住んでいたらしい。恵子の産んだ四男義孝も、一時期桃園に住んだと考えられるが、義孝は伯父保光の婿でもあった。前述のごとく、保光は若いころには坊城邸に住んでいたが、晩年には桃園に住んで「桃園中納言」（権記・長保二年正月一日）と呼ばれていた。権記正暦二年九月十日条に「詣桃園」とあるのは、保光のことである。拾芥抄には「桃園（同世尊寺南、保光卿家　行成卿伝之）」とある。保光は、はじめ妹の恵子などと桃園に住んでいたが、妹婿の伊尹が桃園邸を使用するようになったために、そこを出て坊城邸に移っていたのであろうか。保光は晩年にもまた桃園に帰って住んでいた。例えば小右記天元五年二月二十五日条には「今日源中納言（保光）外孫（故右近少将義孝息）、於桃園家加元服云々」とある。これは必ずしも保光が桃園に住んでいたことを示すものではないが、少なくともこの時期には保光は桃園を管理していたのである。伊尹も亡くなり、婿にしていた甥の義孝も亡くなって、桃園に住むのが義孝室の娘だけになったので、桃園に帰っていたのであろう。(5)

伊尹の桃園は、前述のごとく叔父の師氏の屋敷を買い取ったものだとする説もあるが、その伊尹の屋敷に、妻方の兄の保光が住むことは当時においては考えにくく、婿の義孝の屋敷に舅の保光が住むこともあり得ない。男系に伝えられた家に、女系の家族が移り住む例は、当時において探し得ないのである。

恵子は、娘の為光妻とともに永観ごろには一条殿に住んでいたが(小右記・永観二年十二月三日)、その後は、九女で弾正宮為尊親王の北方であった娘と東一条院に住んで(栄花物語・見はてぬ夢)、「東院」(権記・正暦四年正月一日)、「東院上」(権記・長保四年八月四日)とも呼ばれている。東院というのは、「東一条院」つまり後世の花山院のことである。恵子の孫、義孝男の行成も一時期この東院に住んでいた(日本紀略・長保三年閏十二月十七日)。

義孝は保光女を妻としていたから、伊尹の後に桃園に住んでいた可能性がある。少なくとも桃園を伝領したと考えられる。当時の貴族たちの住居のあり方には不明な点が多く、義孝も保光の婿になったからといって、桃園に住んだともしにくいが、後述する世尊寺縁起には、「相国(伊尹)逝去之後、右近少将義孝相伝為主」とある。天延二年九月十六日に義孝と兄の挙賢が同時に亡くなり、その七日ごとの法事が「桃園御堂」で行われた(親信卿記・天延二年九月二十九日、同閏十月三日)。この桃園家は、長保二年に行成が寺にする以前に、既に邸内に御堂が設けられていたのである。

この桃園邸の御堂については、九州大学付属図書館本藤原義孝集六二番の歌の詞書に書き加えられた部分に

との〻御き日に、も〻その〻御だうに、つごもりの日のよゐより念仏せらる、ついたちの日のあかつきがたに、導師からもいとかなしかりけり、そのほどに、あの女房きえずみしてかきつけて、女御の御前におきたりける、

かくなんイ
こゝに給へるかへしとて、なみだにものうたしあり

というのがある。これによれば、桃園の御堂は既に伊尹在世中から存在したものらしい。宇治拾遺物語巻六第二話には、師氏の北方から桃園を入手した伊尹が、西南の隅の塚を壊して堂を建てようとしたという。富家語談には「件家、南庭ニ墓アリケルヲ」と見える。この御堂は、あるいは父伊尹の薨時に、義孝が桃園家の建物の一つを堂にしたものかもしれない。義孝が桃園に住んでいたことについては、日ごろ「世尊寺ノ東ノ門ヨリ入テ、東ノ台ノ前ニ紅梅ノ木ノ有ル下ニ立テ西ニ向テ」極楽の阿弥陀仏に礼拝していたという説話（今昔物語集・一五・四二）がある。これは院政期には有名であったらしく、藤原頼長が船岡へ雪見にいった帰途に世尊寺に寄り、「往生梅」を見たが、その名の由来は「義孝居此所之故也」ということであったという（台記・天養元年十二月十五日）。

長徳元年正月に母が亡くなり、引き続いて五月に保光が薨じたので、桃園邸を伝領した行成は、師としていた観修僧正（権記・長徳四年十二月二日）とはかってこれを正式な寺にする決意をした。長保元年七月二十二日仏師康尚宅に行き、「以午剋、始奉造可安置桃園寺大日如来・普賢・十一面観世音・二菩薩像各一躰」（権記）と、本尊を造り始めている。行成は桃園を出て、妻の源清延女の中御門宅に長く住んでいたが、既に桃園には義孝の代から大きな御堂があり、「寺」と呼ぶことも可能なものであったが、長徳元年から寺として整備を始めたのである。(6) 長保三年以前から「桃園寺」とか「世尊寺」（権記・長保元年十二月一日）と呼ばれている。

長保三年二月二十九日、行成は桃園邸の寝殿を堂として大日如来以下の仏像を安置し、世尊寺を供養し、翌三月十日には御願寺となすことを請うて宣旨が下り、別当・三綱が補任された。世尊寺の沿革については、十二世紀前半に成ったとされる世尊寺縁起に詳しい。それによれば、もと貞純親王の桃園の別業であったもので、それを伊尹が相伝

してついで義孝に伝わり、義孝の死後はその妻の父保光が「寄住」した、保光の薨後は行成が寺になし長保三年に供養した、というのである。この縁起にいう桃園の宮の伝来については、その記事のあつかいには注意を要するところがある。縁起は最初に寺の沿革を述べ、ついで長保三年三月十日付の行成の奏状を引用した同日の太政官符をあげ、また筆者の文が続く構成になっている。ところが、このうち最初の貞純親王から伊尹への伝領の過程、および保光が自分の娘婿の桃園邸に「寄住」したとする点は不審である。縁起では最初にこの寺はもと「貞純親王別業」であったとするが、この点についての行成の奏状には、「件寺、本是貞観第六皇子之西園、後為天禄太政大臣之東閤」とあって、親王の「西園」とはあるが「別業」とはいっていない。後述するごとく、貞純親王の桃園の宮は世尊寺の東南に少し離れてあったと考えられ、そこから世尊寺の地を行成は「西園」と文飾したらしいのである。縁起の筆者はこの奏状の語句により貞純の「別業」と飛躍したのであろう。貞純邸の西にあり、「西園」と呼んで呼べないことはない地にあった、ということなのである。

また、縁起に引く太政官符には寺の四至を示して、「東限大宮路、南限寺築垣、西限達智門路、北限寺北路」としている。これについて高橋康夫氏は、世尊寺内西地に建てられた尊重寺の位置などの考証から、東は大宮末大路、西は達智門大路（壬生）末、南は後世の五辻、北はその一町北の後の毘沙門堂路に囲まれた、南北二町と推定されている。(7) 世尊寺の位置に関しては、権記長保三年三月二十二日条にも記事がある。

内蔵允丈部保実・竹田利成等供養道場、並在世尊寺東也、南実相寺、本是故摂津守方隆朝臣宅（桃園宮也）、保実買得為寺、北妙覚寺、本是故坂本亮直朝臣宅処、大僧正伝領、依利成請僧正与之、利成建一堂安仏像、今日共供養也

つまり、世尊寺の東側には、もと坂本亮直宅で竹田利成が寺にした妙覚寺と、その南に文部保実の実相寺があった。実相寺の地はもと摂津守藤原方隆宅であったが、これこそは古く「桃園宮」の地であったという。世尊寺は大宮大路

末に接して西側にあり、その東にあるという実相寺は当然に大宮大路末の東側でなければならぬ。つまり、ここにいう「桃園宮」は、伊尹・義孝・行成と伝領されてきて、世尊寺になった桃園邸とは別の屋敷である。そして、桃園の地域も、大宮大路末の東側にも及ぶものだったのである。行成はここに「桃園宮」とのみ記し、その宮が誰であったかは明記していないが、それは当時において「桃園宮」と呼べば誰の邸宅であったか明白であり、誤解されることはなかったからである。とすれば、この「桃園宮」はかつての貞純親王邸以外にはあり得ない。行成の奏状は、この著名な桃園宮を持ち出して、世尊寺を「貞観第六皇子之西園」と文飾したのである。高橋氏は、大徳寺文書四六四の元徳二年（一三三〇）十月十七日「僧兼円并大宮局連署堂舎敷地寄進状」に、妙覚寺の本堂并敷地を「在所北小路大宮上自大宮東下北小路面角」とすることから、この「桃園宮」の地を武者小路北、北小路南、猪熊西、大宮東と推定されている。縁起の筆者のころには、もうその事情が判らなくなっていたものらしい。

おわりに

以上、煩雑な考証を重ねたが、十世紀ごろまでの「桃園」の地には、かなりの皇族や源氏の屋敷があり、文献に見えるところでも、少なくとも次のものがあった。

一、敦固親王邸。これはもと藤原継縄邸で、後に藤原清貫から伝わったもので、敦固から克明親王に伝えられたものではないか。

二、貞純親王邸。これは貞純室の源能有女邸だったもので、後に藤原師氏に伝えられ、さらに藤原方隆邸となったもので、これが一条朝のころには「桃園宮」として知られていたものであった。尊卑分脈には貞純親王に「号桃園親王、此親王於一条大宮桃園池、為龍之由、時人多得夢告云々」とある。

三、雅子内親王・源高明邸。これはもと雅子内親王の母の更衣源周子邸で、雅子から師輔、さらにその娘の愛宮に伝えられたものである。

四、代明親王邸。これは恵子女王に伝えられて藤原伊尹邸となり、ついで義孝、さらにまた保光から行成に伝えられて、行成が寺にして世尊寺となったものである。

前記の貞純親王の桃園邸の近くには、源保光の同母兄の重光邸があった（日本紀略・永観元年三月二日）。十世紀までの一条大路の北の地には、皇族や源氏の邸宅が多い。これは、京内に次第に宅地が少なくなってくるとともに、北郊の園池司の地などが皇族や源氏に払い下げられていったことを示すものではなかろうか。一条朝ごろになると、京の北郊にも人家が建ち並び、道路も京内と同じように整備されて、これらの源氏の邸宅も寺になったり、姿を消したものが多かったのである。

さて、源氏物語の朝顔の桃園宮は、この物語の書かれた一条朝ごろにも「桃園宮」として知られていた、二の貞純親王邸を思わせるように描いたものではなかろうか。朝顔の屋敷の正門が西門であったらしいのは、大宮大路末の道に面して東側にあったことを思わせ、物語当時の「桃園宮」が大宮大路末の東にあったこととよく対応する。中世には「一条大宮ニ円弘寺、仏心寺、此ノ寺ト申ハ、賀茂ノイツキニ備ハリ給フ朝顔ノ墳アリ」（応仁記・二）と、物語の朝顔の墓と称するものがあったという。

注1　寝殿造住宅を描いた図には、南門のないものが多い。一条院の南門はよく知られている。南門は用いられることが少いので記録に現れにくいが、たとえば御堂関白記には長保元年五月八日、同二年二月二十五日、寛弘四年三月十六日など、かなり見える。天皇などが南門から入る例は、左経記長元五年正月三日、中右記寛治八年十月二十四日、同康和五年正月二十五日など。

2　この河海抄の桃園の注に関しては、原田敦子「桃園考」（南波浩編『王朝物語とその周辺』笠間書院、一九八二年）にも検討されている。

3　高橋康夫『京都中世都市史研究』（思文閣出版、一九八三年）第一章第二節、第三節参照。以下の記述には、高橋氏の述べられているところに拠った部分がある。

4　康子内親王については「坊城殿に北の宮（康子）おはしますに」（十巻本天暦十年坊城右大臣殿歌合）、「一品康子内親王薨……於右大臣坊城第」（日本紀略・天徳元年六月六日）と見える。師輔の九条殿については、拾芥抄に「九条坊門南、町尻東」とする。坊城第の位置については明確ではないが、白河天皇の女御藤原道子が、嘉承元年六月二十五日に九条の地に一堂を建てて供養したが、その地は「本是九条殿御所跡、相伝為故三条内大臣（能長）領也」（中右記）といい、大江匡房の願文に「羅城門東、陶化坊裏」（江都督納言願文集・二）とあって、陶化坊の一坊あたりと考えられる。これは町尻東にあった「九条殿」ではなく、坊城殿をいうのであろう。

5　権記寛弘八年七月十一日条によれば、保光女で行成の母であった人は、保光と同じく長徳元年正月二十九日に亡くなった。

6　図書寮叢刊『伏見宮家旧蔵諸寺縁起集』（明治書院、一九七〇年）の『世尊寺縁起』に収める行成の奏状による。

7　注3参照。

四　蜻蛉日記に見える稲荷山・稲荷の神

1　稲荷三社の位置

十世紀の後半に書かれた蜻蛉日記には、二度ばかり稲荷詣でをしたことが記されている。当時の稲荷社については他に記録類が乏しく、この日記の記事からうかがわれる幾つかの情報は、その点でも興味深いものなのである。最初の記事は康保三年（九六六）九月ごろのもので、作者が藤原兼家と結婚して十二年目のことである。

九月になりて、世の中をかしからむ、物へ詣でせばや、かうものはかなき身の上も申さむ、など定めて、いとしのびてある所に物したり。一串《ひとはさみ》の御幣《みてぐら》にかう書きつけたり。まづ下《しも》の御社《みやしろ》に

いちしるき山口ならばここながら神のけしきを見せよとぞ思ふ

中のに

稲荷山多くの年ぞ越えにける祈るしるしの杉を頼みて

はてのに

かみかみ（上ト神ノ懸詞）と登り下りはわぶれどもまだ坂ゆ（「栄ゆ」ヲ懸ケル）かぬ心こそすれ

この時期の作者は、自分より先に兼家の妻になっていた藤原時姫を追い越して、北方の地位につく望みを強くもっていたのに、それがはかばかしく実現しないことにいらだっていた。「はかなき身の上」とはそのことを指し、改めて霊験あらたかな稲荷社に祈願しようとしたのである。神社名は記されていないが、歌に「稲荷山」の語があり、「下の御社」「中の」「はての」「かみ」の語が見えて、稲荷の三社に詣でたことは明らかである。それなのに「ある所」と曖昧に書いているのは、この作者に限らず、明確にいうことをきらう当時の人の物いいである。

最初の下社の幣に付けた歌は、霊験顕著と聞こえた稲荷山の神ならば、山の入り口の下社にお参りしただけで、神の御威力の一端をお示しくだされば、と思います、というのである。稲荷の神の霊験の速やかで顕著なことについては、紀貫之も次の歌がある。

二月初午《はつうま》、稲荷詣で

斎垣《いがき》にもいたらぬ外《と》より稲荷山こゆる思ひは神ぞ知るらん（書陵部本貫之集）

これは、まだ神域の垣根にたどりつかない遠くにいても、山上の上社まで参って祈願せんとする私の強い思いを、

既に神は御照覧下さっていることであろう、という歌である。

さて、下社の歌の「山口」の語から、当時の稲荷の下社が山麓の現在地付近にあったこと、また「ここながら」の語から、作者は下社を稲荷の本社とは考えていないらしいことなどが判る。稲荷三社の位置については、例の山城国風土記により、稲荷の神はもと山頂の三つの峰の平らかな地に降りて鎮座したとされ、それが現在地に遷座した事情については、稲荷谷響記に引く或記により、永享十年（一四三八）足利将軍義教が命じて移したとするのが通説である。また近世初の菟芸泥赴には、

古は此御社今の社地より十八町後の山中にあり、今も正月五日には社家こぞりて本社まうでとてまいり侍り……かく奥深き山路なれば……まうづる人のくるしみ侍るゆへに、中頃より大路近き所にうつし奉れりとぞ、今の所は藤の森の地にて、五月五日の彼祭に、馬上ながら楼門まで入くる事あり

として、元の社地は山頂近くにあり、現在地は古く藤森社の地であった、としている。

さらに、当時の中社もまた、山頂にではなくて中腹にあった。同時代の枕草子の記事に、「中の御社のほどの、わりなう苦しきを念じ登るに……二月午の日の暁に、急ぎしかど、坂の半らばかり歩みしかば、巳の時ばかりになりにけり」（「羨ましげなるもの」の段）と見える。中社は坂の半ばにあり、上社はさらに登った所にあったのである。しかし、少なくとも十世紀後半には、下社が麓の現在地付近にあったことは、下社について「山口」と詠んでいることで明らかである。

中社への歌は、「これまでの多くの年月、幾度も稲荷山を登ってきました、祈願が実現するかと、お山の杉の霊験を頼みにしながら」というものである。この歌には「稲荷山」「しるしの杉」と、もっともよく稲荷社を象徴する語が詠みこまれていることからして、作者は中社を稲荷の本社と考えているらしい気配がある。稲荷三社の祭神や、どれが主神あるいは本社であるかについては、古来諸説がある。例えば、中世の二十二社註式には下社は大宮女命《おおみやめ》、中

社は稲倉魂命《うかのみたま》（一名豊宇気姫命《とようかひめ》）、上社は猿田彦命とし、延喜式神名帳頭註には「稲荷　本社倉稲魂神《うかのみたま》」「一座素戔烏《すさのを》、一座大市姫《おほいちひめ》」とある。近世のものでは蒐芸泥赴に、社家松本氏から聞いた一説として、「上社　伊弉冊尊云々或説土祖神」、「下社　倉稲魂是本社也或大姉姫」、「中社　瓊々杵尊云々或説に是倉稲魂」をあげ、ただし「彼社家不用之」とある。神社啓蒙には上社土祖神、中社倉稲魂、下社大山祇女、古事記伝巻九に引く或書には、本殿宇賀御魂、第二殿須佐之男命、第三殿大市比売とする。現在では、中央の座の宇迦之御魂神が下社に、北座の佐田彦神が中社に、南座の大宮能売神が上社にあてられている。このようにすこぶる混乱しているが、古くから倉稲魂神がほぼ主神と考えられていて、かつこの神を上社にあてたものは見えない。平安時代には中社に祭られていて、これが本社とされていたのが、中世に入って下社へと遷座したものらしいのである。

院政期の宇治へ行く道には、稲荷の山麓に「稲荷伏拝」と呼ばれる所があった（台記・久安四年六月三十日、山槐記・保元四年三月三日）。この「伏拝」という名は、やはり京から奈良への道の宇治の南辺にあった、石清水八幡宮を遙拝する「八幡伏拝」（殿暦・康和二年十一月二十七日、兵範記・仁平四年正月三十日）や、熊野詣での古道には、山中から遠く熊野社を望む地に伏拝王子があって、いまも地名として残っている。これらからも判るように、伏拝はたやすく社前に詣でることのできない遠くから、遙かに社を拝む地なのである。稲荷伏拝のあった正確な地は不明ながら、もし宇治への大路の傍にある下社が本社であったならば、わざわざ伏拝の地を設ける必要はなかろうから、明らかにこれは稲荷の本社と考えられていた中腹の中社か、山頂の上社を遙拝するためのものであった。(1)

2　「栄ゆく」願いと「しるしの杉」

また、中社への歌の「稲荷山おほくの年ぞこえにける」の「こえる」は、前記の貫之の歌にも見えたように、下社から山頂の上社まで巡礼して登る意を懸けている。上社の歌の「さかゆく」も、「坂ゆく」と「栄ゆく」を懸けた語で、この「坂ゆく」も、未来の繁栄を願いながら坂を登り、三社を巡礼することをいう語である。もっとも「越ゆ」の語は、単に山頂に到着するだけではなく、さらにその頂きを通り過ぎて先へ行くことをも意味するから、今も行われているように、山頂を通り過ぎて山の北側の谷を下りたのかもしれない。枕草子には、上社から同じ道を下りてくる女のことが記されているし、久安四年（一一四八）七月十一日に藤原頼長が養女多子の入内を祈願するために参詣した時には、下・中・上社でそれぞれ奉幣し、「椙葉」を献ぜられて、「経本路」て下社に返っているが、この場合わざわざ「本路ヲ経テ」と記したのは、別の道を下ることもあったからであろう。久安六年四月二十六日に参詣したときには、「帰路用婦（「帰」カ）坂」と記している（台記）。いまも北側の斜面を下る道があるが、近世には、今熊野から東山の裾を通って、稲荷山の北側へ通ずる「稲荷坂」の道があり、これが本道であったという（拾遺都名所図会）。

この北谷には滝があった。

稲荷に詣でたるに、滝のもとに女手あらふ

いなりやま山下水をむすびあげて君さへ影にならべつるかな（元真集）

藤原元真は蜻蛉日記の時代の人で、滝水に手を洗おうとする女に近づいた元真が、霊験あらたかな稲荷の山中から流れ出る水を汲み上げて、あなたの水に映ったお姿まで並べて掬いましたよ、御縁があるのですね、と口説いた歌である。この滝は莵芸泥赴に「滝の跡も彼御山に有」と見え、中世末には絶えていた。若いころの浄蔵法師が籠もって修行し、霊験を身につけたという「稲荷谷」（大法師浄蔵伝）もこの北谷であろう。

中社の歌に見える有名な稲荷の「しるしの杉」の語は、実はこの歌が初見である。通説では、この「しるしの杉」を家へ持ち返って植えて蘇生すれば幸を得る、という俗信があったとする。ただしこの日記のころ、通説の根拠となった山城国風土記の記事以外には、実際に人々がこれを試みていたという確証はない。稲荷の神木の杉を折りとった人に請うたりした歌や記録はあるが、手に入れたその杉をどうしたのかについては記したものがない。院政期になり、永久四年（一一一六）の永久百首に次の歌がある。

稲荷詣

稲荷山しるしの杉をたづねきてあまねく人のかざす今日かな（源顕仲）

稲荷山さかしくとまある心かなみな杉の葉をふける庵に（源忠房）

稲荷坂しるしの杉のさしはへて思ふ心をねぎぞかねつる（常陸）

常陸の君の歌では、もち返った杉は挿し木にして祈ったものらしいが、顕仲の歌では祭の日の頭挿にしている。また忠房の歌によれば、屋根や軒先などに挿したりもしていた。

この「杉の葉をふける庵」については、杉葉は稲荷信仰では重要な稲葉の代用であり、もと稲葉で屋根を葺いていたのが、次の段階では「杉葉にて庵を葺いていた」（近藤喜博『稲荷信仰』塙書房）とする説がある。だが、古代語の「イナバ」は、田畑に生えている時の稲の葉をいう語であり、刈り取って脱穀した後に何かに使うための茎や葉は「ワラ」といって区別したのであり、「イナバ」で庵を葺くとはいわないであろう。また、古代語の「ふく」も、端午の節日に「菖蒲をふく」のと同じく、屋根や軒先などに挿したり置いたりすることである。杉は稲荷に限らず、今でも大和三輪社の神木として知られているが、石上社や山城の平野社の神木とされてきたものである。稲荷の「しるしの杉」を身体や家屋につけることで、その霊力に期待したのであろう。

3　稲荷三神は女神か

さて、蜻蛉日記にはいま一つ、稲荷詣でのものと考えられる記事がある。この日記の終わりの年の天延二年（九七四）五月のことである。既に夫兼家との仲は絶えていたが、それでもなお作者は、夫婦仲が元に戻ることを強く祈願しつづけていた。

同じ所なる人（同居の女性）、物へ詣でつ。さはることもなきに、と思ひて出でたれば、ある者「女神《めがみ》には、衣《きぬ》縫ひて奉るこそよかなれ、さし給へ」と寄りきてささめけば、「いで心みむかし」とて、かとりのの雛衣《ひひなぎぬ》三つ縫ひたり。下交《したがひ》どもにかうぞ書きたりけるは、いかなる心ばへにかありけむ、神ぞ知るらむかし。

白栲《しろたへ》の衣は神にゆづりてむ隔てぬ仲にかへしなすべく

また

唐衣なれにし褄《つま》をうち返しわが下交になすよしもがな

また

夏衣たつやとぞ見るちはやぶる神をひとへに頼む身なれば

ここには稲荷を指示する語は何もないが、三つの雛衣を奉ったのは、そこに三座の女神がいましたからであり、それからして稲荷と考えられるのである。延喜の神名帳によると、山城の神社で三座とあるのは、稲荷社の他に宇治郡の木幡社（宇治市）、久世郡の双栗社（久御山町）、水度社（城陽市）、伊勢田社（宇治市伊勢田）の四社で、大和では率川社（奈良市）、宗像社（桜井市）など九社あるが、稲荷以外の社はいずれも、当時の貴族女性がわざわざ目指して参詣するほどに、霊験の知られていた社ではない。摂津、河内、近江についても同様である。したがって、これは社名は明記されていずとも、稲荷社以外には考えられないのである。

当時の「雛衣」の用例は他に探せないが、「ひひな」は、小児の雛遊びに用いるミニアチュアをいう語であるから、ここは小型の天児《あまがつ》のような神の像を作って、それに着せたのであろう。大殿祭《おおとののまつり》には「ひひな」の装束を神に奉ったらしい例がある（九暦逸文・天暦四年七月二十八日）。また、「下交」は下前ともいい、着物を着た時に内側になる裾のことである。第三首目に見える「ちはやふる」は枕詞であるが、これには祭などの神事に奉仕する人々の着る清浄な表衣の襷襅《ちはや》が懸けてあり、「たつ（衣を「裁つ」と夏が「立つ」）」や「ひとへ」とともに衣の縁語になっている。

さて、「雛衣」を奉った当時の稲荷の三柱の神は、当時いずれも女神と考えられていたことになる。ここの「女神」は本社の神のみについていったのだ、と考えられなくもないが、やはりこの書き方は三神ともに女神と考えられているとすべきであろう。ところが、前述のごとくに稲荷三社の祭神については古来諸説があり、すこぶる混乱しているが、中世以後には三神ともに明確に女神とするものはなさそうである。主神とされている稲倉魂神が女神であることは、大殿祭の祝詞に「屋船豊宇気姫命」を俗の詞に「宇賀能美多麻」という、などとあることからも判る。二十二社本縁には、法性房の夢に現れた麗しい女人の姿の稲荷明神が、比叡山の舎利会を礼拝して山王の行化を助けようと登山した、と語り、これにより叡山に稲荷明神を勧請して聖女社とした、という話を伝える。これは燿天記などにも見えるが、稲荷明神が女人の姿で顕現したというのは、一般に稲荷の主神の稲倉魂命が女神と考えられていたことを思わせる。二十二社註式などのいう下社の大宮女命は、大殿祭の祝詞にも宮殿に奉仕する神として見えるし、古語拾遺には、大宮売は天照大神の御前に侍した神で、「今ノ世ニ内侍ノ善言・美詞ヲモテ君臣ノ間ヲ和ゲテ、宸襟ヲ悦懌《よろこ》バシムル如シ」と、天皇に侍する内侍のような役目をしたというから、当時の貴族社会にも親しい女神であったと考えられる。とすれば、いま一柱の女神が問題になる。稲荷の三神として諸書に名の見える神のうちで、中世ごろから神として名の現れる女狐の命婦などを除くと、他に名の見える女神は、第三殿の大市比売（神名帳頭註、古事記伝巻九所引の或書）や下社の大山祇女（神社啓蒙）、上社の伊弉冊尊（菟芸泥赴）などである。十世紀のころには、このうちの一柱が加わって、稲荷の上・中・下の三神は女神だとする説が行われていた可能性が高いのである。

このようにして、蜻蛉日記などの文学作品にも、当時の稲荷社や稲荷信仰の様子を深く暗示するところが多い。

注1　尾上陽介「『明月記』本文の改変と〈稲荷伏拝〉」（『朱』第四五号、伏見稲荷大社、二〇〇二年）には、稲荷伏拝の位置について、いまの稲荷社の鳥居付近、宇治への街道沿いにあったとされている。なお、加納重文「稲荷詣の道」（『朱』第四四号、二〇〇一年）をも参照。

あとがき

本書は、主として平安中期の貴族生活に関して考察した諸論をもって構成した。私の専門領域は平安時代の文学であるが、日ごろ源氏物語や紫式部日記といった諸作品を読んでいる過程で、生まれてきた問題意識の一部分をとりあげたものである。

本書に収めた諸論のもとになったものは次のごとくである。これらのうちにはかなり以前に発表したものもあるが、本書に収めるについて、いずれも多少の訂正加筆をなした。

序章

一「花山朝の文人たち」―『甲南大学文学会論集』(第二一号、昭和三八年一一月)に掲載の同題のものを全面的に改稿。

二「藤原伊周の生涯」―『源氏物語と古代世界』(平成九年一〇月、新典社)所収の「藤原伊周伝」を改題。

第一章

一「摂関家の子弟の結婚」―未発表。

二「女御・更衣・御息所の呼称」―『平安時代の歴史と文学・文学編』(昭和五六年一一月、吉川弘文館)所収。

三「源氏物語の藤壺は令制の〈妃〉か」―『人文研究』(第四三巻、平成三年一二月、大阪市立大学文学部)に掲載。

四「源氏物語の結婚と屋敷の伝領」―『論集平安文学4・源氏物語試論集』(平成九年九月、勉誠社)に掲載。

第二章

一「紀伊守の中川の家」―『平安文学研究』(第五一輯、昭和四八年一二月)掲載の「源氏物語の建築」を改題、改稿。

二「宇治八宮の山荘」―『梅花女子大学文学部紀要』(第三号、昭和四一年一二月)に掲載のものを改稿。

三「源氏物語の建築」―『源氏物語と王朝文化・源氏物語研究集成第十二巻』(平成一二年一〇月、風間書房)所収。

四「近江君の「おほみ大壺とり」考」―『武庫川国文』(第五六号、平成一二年一二月、武庫川女子大学文学部国文学会)に掲載。

第三章

一「河原院哀史」―『論集平安文学1・文学空間としての平安京』(平成六年一〇月、勉誠社)に掲載。

二「〈東院大路〉考」―『源氏物語・地名と方法』(平成二年一〇月、桜楓社)所収の「〈とうゐむ大路を折れ給ふほど、二条院の前なれば〉考」を改題。

三「桃園・世尊寺と源氏物語の〈桃園宮〉」―『歴史文化研究第1号・源氏物語と平安京』(平成六年一〇月、おうふう)所収。

四「蜻蛉日記に見える稲荷山・稲荷の神」―『朱』(第四一号、平成一〇年三月、伏見稲荷大社)に掲載。

一般に文学作品は、人間の生活を全体的にとりあげるところがあるが、殊に物語や日記文学は、当時の人々の具体的な日常生活を基盤にして成立しているので、物語や日記文学を理解するには、その当時の貴族たちの住んでいた日常世界の理解、身を置いた時代についての理解がまず何よりも不可欠である。そうした側面の研究は普通、註釈的研究と呼ばれている。源氏物語を始めとする平安時代の文学作品は、鎌倉時代以後のもっとも多くの註釈の蓄積のある分野であるけれども、実は現在の註釈のレヴェルは必ずしも高くないように私には思われる。というよりもむしろ、全体として近世の註釈の段階からあまり出ていないように見える。それは一つには、当時の人々の生活を知る資料の乏しいこともあったのであろうが、やはり近年の国文学研究においては、この伝統的な訓詁註釈という方法が、軽んぜられてきた風潮によるところが大きいように思われる。当時の人々の生きた日常的世界や時代性の理解なしには、その上部構造である文学作品の世界に深く入り込むことはできないであろう。本書は、いわば当時の貴族たちの日常生活の場についての、文学作品理解のための註釈的研究というべきものである。

平安時代には資料が少ないといっても、当時の貴族たちの日常生活の細部を記した、かなりの量の所謂漢文日記が残されている。しかもそれらはいまだ十分には読まれないままにある。私は、当時の文学作品の成立した時代性を理解したいと思って、これまでいささかそれら漢文日記を読んできたが、読みにくいところが多くあって困りながらも、読むたびに新しい問題に心づかされることが多くあった。本書に収めた諸論にも、それら漢文日記を読んでいて得られた知見を援用したところが多い。それらの用例は、必ずしも網羅的に調査した結果のものではないので、多くの重要な用例を漏しているところがあるのではないかとおそれるが、とりあえずいまの私の理解の程度を示すものである。

本書でとりあげた問題のうちでは、当時の結婚のあり方や男女関係の変化についての諸問題は、それらは源氏物語を始めとする女性の文学の最重要テーマであることからしても、より体系的に詳細に論ずべきものであるが、問題も大きく準備もいまだ不十分なために、別の機会をまつ他ないのは心残りの部分である。しかし、私に残された時間は多くないので、あえて問題提起のつもりでここに収めた。

おわりに、本書の拙論をなすについて学恩をうけた先学の方々に感謝するとともに、本書を編む機会を与えてくださった吉川弘文館にお礼申上げる。

平成十四年六月

増田繁夫

源氏物語と貴族社会（オンデマンド版）

Digital Publishing

2018年10月1日　発行

著　者　増田繁夫《ますだしげお》
発行者　吉川道郎
発行所　株式会社 吉川弘文館
〒113-0033　東京都文京区本郷7丁目2番8号
TEL　03(3813)9151(代表)
URL　http://www.yoshikawa-k.co.jp/

印刷・製本　株式会社　デジタルパブリッシングサービス
URL　http://www.d-pub.co.jp/

増田繁夫（1935〜）
ISBN978-4-642-72383-1

著者略歴

昭和十年、兵庫県小野市に生れる
昭和三十四年、京都大学文学部国語国文科専攻卒業
甲南高等学校教諭、梅花女子大学助教授、大阪市立大学教授等を経て、
現在、武庫川女子大学教授・大阪市立大学名誉教授

〔主要著書〕
『右大将道綱母』（昭和五十八年、新典社）
『冥き途―評伝和泉式部―』（昭和六十三年、世界思想社）
『能宣集注釈』（平成七年、日本古典文学会貴重本刊行会）

源氏物語と貴族社会

二〇〇二年（平成十四）八月一日　第一刷発行

著　者　増《ます》田《だ》繁《しげ》夫《お》

発行者　林　英　男

発行所　株式会社　吉川弘文館
郵便番号一一三―〇〇三三
東京都文京区本郷七丁目二番八号
電話〇三―三八一三―九一五一〈代〉
振替口座〇〇一〇〇―五―二四四番

印刷＝三和印刷・製本＝誠製本

（装幀＝山崎　登）

索　　引

Ⅰ 人　　名

実名・僧名の漢字はすべて漢音（慣習音）でよみ、第一字の漢字の音と画数によりアイウエオ順に配列した。その他の通称などについては、通行の読み方により並べてある。

あ　行

か　行

さ　行

た　行

な　行

は　行

ま　行

や　行

ら　行

II 事　　項

あ　　行

か　行

さ　行

た　行

な　行

は　行

ま　行

や　行

ら　行

わ　行